中国名镇志文化工程
Culture Project of Local Records of China's Famous Towns
中　国　名　镇　志　丛　书

崖城镇志

LOCAL RECORDS OF YACHENG

海南省三亚市崖州区崖城镇志编纂委员会　编

方志出版社
Publishing House of Local Records

图书在版编目（CIP）数据

崖城镇志 / 海南省三亚市崖州区崖城镇志编纂委员会编 . — 北京：方志出版社，2023.8
（中国名镇志丛书）
ISBN 978-7-5144-5132-0

Ⅰ . ①崖… Ⅱ . ①海… Ⅲ . ①乡镇—地方志—三亚市
Ⅳ . ① K296.65

中国版本图书馆 CIP 数据核字（2022）第 058697 号

责任编辑：高孟君
责任校对：刘玉霞
责任印制：赵楚
出 版 者：方志出版社
地　　址：北京市朝阳区潘家园东里 9 号（国家方志馆 4 层）
邮　　编：100021
网　　址：http://www.zgfzcb.cn
发　　行：方志出版社图书营销中心（010-67110500）
印　　刷：北京中科印刷有限公司
开　　本：787 毫米 ×1092 毫米　1/16
印　　张：22.25
字　　数：415 千字
版　　次：2023 年 8 月第 1 版
印　　次：2023 年 8 月第 1 次印刷
定　　价：170.00 元

序一

习近平总书记指出："不忘历史才能开辟未来，善于继承才能善于创新……只有坚持从历史走向未来，从延续民族文化血脉中开拓前进，我们才能做好今天的事业。"中国优秀传统文化是在漫长的历史长河中历经无数次涤荡和沉淀而形成的思想精髓，蕴藏着无穷的宝藏和无尽的力量。发掘和继承优秀传统文化，是延续中华文明"根"与"魂"的必由之路。与时俱进，推动传统文化不断开拓创新，是中华文明常葆勃勃生机的重要保证。

"国有史，邑有志。"编修地方志是中国特有的文化现象，是中华民族的优秀文化传统。数千年来，连绵不断的志书编修为保护中华民族根脉，传承中华文明发挥了不可替代的作用。中国现存古志有8000余种，占现存古籍的十分之一。中华人民共和国成立以来，编修完成数万种省、市、县三级综合性行政区域志、部门志、行业志、专志等，编纂数万种地方综合年鉴、行业年鉴和专门年鉴等，整理出版数千种历代方志及相关研究成果，发表相当数量的方志理论与年鉴理论研究成果。这既是对我国国情、地情持续开展的大规模普遍调查，也是对各地自然与社会发展状况进行的综合研究，其成果构成了一座丰富的文化资源宝藏，为各级领导科学决策提供了重要参考，为推动经济社会发展和文化建设发挥了重要作用。

当前，中国特色社会主义进入新时代，全国地方志事业也进入新时代。如今的地方志事业围绕党和国家利益、经济社会发展，以人民为中心开拓创新，志、鉴、馆、史"四驾马车"并驾齐驱，志、鉴、馆、网、库、用、会、刊、研、史"十业并举"，加快实现在全国范围内全面推进地方志从一项工作向一项事业转型升级。在党中央、国务院的亲切关怀和各级地方志工作者的共同努力下，一批紧密结合社会发展需求、具有独特创造性的工作逐步开展，涵盖中国名镇志、中国名村志、中国名山志、中国名水志、中国名街志等"名志"系列文化工程是其中代表。作为首个"名志"系列文化工程的中国名镇志文化工程，启动于2015年，至今已是第三个年头。中国名镇志丛书在记述主体上，选择中国历史文化名镇、经济强镇、特色镇等在全国具有影响力和代表性的乡镇，旨在全面展示中国名镇的文化精髓；在内容题材选择上，重在突出不同名镇的“名”和“特”，力求集中体现不同名镇最精彩的部分，增强可读性；在志书编纂程序设置方面，志书申报、篇目设计、专家审读、专家组验收等流程环环相扣，紧密结合，力争把每一部志书都打造成精品佳志。

习近平总书记指出：“历史和现实都表明，一个抛弃了或者背叛了自己历史文化的民族，不仅不可能发展起来，而且很可能上演一场历史悲剧。”2018年是改革开放40周年，40年来中华大地发生了翻天覆地的变化，乡镇发生了极为深刻的改变，从粗茶淡饭到有机食品，从粗布衣裙到精美时装，从土屋平房到高楼大厦，人民生活水平大大提高，城乡差距不断缩小。然而，在感受辉煌成就的同时，我们也应该看到，许多精巧的古建、精湛的工艺、亲切的乡音、独特的乡俗也在快节奏的发展中与我们渐行渐远，曾经的家乡正逐渐变为记忆中的故园。

党的十九大报告提出乡村振兴战略，此后党中央、国务院又推出一系列重大举措。实施乡村振兴战略，必须全面加强乡村文化建设，培养乡村文化自信，培植文化之“根”，铸牢文化之“魂”。没有乡村文化的高度自信，没有乡村文化的繁荣发展，就难以实现乡村振兴的伟大使命。振兴乡村文化，既要塑形，更要铸魂，必须遵循乡村发展的客观规律，在发展中把文化的精髓保留下来，把乡土味道、乡村风貌的“魂”传承下去。在保留优秀乡村文化内核的基础上，用现代表现方式，把反映时代精神、先进理念的内容通过群众喜闻乐见的文化产品表达出来，才能够让乡土文化具有更强大的生命力。用创新性的模式书写乡镇志，传承和抢救乡土历史文化，激发爱国爱乡情怀，为探索中国特色新型城镇化发展经验、发展模式、发展道路提供历史智慧和现实借鉴，正是实施中国名镇志文化工程的目的和意义所在。

“月是故乡明”。中国人素有“家国情怀”，家乡的山水是最为美丽的，家乡的风俗是充满温暖的，一声亲切的乡音，一口熟悉的家乡菜，都能拨动游子的心弦，让其魂牵梦萦。中国名镇志丛书是一套全面梳理中国名镇历史人文，挖掘文化特色，突出“名”和“特”的镇志。它能让人民群众深刻感受到本土本乡自然的优美、历史的醇厚、人物的杰出、艺文的风雅等，有助于培养人民群众对家乡文化的自信，激发起人民群众浓烈的爱乡爱国情怀，助力国家新型城镇化建设和乡村振兴战略的实施。

是为序。

中国社会科学院原院长
中国地方志指导小组原组长　谢伏瞻

序二

连绵不断地编修地方志是我国特有的文化传统，为传承中华文明作出了巨大的贡献。在党中央、国务院的高度重视和支持下，这一古老的文化传统焕发勃勃生机，展现新的活力，成为保存、继承、发扬光大中华优秀传统文化的重要依托，培育和践行社会主义核心价值观的重要媒介，社会主义先进文化建设的重要组成部分，发展中国特色社会主义，增强道路自信、制度自信、理论自信的重要载体，在实现“两个一百年”奋斗目标和中华民族伟大复兴中国梦进程中具有不可替代的地位和作用。

事物总是在不断发展中前进。经过改革开放以来30余年的发展，中国特色地方志事业与传统的编修地方志已不可同日而语，形成了志（志书）、鉴（年鉴）、库（地情数据库）、馆（方志馆）、网（地情网站）、刊（期刊）、会（学会）、研（理论研究）、用（开发利用）等多业并举的新格局。截至2015年10月底，全国编纂完成首轮、二轮省、市、县志书8000多种，编修部门志、行业志、专业志、乡镇村志27000多种，编纂地方综合年鉴2300多种，累计整理旧志2500多种，还编纂出版了大量的地情书，字数以百亿计，形成以反映国情、地情为主要内容，全面系统、持续不断、卷帙浩繁的社会科学成果群。另外，还开通了27个省级网站、230个市级网站、816个县级网站；建成国家方志馆1个、省级方志馆16个、市级方志馆86个、县级方志馆近300个。这些成果，成为国家极为重要的文化资源，是国家文化软实力和公共文化服务体系的重要组成部分。

最近几年，地方志工作的触角在不断延伸，部门志、行业志、专业志、特色志、乡镇村志编纂方兴未艾，成为当前地方志事业发展新的增长点和亮点。特别是乡镇志，兴起了编纂热潮，从自发的民间行为逐渐过渡为政府组织的文化行为，有的省份以政府令形式将其纳入地方志编修范畴，像河南省还以省政府办公厅名义要求全省普修乡镇志。乡镇志并不是一个新生事物，据现有资料可考，宋代常棠所撰《澉水志》是现存最早的一部乡镇志。与省、市、县三级志书相比，乡镇志虽属小志，但意义却不小，特别是在当前国家全力推进新型城镇化建设的背景下，乡镇志的作用更显重要。

启动中国名镇志文化工程，是适应当前新型城镇化建设形势发展需要、地方志事业发展形势需要的重要举措，也是充分发挥地方志存史、资政、育人功能的重要手段。作为最基层行政组织的志书，镇志是最接近中国社会发展变迁的国情、地情记录文本，具有重要的历史文献价值。而作为充分反映本区域自然、政治、经济、文化和社会的历史与现状的资料性文献，镇志又能全面展示发展脉络，摸索发展经验，为探索中国乡镇未来发展方向提供借鉴和参考。当然，对于祖祖辈辈生于斯长于斯的中国人来说，故乡就是一个魂牵梦萦的地方，故乡的情怀终生难忘。留得住乡愁，记得住乡思，充分展示名镇文化魅力，激发爱乡、爱国情怀，正是中国名镇志文化工程题中应有之义。

是为序。

中国社会科学院原院长
中国地方志指导小组原组长　王伟光

序三

“国有史，邑有志”，中国自古就有注重编史修志的传统。按照我国目前地方志行政法规，国家各级地方志机构的法定职责是编纂省、市、县三级志书，并不包括县以下的乡镇志和村志。这种规定，一方面可能因为全国有数百万自然村落和数万乡镇，全部实行官修很难实现；另一方面可能因为我国历史上就有“皇权止于县”的说法，县以下的民间社会历来是一个以自治为主的领域。然而，改革开放几十年来，我国社会正在发生巨变，这种巨变在基层社会的乡镇、村落、家庭领域更为深刻。作为“乡之首，城之尾”的镇，逐渐被日益崛起的大都市淹没了光彩，村落在快速的城镇化过程中每天都在大量消失，农村家庭的小型化、空巢化趋势非常突出。在这种情况下，我一直在思考，如何留得住历史文化记忆和乡愁，如何把修志的工作向基层社会延伸？

中国人的“家国情怀”，是从“诚意、正心、修身”开始，到实现“齐家、治国、平天下”。所以从国家一统志，省、市、县三级志，到乡镇志、村志、家谱，也是一个完整的系统。

正是在这种背景下，我们决定启动中国名镇志文化工程。乡镇是无数中国人生命的底色和成长的摇篮。如何在城镇化进程中，留得住乡愁，记得住乡音，忘不了乡思，事关城镇化进程的人文关怀和文化保护，事关文化血脉的传承。同时，科学记录城镇化进程，反映城镇化成就，也为今后探索城镇化发展规律、积累经验提供了基本素材。作为全面系统记述一定行政区域的自然、政治、经济、文化和社会的资料性文献，志书是以上功能最好的载体。

我国目前有 4 万多个乡镇，全部修乡镇志还不具备条件。中国名镇志丛书选择的是传统文化名镇、历史军事重镇、革命历史名镇、民族特色名镇、特色经济名镇、旅游景观名镇等类型的乡镇，应该是最具代表性的，在中国乡镇文化传承和社会发展中具有标杆意义。

编纂中国名镇志丛书是对乡土历史文化的保护。随着城镇化进程加快，有不少乡镇被撤并，有些还是在历史上有重要意义的历史文化名镇、特色镇等。如不及时对其历史进行整理、记录，这些重要的历史资料将散佚殆尽。因此，中国名镇志丛书的编纂是对宝贵历史资料的抢救。

编纂中国名镇志丛书是对乡土意识的传承。什么东西有魅力？故乡的山水，乡音乡情的记忆，乡土的气息和家乡菜的味道，不管走到哪里，总是触动心弦。中国名镇志丛书记录的是家乡的山山水水，家乡的历史文化，家乡的风土人情，留住的是乡愁。这些最能激发远方游子和本地民众的爱乡情怀、爱国情怀。

编纂中国名镇志丛书是一种学术探索。镇志的编纂，实质也是一次深入的社会调查研究。“麻雀虽小五脏俱全”，相比省、市、县，乡镇第一手资料的获得需要付出更大的努力。我们也希望在志书编纂上有所创新，使中国名镇志丛书成为一套图文并茂、雅俗共赏的新型志书。

中国社会科学院原副院长
中国地方志指导小组原常务副组长

中国名镇志丛书编纂委员会

中国名镇志丛书编纂委员会办公室

海南省三亚市崖州区崖城镇志编纂委员会

主　　任　林有炽
常务副主任　林　海　樊　木
副 主 任　冯　强　童立艳
委　　员　李蔓华　全　妍　王宝民　林　辉　王道云
陈　隆　文　理　邵东方　黎　伟　李奕彬
林海涛　张怀良　谢世寰
学术顾问　郑学檬
审　　稿　陈家传　符思权

海南省三亚市崖州区崖城镇志编辑人员

主　　编　陈光良
副 主 编　何擎国
撰稿人员　王人正　王致兵　孙有坚　陈光良　何家贤
何擎国　张远来　张朔人　李　毓　林志猛
郑力乔　徐日霖　高泽强　黎太华　黎官儒
摄　　影　陈行飞　郑　海
编　　务　邢国平　李德俞　郑优华　卢家博　杨光熹
马任年

中国名镇志丛书凡例

一、以马克思列宁主义、毛泽东思想、邓小平理论、“三个代表”重要思想、科学发展观、习近平新时代中国特色社会主义思想为指导，坚持辩证唯物主义和历史唯物主义的立场、观点和方法，存真求实，全面、客观、系统记述中国名镇城镇化进程和改革开放成果，反映小康社会建设过程，传承和抢救乡土历史文化，激发爱国爱乡情怀，留住乡愁，为探索中国特色新型城镇化建设、服务乡村振兴战略提供历史智慧和现实借鉴。

二、为全面反映入志事物发展脉络，各志上限尽量追溯至事物发端，下限一般断至各志启动编修年份，个别重大事项可延至搁笔。详今明古，着重反映时代特色和地方特点，重点体现各镇的“名”与“特”。

三、记述地域范围以下限年份的行政辖区为主。为体现名镇在更大区域内的意义，可以从更开阔的区域视野记述与该镇相关的内容。

四、统一采用纲目体，设类目、分目、条目三个层次。横排门类，纵述史实，述而不论。

五、综合运用述、记、志、传、图、表、录等体裁，以志体为主。体裁运用适当创新，篇目设置不求面面俱到。

六、除引用文字和附录文献资料外，统一使用规范的现代语体文记述，行文力求朴实、严谨、简洁、流畅、优美，可读性强。

七、人物部类遵循“生不立传”原则，人物传主按生年排序，只选录对本镇发展有重大影响的人物，不面面俱到。

八、各项数据一般采用国家统计部门数据。数据缺乏的，采用主管部门或主办单位正式提供的数据。

九、数字用法、标点符号用法分别采用国家标准《出版物上数字用法》（GB/T 15835—2011）、《标点符号用法》（GB/T 15834—2011），计量单位采用国家技术监督局 1993 年 12 月发布的《量和单位》系列国家标准。历史上使用的计量单位，如斗、石、里、尺、磅、华氏度等，在引文时可照录。考虑到社会使用习惯，全书中亩不统一换算。

十、中华民国成立前的纪年，使用朝代年号纪年，括注公元年份；中华民国成立后的纪年，均使用公元纪年。志中所称“解放前（后）”，以该镇解放日为界；“新中国成立前（后）”，以中华人民共和国成立日 1949 年 10 月 1 日为界；“改革开放前（后）”，以 1978 年 12 月中共十一届三中全会召开为界。本志“××年代”，凡未加世纪者，均指 20 世纪。

十一、为节省篇幅，避免重复，本志采用条目互见法。参见条目的表示形式为：参见本志“××类目·××分目·××条目”。

十二、对旧志、古籍中的繁体字、冷僻字一般用简化字或通用字替换，易引起误解的则保留。

十三、记述各个历史时期的党派、机构、职务、地名等，均以当时的名称为准。对频繁使用的名称，首次用全称并括注简称，其后用简称。

十四、各镇志需要单独说明的事项，均在各自编后记中记述。

崖城镇在中国的位置

黑龙江省
哈尔滨
吉林省
长春
辽宁省
沈阳
内蒙古自治区
呼和浩特
乌鲁木齐
新疆维吾尔自治区
北京
北京市
天津
天津市
河北省
石家庄
山西省
太原
甘肃省
宁夏回族自治区
银川
西宁
青海省
兰州
陕西省
西安
郑州
河南省
济南
山东省
江苏省
合肥
南京
上海
上海市
安徽省
西藏自治区
拉萨
四川省
成都
重庆市
重庆
湖北省
武汉
杭州
浙江省
南昌
江西省
长沙
湖南省
福建省
福州
贵阳
贵州省
昆明
云南省
广西壮族自治区
南宁
广东省
广州
香港
香港
澳门
澳门
海口
海南省
海南岛
崖城镇
三亚
台北
台湾省
台湾岛
钓鱼岛
赤尾屿
东沙群岛
西沙群岛
永兴岛
中沙群岛
黄岩岛
南沙群岛
曾母暗沙
黄河
长江
渤海
黄海
东海
南海
图例
北京 首都
天津 省级行政中心
未定 国界
省、自治区、直辖市界
特别行政区界
名镇(乡)所在区域
名镇(乡)
1∶32 000 000
审图号：GS（2021）8722号

崖城镇在海南省的位置（2014年）

审图号：琼S（2020）052号　比例尺1：1 566 000　自然资源部海南测绘资料信息中心　编制

崖城镇地图（2014年）

审图号：琼S（2020）052号　比例尺1：154 000　自然资源部海南测绘资料信息中心　编制

崖城风光（2016 年）

郑海 摄

美丽田园（2017 年）

陈兴　摄

南山海上观音（2016年） 卢秀波 摄

南山佛教文化景区（2016年） 游必生 摄

古城霞光（2019 年）　　　　李新旺　摄

古城夜景（2019 年）　　　　符策君　摄

古城夕照（2016 年）　　游必生　摄

宁远河的早晨（2017 年）　　徐光恺　摄

崖州湾风景（2016 年）　　游必生　摄

崖州湾（2016 年）　　蒙明珠　摄

俯瞰崖城（2016 年）　　刘世平　摄

目录

崖州古城　南繁宝地

崖城镇位于海南省三亚市西南端，生态环境得天独厚。崖城古镇文化遗产历久弥新，旅游开发日新月异。2007 年 5 月，建设部、国家文物局授予崖城镇“中国历史文化名镇”称号。

天开奇甸　文脉流长

海南省三亚市崖城境域，形势奇妙。大瀛浴日，山清水秀。南山宛若巨鳌雄踞，观海听涛。北岭层峦叠嶂，郁郁葱葱。数万亩田园五谷丰登，蔬果飘香。发源于保亭黎族苗族自治县仙安石林南麓的宁远河，全长 110 千米，分两条径流环绕崖城，从大疍港和保平港入海。宁远河是崖城各族儿女的母亲河，取名意含“安宁久远”。千百年来，养育着黎民百姓安居乐业，生生不息，滋养着崖州传统文化异彩纷呈，世代传承。

崖州地区有一万年前古人类生产生活的遗址、遗物。史前迁徙分布在崖城区域居住的族群最早是黎族（哈方言区）的先民，为诸越族的支系。殷商时期，黎族先民在海滨、河岸和山岭上从事采集渔猎、刀耕火种的农业活动。汉代，汉族民众因郡县建立陆续到崖城。至明清时期，崖城地区定居的汉族移民逐渐超过黎族人口。隋开皇九年（589），朝廷为表彰冼夫人统一岭南及宣抚海南所建立的功勋，册封她为“谯国夫人”，赐临振县 1500 户为“汤沐邑”，赠其子冯仆为崖州总管。随着先进农耕技术引进和中原文化的传播，当地生产力提高，经济社会发展取得明显的进步。

明清以来，崖城发展成为琼南地区政治、经济、文化、教育中心和军事重镇，以崖城为治所的这方辖地领海，几乎包括中国自古至今县、邑、郡、州、军、直隶州、镇等行政建置的类型。自西汉元封年间（公元前 110—前 105）设珠崖、儋耳二郡，至隋代郡县治所设在此地，崖城作为中国边疆治所，其城垣位置明确且始终不变。

海内知己　天涯比邻

清光绪《崖州志》记载：崖州有六种语言，即军话、迈话、客话、番话、儋话、黎话，其中，“军话在城内外三坊言之”“迈话附城四厢言之”“客话保平里及西六里言之”“儋话儋（州）人隶籍者言之”“黎语东西黎言之”。三坊四厢的相邻居民各讲“军话”与“迈话”，城外更有客话、黎话、儋话、番话等多种语言并存，此“方言岛”的现象反映了崖城历史文化的多元化和包容性，折射出崖城地区历代社会氛围的和谐与民族关系的融洽。

古宅炊烟（保平村）　孙清　摄

明正德《琼台志》记载:“迈人客人俱在崖州，乃唐宋以来仕宦商寓之裔。”历代居留崖城从政或经商的人士，居留前的迁徙过程也各不相同。近代语言学者根据“迈话”语音声调的调查研究，认为崖城“迈话”具有汉语方言混合性质，可定义为“汉语混合方言”，至今已有上千年的历史。崖城“军话”属北方方言西南官话系统，是明朝初期在崖州设立“卫”“所”军制的士兵用于交际所使用的“通语”。

“海内存知己，天涯若比邻。”历代遭贬寓居崖州的臣相，朝廷委派任职的官吏及其后裔，来琼崖经商的商人货贩，从征戍边屯田的军人士兵，他们虽然来自黄河之南北、中原各处、苏浙闽赣及岭南粤西，但都因为乐其风土人情，遂留居本地置业安家，与先后到崖州创业的汉、黎、回等各族移民携手并肩，共同建设美好的家园。

臣相谪寓　堂颜盛德

贬官谪迁是崖城历史上独特的人文景观。自从隋炀帝“以诬怨望”流放宗室滕嗣王杨纶迁徙珠崖之后，历朝将逆臣政敌贬谪琼崖的事情，史不绝书。据史料记载，隋唐以来，先后流放到崖城的朝廷官宦有 40 多人，其中有皇子、宗王、宰相、大臣 14 人。著名人物有唐代宰相韩瑗，宋代宰相卢多逊、丁谓、赵鼎，名臣胡铨，元代参政王仕熙等。崖城作为一个古镇，历史上接待遭朝廷贬迁的相臣，其地位之高，名气之重，影响之深远，如五公祠楹联“唐宋君王非寡德，琼崖人士有奇缘”。

南宋绍兴十四年（1144），两度为相的赵鼎被诬遭贬吉阳军，水南村裴氏敬仰忠臣，让出住宅安置赵鼎。不久，力主抗金的朝臣胡铨凛然上疏控诉秦桧遭贬吉阳军，亦入该庐住宿 8 年。胡铨北归之际有感而发，题书“盛德堂”留赠。之后，来往琼崖的名贤墨客纷纷为盛德堂赋诗撰联，赞扬裴氏的义举德行，盛德堂因此成为象征崖城人民崇德尚义的名片。

丝路良港　乘潮牧海

崖城是古代海上丝绸之路商舶往来的必经之地，是海洋文化、岭南文化与中原文化交会融合的节点。自汉代开通海上丝绸之路以后，崖城镇沿海山谷、石隙有清甜淡水，可为来往的海船补水，所以逐渐成为海船的定泊点。大疍港位于宁远河的出海口，最终成为中外商船海上交通往来中转补给停泊的良港。宋至明中叶，随着海南岛内外商品经济兴旺，大疍港作为海南商品集散地和对外贸易港口，地位愈加显要。梅山海滩八人轿坡发掘的伊斯兰教徒古墓场遗址，可证实宋代以来，已有中东地区的商人到崖城经商居住。黄道婆是中国历史上杰出的棉纺织革新家，元代王逢《梧溪集》记载："黄道婆，松之乌泥泾人。少沦落崖州。元贞年间，始遇海舶以归。"王氏记述黄道婆搭乘海舶返回松江的事迹，说明宋元时期，停泊在大疍港的商船航行海路可经泉州抵达上海地区。大疍港后来因宁远河泥石冲积，海砂淤塞，港口搁浅，至晚明清初化为滩涂，出海通航遂改为保平港。

崖州湾是崖城人民的蓝色家园。祖祖辈辈生活在这里的渔民疍家以海为田，耕海谋生。得益于宁远河水入海携带的养料，港门海区鱼虾蟹蛤肥美繁多，渔业资源异常丰富。以捕捞海产为生计的海南渔民常年咸集港门，扬帆闯海。在长期的捕捞实践中，渔民疍家熟悉风浪潮汐的变化，了解海区鱼虾的生长特点和洄游习性，投资造船，放网置钓，扩大深海作业，致力开发南海渔业资源。

千百年来，崖城渔民深耕海洋，仰给鱼虾为利，港埠乡墟，交易兴旺。与海结缘的渔民疍家风习礼俗，彰显南海海洋文化的鲜明特色。龙舟竞渡、抬公游神、渔舟唱晚、风味美食，成为崖城地方文化亮丽的风景。

耕读传家　英才辈出

南宋赵汝适《诸蕃志·海南》记载：丁晋公尝贬为（崖）州司户，教民读书著文。崖城地区形成“耕读传家久，诗书济世长”的传统家风。百姓深谙“勤稼穑丰五谷，以齐家济世；读诗书达礼义，以修身治国平天下”的道理，自古至今，兴学重教。崖城物华天宝，人杰地灵。自宋至清，崖城有儒学、学宫、书院、社学、义学、学堂等各类学校。崖州通过科举考中进士 4 人、举人 30 人、贡生 212 人。1912 年，现代小学在崖城创立。1921年，县长孙毓斌及后任县长集资筹建崖县中学。1926年秋，正式招生。1955年，崖县中学高中部搬迁到三亚，原址改为崖城中学。崖县（崖城）中小学培养出众多为中国革命英勇献身的俊杰和为国家科技、教育、经济、文化建功立业的人才。

崖州文教敷扬，薪火相传，世泽流芳。受传统文化的熏陶，当今的崖城城乡，尊师重教蔚然成风，家家户户重视子女读书求学，立德成才。崖城民众自幼喜欢琴棋书画，随着经济社会的发展，城乡居民相继成立诗画社、楹联会、文艺歌舞队、民歌传习所，经常开展创作交流表演活动，丰富人民群众的精神文化生活。2012 年秋，港门村有 3 名女学生同时考上北京大学，轰动一时，玉成佳话。

物阜民丰　南繁宝地

崖城镇位于海南岛最南端，地处宁远河中下游田野平原。属热带海洋性季风气候，年平均气温25℃，全年为无霜期，年日照时间一般为2450小时，年积温8850℃，年均总降水量1273毫米。崖城镇土地肥沃，光照充足，水利设施完善，生态环境优越，自然资源丰饶，堪称“奇甸宝地”。

崖城人民历来靠山食山，临海耕海，稼穑于田园，捕捞于海洋，交易于市井，互通有无，丰衣足食。崖城镇发展热带农业得天独厚，是著名的鱼米之乡。自1990年以来，崖城镇逐渐发展成为全国重要的冬季瓜菜种植基地和琼南最大的瓜果蔬菜集散中心，市场影响乐东、东方、保亭等周边乡镇。冬季瓜菜种植成为崖城地区农民增收致富的主要产业，每年瓜菜种植面积5.3万亩左右，产量约20万吨，产值达3.8亿元，约占全镇农业总产值的44%。崖城镇先后建成优质蔬菜种苗开发中心和大型农产品批发销售市场，同时加强质量监控和安全检测，提高崖城农产品的知名度、美誉度。乡村各种应市的蔬菜瓜果通过绿色通道，渡海峡，过岭南，越黄河，源源不断进入市场，丰富城市居民的“菜篮子”“果盘子”。

海南省三亚市被中国育种专家誉为中国的“种业硅谷，南繁宝地”。崖城地区具有独特的南繁育种优势。20世纪50年代，农业科技人员就试验利用崖城冬季光热充足的气候条件，开展甘蔗、玉米等农作物种子加代、繁育、鉴定工作。1962年，四川省农科院首次在崖城良种场冬繁玉米获得成功。从此，各省（自治区）市和科研院所的玉米、棉花、水稻、大豆、甜瓜等育种团队纷至沓来，每年都有数十家机构驻扎崖城。育种制种面积达12270亩。其中，杂交水稻6720亩，玉米4350亩，大豆、棉花及其他作物1200亩。在国务院和海南省委、省政府的领导下，在中央部委的大力支持下，崖城凭借天时、地利、人和，在中国工程院院士袁隆平、中国科学院院士谢华安和颜龙安、“玉米大王”

李登海以及王连铮、郭三堆等农业科学家的引领下，以其“天然大温室”和“绿色基因库”的独特优势，创造了中国南繁育种的光彩业绩，为粮食安全做出重要的贡献。

海山奇观　旅游览胜

崖城虽位于南溟一隅，却具备最佳的旅游资源：碧海蓝天，阳光沙滩，文脉古迹，山水田园，民情殊胜，海山奇观。崖城旅游开发历史悠久。早在宋代，大小洞天闻名遐迩，“崖州八景”如诗如画，水南村堪称世外桃源。古往今来，凡到崖城参观的海内外游客莫不交口称赞，流连忘返。

获“中国人居环境范例奖”的崖州湾有两处相邻的国家 AAAAA 级旅游景区：一处是道教福地大小洞天，另一处是佛教圣地南山寺。传说，南山即菩萨长居“补怛洛迦”，有“大光明山”之称。南山寺仿唐风格，建有仁王殿、大雄宝殿、法堂、观音院、悲田院等。寺前海中塑造高 108 米的海上观音圣像，“一体化三尊”，规模宏伟，举世瞩目。工程历时 6 年，于 2005 年 4 月 24 日（农历三月十六准提普萨诞辰日）举行开光仪式。

大小洞天是古“崖州八景”之一，系宋代吉阳知军周鄘与后任的崖州郡守毛奎开发，海岸巨石上有毛奎撰写的“小洞天”三个字，为海南省著名的摩崖石刻。侧旁石头题刻“钓台”，另处岩壁上还刻有“海山奇观”“仙梯”“仙履石”及诗文题词。

唐代高僧鉴真与日本留学僧荣叡、普照，弟子祥彦、思托一行，于唐天宝七年（748）十一月第五次东渡日本，海上遇季风漂流至此登陆，在崖城开元寺居住一年多，修寺授律，宣扬佛教经典，传播中原文化。崖城南山海岸建造鉴真东渡大型花岗岩群雕，以作纪念。

小洞天风景

陈行飞　摄

文化遗产　历久弥新

崖州文化源远流长，历经中原文化、海洋文化、岭南文化的交会融合，厚积海南文化的底蕴，具有朴实、务实、兼容、敢闯的特性。崖城一方水土养一方人，同时孕育出多姿多彩的民俗文化，创造出别具特色的非物质文化遗产。2007 年 5 月，建设部、国家文物局授予崖城镇“中国历史文化名镇”称号。

崖州民歌系明代以来汉族移民迁徙定居古崖州沿海一带村落之后，用汉语闽南方言崖州“客话”咏唱或改编创作并流传至今的民间歌谣。2006 年，被列入第一批国家级非物质文化遗产保护名录。崖州民歌源于人民群众的生产生活，歌词生动有趣，曲调悠扬流畅，优秀作品深得民众喜爱和传唱。民歌题材有生产劳动感想、生儿育女情长、恋爱婚姻娱乐、乡土民风习俗、才子佳人传奇、民间忠义孝举、社会生活变迁等，蕴含当地社会民情、经济生活、文学艺术等诸多信息，是研究古崖州经济社会历史发展的“活化石”，解析琼崖文化的“信源密码”。崖州民歌音调适应各种不同的内容、唱词及演唱场合，发声唱法生活化，字正腔圆，旋律动听。崖州民歌是民歌百花园中的一枝奇葩，已成为崖城的地方名片，形成“政府部门重视、传承人带动、群众自愿、歌迷参与、小学生喜爱”的局面，让人看到崖州民歌“活在传承、路在拓展”的愿景。

黎族打柴舞是黎族民众在丧葬仪式中所表演的一种祭祀活动舞蹈。《崖州志》记载：黎人“作八（丧仪）必分花木，跳击杵”。崖城镇郎典黎村民众仍有在丧仪中举行“击杵驱邪”活动的传统。2006 年，被列入第一批国家级非物质文化遗产保护名录。打柴舞在长期的流传过程，舞蹈动作逐渐成型，除主要以击木声响作为节拍外，有时也配置喇叭、口弓、锣鼓等乐器渲染气氛。新中国成立后，文艺工作者推陈出新，将木条改为竹竿，创作音乐伴奏，表现热闹互动的场景，受到黎族民众的认可和观众的好评，成为当今代表黎族传统文化的经典之作。

2007 年 5 月和 2010 年 7 月，崖城镇和崖城镇的保平村先后被评为“中国历史文化名镇”“中国历史文化名村”；2010 年，保平村又被命名为“中国传统村落”。保平村现存清代宅第民居 42 处，其院落布局、宅第结构、材料装饰、建筑风格等体现崖州沿海民居的地方特色，是目前海南保存较为完整且规模较大的传统建筑群落。住房和城乡建设部及省、市人民政府已下拨专款，开展修缮保护工作。传统民居、古城遗址、学宫、盛德堂、广济桥、少司徒牌坊、既济亭热水池、迎旺塔、孙氏宗祠、骑楼街等，被列入古镇保护规划，实施严格的保护措施，让崖城儿女记住乡情、留住乡愁，使海内外游客了解崖州历史文化。

修复尊经阁（2014 年）　孙清　摄

渔港扬帆　科技兴业

崖城区位优势显著，铁路、公路、环岛高铁、高速公路纵贯城乡，城区距三亚国际凤凰机场 28 千米，陆、海、空交通便捷，南山货运港已投资建设，初见成效。

崖州中心渔港建设实现三亚市“三港分离”的目标，是海南省规模大、设施全的现代化、综合性、多功能的示范性中心渔港。渔港码头岸线长 1020 米，共有 21 个泊位，年渔货卸港量 12 万吨，港区锚泊水域面积 100 公顷，可停泊 1200 艘渔船。配套建设冷藏库、交易场地、商住旅游设施，成为集生产贸易、加工储运、避风服务于一体的南海渔业基地。崖州中心渔港有利于海南渔民拓展南海三沙渔场，避风减灾，增产增收，促进第三产业和海洋经济发展，使崖城镇乃至三亚市经济社会发展迈上新台阶。

三亚市创意产业园位于崖州湾，2007 年启动开工建设。规划面积 17 平方千米，其中陆域面积 12 平方千米、水域面积 5 平方千米。产业园拥有超过 80 亿元的基础设施配套项目，以创意产业、高新技术产业为龙头，集教育

崖州湾新貌

蒙明珠　摄

培训、港口物流、旅游居住于一体，建设高科技产业、高端人群聚集的智慧园，助力三亚市产业转型发展。2014 年，创意产业园区累计完成社会投资 32.1 亿元，年产值达 4.9 亿元；有 21 家高科技企业入驻，一批重点项目陆续开工建设。

崖州湾是海南提高海洋资源开发能力、发展海洋经济的重要前沿。崖州湾科技城总体发展定位为“两区”“三地”。“两区”指生态文明的展示区、产城融合的先行区；“三地”是指拓展蓝色经济的产业地、承载农业硅谷的开放地、培育产学研的聚集地。协同发展南山佛教旅游、历史文化旅游及现代海洋渔业，推动产业升级发展与产城融合、港城融合、城乡融合和农旅融合发展。

基本镇情

崖城镇自然资源丰饶，生态环境优越，历史文化深厚，区位优势显著，基础设施不断完善，陆、海、空交通便捷，旅游景区闻名海内外。崖城坊厢乡里，自宋代以来逐渐形成众多的姓氏家族，黎民百姓和睦相处，安居乐业。

建置区划

建置沿革 西汉元封元年（公元前110），海南岛设珠崖、儋耳二郡，隶属交州，置十六县（珠崖郡领十一县，儋耳郡领五县）。境内划为临振县辖区，正式归附西汉版图，开创境内郡县治历史的新纪元。

三国、两晋、南北朝时期，境内因朝代更替，州、郡、县立废隶属关系多变。隋开皇九年（589），隋文帝赐临振县1500户为冼夫人"汤沐邑"，追赠冼夫人之子冯仆为崖州总管。隋大业三年（607），置宁远县，驻水南村，隶珠崖郡。大业六年（610），析珠崖郡置儋耳郡、临振郡二郡，临振郡领五县，所设宁远县因宁远河而得名。临振郡和宁远县治所设在崖城。

唐武德五年（622），改临振郡为振州。唐天宝元年（742），改振州为延德郡。唐至德元年（756），改称宁远郡。唐乾元元年（758），恢复振州名称，领五县，分别为宁远、延德、临川、吉阳、落屯。境内隶属宁远县。

五代十国时期，振州建制依旧，领辖宁远、吉阳二县。境内属宁远县。

北宋开宝五年（972），改振州为崖州，今崖州自此得名。北宋熙宁六年（1073），改崖州为珠崖军。北宋政和七年（1117），珠崖军改名吉阳军。南宋绍兴十三年（1143），吉阳军领吉阳、宁远二县。州治、军治均驻崖城。

元至元十五年（1278）之后，隶属湖广等处行中书省海北海南道宣慰司，领吉阳县、宁远县二县，崖城为宁远县城。

明洪武元年（1368），将吉阳军复设为崖州，隶属琼州府，下辖宁远县。明正统四年（1439），废宁远县，其政区直接并入崖州，为散州建制，治所不变。

清朝，建制沿明朝。清光绪三十一年（1905），升格为崖州直隶州，降万州为万县，归崖州直隶州管辖。崖州直隶州领四县，分别为万县、陵水、昌化、感恩。州治依然设在崖城。

1912 年，撤销崖州直隶州，改名为崖县，县政府设在崖城。

1950 年 5 月，崖县人民政府设立，县城设在崖城。1954 年 10 月，县政府迁往三亚镇，崖城划为镇建制。

1957 年 5 月，成立崖城乡。1958 年 10 月，崖县实行“政社合一”，崖城、白超、梅山、港门乡和国营南滨农场合并，成立炮艇人民公社。1961 年，撤销炮艇人民公社。1983 年，改设崖城区。1985 年，更名为崖城镇。2001 年，崖城镇与保港镇、梅山镇和雅亮乡合并，设立崖城镇。

1984 年 5 月 19 日，国务院批准撤销崖县设立三亚市（县级）。1987 年 11 月 20 日，国务院批准三亚市升格为地级市。2014 年 1 月 25 日，国务院批复海南省撤销崖城镇，设置崖州区；同时，将雅亮乡归入育才生态区，原雅安村因大隆水库移民划为崖州区。2015 年 1 月 2 日，三亚市崖州区举行成立大会暨揭牌仪式，崖州区党委、区人大、区政府正式挂牌成立。

行政区划 崖城是历代州、郡、县所在地。清朝末年，崖城分为三坊四厢。“三坊”分别为遵道坊（城内、并西门）、日升坊（城东北、环南）、起晨坊（马站）。“四厢”分别为东厢、西厢、南厢、北厢。1920 年，改称崖县。1927 年，崖城划归中一区。1935 年，崖城称为仁义乡。1950 年 5 月后，废仁义乡，分置城东、崖城、城西、抱古、南山、北岭、白超、水南 8 个小乡。1957 年 7 月，并为崖城和白超两个大乡（崖城大乡由崖城、城东、城西、水南小乡并入，白超大乡由白超、北岭、南山、抱古小乡并入）。1958 年，原崖县第一区管辖的崖城、白超、梅山、港门乡和国营南滨农场合并，成立炮艇人民公社。1959 年，场社分开。1961 年 7 月废炮艇公社，分别成立崖城、保港、梅山 3 个公社。1983 年，改设崖城区。1985 年，改为崖城镇，辖东关 1 个居委会和城东、拱北、崖城、城西、水南、大疍、北岭、赤草、南山、抱古 10 个村委会。2001 年 8 月，崖城镇、保港镇、梅山镇、雅亮乡合并，设立崖城镇。

2014 年 12 月 25 日，经国务院批准，三亚市撤并镇区，崖城镇改为崖州区。

2015 年 1 月，崖州区管辖原崖城镇的 7 个社区：东关社区、雀信社区、东京社区、中和社区、龙港社区、文明社区、梅联社区；24 个行政村：城东村、拱北村、崖城村、城西村、水南村、大疍村、南山村、抱古村、北岭村、赤草村、港门村、乾隆村、临高村、保平村、盐灶村、海棠村、凤岭村、三公里村、三更村、镇海村、雅安村、长山村、梅东村、梅西村。

地理环境

地理位置 崖城镇位于海南岛的南部、三亚市的西部边缘，地理坐标为北纬 18° 9′ ~ 18° 37′，东经 108° 56′ ~ 109° 48′，地域面积 383.25 平方千米。东与三亚市天涯镇为邻；东北与育才生态区连接；西北以尖岭、青峰岭、龙栖岭等东北西南走向山脉，与乐东黎族自治县相隔；崖城镇海岸线东起塔岭与天涯镇交界，西至龙栖湾与乐东黎族自治县交界。砂质海岸长约 25 千米，基岩海岸长约 10 千米，河口港口海岸长约 16 千米。南部及西南部、东南部是浩瀚的南海海域，是北部湾出入南海的最大门户。东南方是海南省三沙市。

地形地貌

地层以燕山期中酸性侵入岩地层和第四系海积冲积地层为主。100 多万年前的第四纪冰期、间冰期的气候变化，引发了大规模的海侵、海退，致使崖城镇沿海地带留下大面积的海积地貌和海蚀地貌。崖城镇与乐东黎族自治县交界的龙岭系五指山脉向西南延伸的终点。由龙栖岭向东北延接乐东黎族自治县的边界，经过芙蓉岭、青岭、尖岭、凤岭、牛拉岭等，连接三亚市育才生态区边界的呆峨岭、羊林岭、雅林岭等，直通五指山脉。另一支大致平行的五指山余脉从桐安山向东南连接双峰岭、好岭、水熟岭、南山岭，直达南山角。

崖城镇山岭逶迤，峰峦起伏。崖州城背靠群山，面对大海，青峰拱卫，绿水环绕，沃野万顷。宁远河双流绕过城垣，缓缓出海，润泽广阔的三角洲平原。黄白交接的沙滩沿着崖州湾、龙栖湾海岸蜿蜒伸展，景色多姿多彩，堪称“山海奇观”。

崖城镇地形类型复杂多样，有山地、丘陵、盆地、台地、阶地、平原等。

山地 崖城镇的山地多为低山丘陵，海拔 200 ~ 500 米，约占全镇面积的 24%。主

青山绿茵（南山岭）　　郭喆　摄

要集中在北部、西北部、东北部和东部，山地主体呈人字形分布。主要山峰有牛拉岭（654米）、万担岭（546米）、笔架岭（545米）、尖岭（399米）、凤岭（568米）、凤上岭（488米）、青岭（401米）、双峰岭（378米）、南山岭（478米）等。

丘陵　丘陵多在50～150米，约占总面积的25%。主要分布在角头村南边的岭仔、梅东村东南面的岭仔、南山村北边的洞岭仔和水岭仔、雅安村东北边的牛睡岭，三更、凤岭、三公里、海棠等村庄的北部，赤草、北岭、抱古、雅安、南山的周边，以及南滨农场的东部等。

盆地　崖城镇内盆地不多，规模较小，约占全镇面积的2%。主要分布在北部山地、丘陵之间，有凤田、坡家、三陵、牛落、北岭、抱谷等。高度随分布地区不同而异。

台地　约占全镇面积的12%。主要分布在龙栖岭南麓长园一带、青峰岭南部和东部、青岭东部、一字岭东部、尖岭南部、光头岭西南部、南山岭西部、长山村的北部，以及梅东村及其北部、三更村、凤岭村、三公里村、海棠村、赤草村、北岭村、抱古村、雅安村和崖城城区的所在地及其周边。台地通风抱阳，排水性能良好，适合居民建宅院、种植热带水果及旱粮作物。

阶地　阶地分为海岸阶地和河流阶地两类。面积较小，约占全镇面积的3%，高度一般为10～20米。海岸阶地分布在角头湾东北岸、南山岭滨海一带；河流阶地主要分布在宁远河干流中游及主要支流两岸。石沟溪、红岸溪、盐灶河、漳波河两岸也有零星分布。河积阶地土地肥沃，灌溉便利，已被开垦为良田。

平原 约占全镇面积的34%。海积平原主要分布在梅联、梅西、梅东、长山、镇海、盐灶、港门、大疍村沿海一带，呈长条状东西向排列，地势和缓起伏，海拔5～10米，有沙堤与潟湖相间分布。河积平原以崖城周边宁远河下游平原最大，自抱古往下，西至赤草东南、马丹、保平、港门，东至南滨、创意产业园，多为3～8米，地势低平，阡陌纵横，连同海积平原，形成琼西南面积大、土地肥沃的农田坡田洋。

坡田洋也是崖城镇经济最发达，人口最密集的地区，除崖城周边平原以外，梅山北边的桔株、老孙庄、圣坡、大坡、坝塘、养胜田、黑榕田、红岸溪冲积平原和东边的扫梳、三公里的太策冲积平原、保平北边的郎芒冲积平原也是重要的耕地良田区。

河漫滩 城东和水南地区有崖城镇最大面积的河漫滩地貌。宁远河河道呈反S形走向，洪水泛滥时常发生，处于河流凸岸的城东、水南地区反复接受洪水的冲刷。然而这

坡田洋 娄耀忱 摄

宁远河

两个地区在遭受水灾的同时，也接受了洪水的馈赠，大量的有机质随着泥沙积留，提高了土地的肥力。

岬角沙滩与三角洲　崖城镇濒临海洋，海岸线蜿蜒伸展，基本上由岬角、沙滩与河口三角洲组成。岬角位于山体逼近海岸的地方，由于海浪的长期冲刷，多见基岩出露。南山角的奇石岩洞、梅联村海角边的石房礁盘等，千姿百态，形成独特的旅游资源。沙

蔡小鹏 摄

堤海岸东起红塘湾的塔岭，经南山段的崖州湾，于梅联村海角（角头湾）与乐东黎族自治县的龙栖湾交界，蜿蜒连绵，风景如画。

崖州湾位于南山角与角头鼻之间，有大面积的沙滩分布。从角头鼻经面前海、白水塘海、盐灶港、港门港，到宁远河口，均为连绵的沙滩。南山岭的西部和东南海岸也有沙滩分布，沙洁滩平，海水湛蓝。

海岛 崖城镇有东锣岛、西鼓岛两个海岛。东锣岛位于北纬 18° 19′，东经 108° 59′，角头鼻正南方 2.5 千米处，面积约 15 万平方米。为一座圆锥形花岗岩山体，顶高约 60 米，边坡和缓，周边礁石遍布，西南角有沙滩。西鼓岛位于北纬 18° 19′，东经 108° 57′，角头

东锣岛 游必生 摄

西鼓岛 游必生 摄

崖州湾

鼻西南方5千米处，面积约5万平方米。地形如鼓状，高50多米，岛上设有航灯塔。东锣岛、西鼓岛周围海域鱼虾汇集，海洋资源丰富。

蒙明珠　摄

气候

崖城镇属于热带海洋性季风气候区，日照强，气温高，冬无严寒，夏无酷暑。北方冰冻雪飘之时，崖城已是春暖花开。农作物一年四季均可生长，是理想的发展热带农业、南繁育种、冬季瓜菜种植和旅游度假胜地。

根据南滨农场气象站1952—1996年的观测及统计，该地区日照、气温、降雨、湿度、常风的情况：

日照 崖城地处低纬度，日照时间长，太阳辐射强，热量充足，年日照时间一般为2450小时，平均日照最多的月份是5月（260小时）和7月（257小时）。日照时间长短随季节而变化，夏季最长，冬季最短，秋季长于冬季。5—9月，日照时数占可照时数的55%以上。

气温 崖城地区年平均气温25℃，变化幅度为24℃～25.5℃；极端高温37.0℃（1961年7月），极端低温3.3℃（1955年1月）；年温度最高月均温度28.8℃（6月），最低月均温度20.2℃（1月），年温度均差为8.6℃。全年为无霜期，年积温8850℃。夏季从3月开始，10月结束。夏季较长且炎热，无明显的季节区别。

降雨 崖城雨量较为充沛，年均总降雨量1273毫米。降水存在较大的时空差异，存在明显的旱季、雨季之分。冬、春两季为旱季，降水少，仅244.7毫米，占全年降水量的19%；夏、秋两季为雨季，降水比较多，达1021.5毫米，占全年的81%。尤其是7月，雨量更为集中，可达600多毫米，约占全年降水量的50%。从5月开始，受热带气旋影响，降水较多，一年中40%以上的降雨量与其相关。

湿度 由于年降水量不均，造成明显的干湿季。5—10月的相对湿度为79%～85%，11月至次年4月为71%～79%。年平均湿度83%。

常风 全年多为东北至西南风，常风较小，年平均风速为1.4米/秒，阵风大于8级。每年5—10月，受热带气旋与热带风暴的影响，可形成8级以上大风，最大可达12级以上。台风会带来丰沛的降水。影响崖城的热带气旋年平均4.3次，最多为年9次，个别年份没有发生。1989年10月，曾在20天内连续有4次11级以上的台风袭击崖城，十分少见。

旱灾一般以春旱较为突出，秋旱次之。1993年1—8月中旬，农场连续8个月不下雨，旱期长达220天。历史上每当旱灾发生时，梅山地区的山塘水库及部分水井干涸，农作物失收，群众用水困难。

崖城镇地处热带，水汽蒸发旺盛，对流现象强烈，当对流云团叠加冲撞激烈时即出现雷暴。在田间地头，或在高岭树下，电闪雷鸣之际偶有人员伤亡事故发生。

水文

崖城镇的河流主要有宁远河、石沟溪、盐灶河、芒棚溪、漳波河、鸭仔塘溪等。受地形、地貌的影响，大多河流均以北部山地丘陵为源头，独流出海，流程短速，且深受气候影响，水量集中，季节变化明显。唯宁远河源远流长，蜿蜒入海。

宁远河 宁远河是崖城镇最大的河流，也是三亚市第一大河、海南岛第四大河。它发源于保亭黎族苗族自治县的仙安石林南麓，由东北向西南流经崖城镇，在大疍港及保平港入海。

宁远河上游（2016 年） 陈所钦 摄

宁远河全长 110 千米，流域面积 1093 平方千米。宁远河河床平均坡降 4.62‰，天然总落差 1101 米。宁远河的主体干流在崖城境内为中游、下游，以龙潭河支流汇入处南侧为界。中游地形坡降大，主干河道陡峻笔直，流速加大，水能资源较为丰富；下游河段，地势平坦，流速缓慢。

进入崖城平原之后，主干河道呈 S 形绕城南而过，在河口三角洲处有海水顶托，形成港湾。宁远河主要支流（流域面积 100 平方千米以上）有雅边方河（也称南文河、什会河）和龙潭河。雅边方河经乐东黎族自治县境、育才生态区西部青法村，在中游从西岸汇入宁远河，集水面积 116 平方千米，河长 17 千米，河道平均坡降 11.8‰；龙潭河经乐东黎族自治县境、崖城镇北部北岭、大茅，在下游从西岸汇入宁远河，集水面积 104 平方千米，河长 21 千米，河道平均坡降 9.9‰。其间，有抱古溪在抱古五队从东岸汇入，又有牛落水来自三陵水库上游凤上岭，经牛落水库，再经高地、马丹，穿过白超田洋从下游西岸汇入。宁远河因时常泛滥，给下游平原带来大量的有机质，形成肥沃耕地，使港湾海口鱼虾富集，故有“母亲河”之称。

石沟溪 源自梅山凤岭西麓，经尖岭脚、老孙庄、桔株、大坡、黑榕田、北边岭仔东，从东边石塘门入海。全长 10.2 千米，集水面积 33.4 平方千米，平均坡降 9.58‰，多年平均降雨量 1100 毫米，多年平均径流量 0.143 亿立方米。石沟溪有一条支流叫东沟溪，发源于勾镰岭南麓，流经红岸坡从东岸汇入石沟溪。新中国成立后，建成石沟坝、洋落坝、圣坡坝、红岸坝。1992 年，建成蓄水 520 万立方米的岭落水库。

盐灶河 发源于风岭南麓，向东流入港西光明农场水库，经三公里谷地，南流经三公里村、盐灶村，在盐灶港入海。全长 26.62 千米，流域面积 87.56 平方千米，平均坡降 3.35‰，多年平均降雨量 1462 毫米，多年平均径流量 0.55 亿立方米。在河口上游 50 米处，有长约 8.76 千米的东边支流汇入。盐灶河是盐灶、三公里、凤岭、镇海乡村的主要灌溉水源。盐灶村自古至今是海水晒盐的灶厂。

潮汐与潮流 崖城镇面临浩瀚的南海，其近海水文具有明显的潮汐和潮流变化特征。近海潮流的流向、流速主要受潮汐的影响，也受季风洋流的影响。海水一般自东向西，受季风洋流的干扰，海水夏季自西向东，冬季自东向西。

潮流的流动有回旋流与往复流，渔民常说的“水流东、水流西”指的是往复流。一般情况下，在高潮前约两个小时西流起，涨潮时流速最大，高潮后约两个小时西流毕。低潮前约两个小时东流起，落潮时流速最大，低潮后约两个小时东流毕，称为“流平”

海浪沙滩（南山角）（2016年）　　陈文武　摄

（即无流）。沿海居民为了航船与捕捞之便，根据平时观察潮汐与潮流的变化规律，记录该海区潮汐表。

土壤

崖城地区主要为赤红壤、砖红壤、燥红壤、潮沙泥土、滨海沙土。由于人类的长期开发利用，土壤性质发生一定程度的变化。经过人们耕作形成的土壤，分为水稻土和坡园土。

水稻土　分布较广，凡有水源灌溉的低平区域几乎都有水田分布，面积较大且连片的有崖城的坡田田洋、白超田洋，保港的郎芒田洋，梅山的大坡、圣坡、老孙庄田洋等。潮沙泥土主要分布在崖城、保港地区，基质为河流冲积物，土层松厚，土地肥沃，适于农耕，作物产量高。崖城地区因此成为南繁育种基地和冬季瓜菜种植产区。

坡园土　分布在山前坡地、台地、阶地等一些灌溉不良的地方，坡园土适宜种植的农作物有甘蔗、番薯、花生、豆类等，不少地方也改为杧果园、槟榔园等。

植被

崖城镇山地丘陵面积较广，历史上是个林木茂盛的地方。曾经历乱砍滥伐、毁林开荒。20世纪80年代后，政府部门和民众采取封山育林措施，加强保护生态环境，山岭绿化和海防林地守护有了明显的改观。截至2014年年底，全镇森林覆盖率71.44%，林木绿化率72.1%。

崖城镇植被类型具有多样性的特征，除原始热带雨林已消失之外，主要是热带次生雨林、热带灌木林、红树林、海防林和人工林。

热带次生雨林　主要分布在镇的北部、西北部、东部山地，主要植被群落有无翼坡垒群系、青梅（青皮）+ 蝴蝶树群系、山潺琼楠 + 窄叶半枫荷 + 鸭脚木群落等。随着干湿季节的更替，其林相也有明显的季节变化。

热带灌木林 主要分布在镇的北部、西北部、东部山地热带次生林的山脚周边地带，分为常绿灌木林和落叶灌木林两种。常见植物有潺槁木姜子、美丽梧桐、黄牛木、对叶榕、马缨丹、钩枝藤、桃金娘、紫毛野牡丹、越南巴豆、买麻藤等。群落分层不明显，层间植物较发达，灌木植物丰富。落叶灌木林主要分布在丘陵周边及山前坡地、台地。主要植物有海南榄仁、厚皮树、披叶木、圆叶刺桑、桃金娘、芒萁和白茅等，植物组成较为简单，常见种有小叶海金沙、海金沙、芒萁、乌毛蕨、细基丸、无根藤、木棉、乌墨、刺篱木、黑叶谷木、黄牛木、破布叶、假苹婆、肖梵天花、黑面神等。

红树林 主要分布在河流入海交接带的淤泥环境中，在港门港、盐灶港两处分布的主要树种有榄李、海榄雌、许树等。

海防林 崖州湾海岸沙堤带可见灌木林与乔木混合生长的天然海防林带，俗称“海山”。梅山境内海防林带东起镇海村，西至角头鼻，主要树种有铁色、刺核、红腔、黑娘，间有仙人掌、龙江刺，还有高大的乔木酸梅树。20 世纪 50 年代末，政府鼓励种植木麻黄，故今海防林带以抗旱防风的木麻黄树种为主。

人工林 崖城镇主要的经济林有橡胶林、桉树林、相思林、杧果林、槟榔林。

自然资源

气候资源 崖城镇属热带海洋性季风气候区。由于低纬度加上海洋的调剂作用，气候条件得天独厚，冬无严寒，夏无酷暑，生态环境优越，农作物生长旺盛，禽畜养殖诸业皆宜。崖城地区日照时间长，≥ 10℃活动积温超过 8000℃，历来是海南省发展稻作农业、南繁育种和冬季瓜菜种植的主产区之一。

土地资源

崖城镇土地总面积 383.25 平方千米，其中 33.75 平方千米位于宁远河下游冲积平原地带，平均海拔 6.5 米，是三亚市主要的农业产区。生产用地 138426 亩，林业用地 784384 亩；全镇耕地面积 65122 亩，其中水田 27469 亩、旱田 14965 亩、坡地 22688 亩。

耕地 分水田和旱地类。水田主要分布在保港、崖城以北、南滨农场以西的平原地带；旱地主要分布在西部梅山地区和东部农场地区。

林地 主要分布在西北部、北部、东北部、东部的低山丘陵地带。

园地 分布比较广泛，有东部南滨农场的橡胶园、西部梅山坡地和保港、崖城北部坡地的杧果园、零星分布的槟榔园。

水资源

地表水 主要是江河、水库、港口及海水养殖场的水面，如宁远河的中下游及其干流、支流上的大隆水库、抱古水库、牛落水库、三陵水库，石沟溪下游及其干流、支流上的岭落水库、石沟水坝、东沟溪水库，港门中心渔港等。

崖城镇境内建有大小水库 13 座，主要有宁远河流域的大隆水库、抱古水库、三陵水库、牛落水库、落基水库和金鸡水库；石沟溪流域的岭落水库、石沟溪水库、红岸溪水库及羊落坝、圣坡坝；盐灶河流域的光明坝；芒棚溪上芒棚水库等。

地下水 崖城镇地下水比较丰富。其中，宁远河冲积平原地区的港门、水南地区为富水区，山前台地、平原的梅山、南滨地区为中等富水区。

温泉 据《崖州志》记载："热水塘，城北四里，一方一圆。圆者常如沸，方者半冷半暖。正德年间，甃石其中，岁久，圮。光绪十五年，知州唐镜沅重修，建亭其上，曰'既济亭'，为古崖州八景之一。"南滨农场有热泉井两口，水温 36℃，每日出水 300 吨。

生物资源

陆地植物 据三亚市林业局调查资料，境内有植物种类 1838 种（含栽培品种 516 个），其中蕨类 22 科 72 种，裸子植物 7 科 26 种，被子植物 98 科 1740 种。在被子植物中，双子叶植物 1341 种、单子叶植物 399 种。

珍贵林木 有国家重点保护植物和省级保护植物 63 种，其中国家一级保护野生植物有海南苏铁；国家二级保护野生植物有桫椤、翠柏、土沉香（白木香）、无翼坡垒（铁凌）、青皮、海南梧桐、蝴蝶树、油楠、降香檀（海南花梨）、海南石梓等。海南省级保护野生植物有鸡毛松、长叶竹柏、绢毛木兰、囊瓣木、海南地不容、台琼海桐、聚花海桐、海南大风子、红花天料木、美丽梧桐、长柄银叶树、木槿、粘木、毛银柴、重阳木、见血封喉、桂木、野生龙眼、野生荔枝、海南假韶子、细仔龙、盆架树、毛茶、海南水团花、海南龙血树、海南破布叶、密花虾脊兰、冬凤兰、钗子股、石仙桃、火焰兰、万带兰、卤蕨、尖叶卤蕨、红树、榄李、红榄李、海莲、尖瓣海莲、木榄、竹节树、角果木、海榄雌等。子京、母生、陆君松、荔枝、油丹、苦梓、竹叶松、红罗、加朴、鸡尖、红椆、绿楠等也是本地高级的用材林木。

常见树木 有酸梅、苦楝、枇杷、山墨、榕树、割浪、铁色、刺告、红腔、黑娘、破布叶、黄炭、黄牛木、刺核、海南木姜、刺桐、麻风树、铁树、樟树、山枇杷、黄槐决明、海棠、厚皮、槟榔青、鹊肾（鸡啄）树、土坛（割舌罗）树、刺葵、蒲葵、假苹婆、白玉兰、猫尾木、鱼尾葵、露兜（野菠萝）、鸡蛋花、竹子等。引进树种有桉树、台湾相思、印度紫檀、桃花心木、木麻黄、火焰树、凤凰树、小叶览仁树、菩提树、南洋楹、盆架树、发财树、麻楝、霸王棕、大王椰子等。

花草藤木 花卉类有三角梅、羊蹄甲、菊花、凤仙花、兰花、牵牛花、杜鹃花、玫瑰花、朱槿、九里香、长春花、千日红、鸡冠花、紫薇、龙船花、野菊花、凤凰花、野牡丹、金凤花、悬铃花、茉莉花、喇叭花、粉叶金花、夜来香、鸡蛋花、木芙蓉、万年青、观音莲、葵花、一品红、炮仗花、夹竹桃、月季等；草本类有白花蛇舌草、文竹、香蓼、臭蓼、绿萝、凤眼蓝、鬼茄、刺苋、落地生、土牛膝、铁马鞭、风车草、含羞草、海芋、莲藕、接骨草、马齿苋、苋菜、仙人掌、金针花、磨盘草、车前草、地胆头、田奇王、鸡舌菜等；藤本类有红藤、白藤、鸡血藤、猪屎豆、蜈蚣藤、无头藤、篓叶、山篓、海刀豆（海风藤）、过山龙等；灌木类有紫珠、鹧鸪茶、叶下珠、龙江刺、飞机草、金钱树、牛角瓜、美人蕉、海杧果、山捻、曼陀罗、柴子菜、龙骨斜、七姐妹等。

粮食作物 主要有水稻、山栏稻、番薯、木薯、玉米等。

经济作物 有甘蔗、花生、木棉（采集）、棉花、槟榔、椰子等。

热带经济作物 有橡胶、腰果、油棕、胡椒、咖啡、剑麻、香茅等。

药用植物 有海南四大南药之槟榔、益智、砂仁、巴戟天，还有黄藤、金不换、天冬、麦冬、寸冬、百部、草豆蔻、鸡血藤、夏菇草、石斛、蓖麻、岩白菜、芦荟、臭蓼公、穿心莲、沉香、杜仲、红壳松等。

水果瓜菜 水果主要有杧果、菠萝、香蕉、龙眼、荔枝、番木瓜、番石榴、番荔枝、石榴、菠萝蜜、西瓜、黄皮、柚子、柑橘、橙子、哈密瓜、红毛丹、人心果、阳桃、草莓等；瓜菜主要有冬瓜、南瓜、青瓜（黄瓜）、节瓜、蒲瓜（葫芦瓜）、菜椒、辣椒、茄子、西红柿、白菜、菠菜、芹菜、艾菜、洋葱、葱、蒜、韭菜、椰子菜、卷心菜、空心菜、红豆、黑豆、白豆、黄豆、豆角、扁豆、茶豆、四棱豆、荷包豆、荷兰豆、柴豆等。

野生动物 崖城地区复杂的地形地貌和多样化的森林植被类型为野生动物的繁衍栖息提供了良好的环境。境内野生动物资源较丰富，有关调查资料显示，境内分布的陆生野生动物多达300余种，其中兽类50种、鸟类300余种，属国家保护的野生动物有云豹、孔雀雉、坡鹿、山鸡、海南山鹧鸪、白鹇、蓝背八色鸫、黄嘴白鹭、穿山甲、猕猴、水鹿、黑熊、小灵猫、水獭、海南兔等。

兽类有野猪、黄猄、豪猪、狐狸、红鼻（果子狸）、松鼠、山鼠；爬行类有蟒蛇、灰蛇、金环蛇、银环蛇、眼镜蛇、五步蛇、雷公蛇、竹叶青蛇、盲蛇、米坛蛇、蜡皮蜥、蜥蜴、壁虎、金钱龟、山龟、草龟；两栖类有青蛙、树蛙、蟾蜍。

坡田洋的白鹭（2016年） 游必生 摄

河边牧牛（宁远河畔）（2017 年）

游必胜　摄

昆虫类有蜜蜂、蚕、蜻蜓、蟋蟀、蝗虫、螳螂、苍蝇、蚊子、臭虫、跳蚤、蚂蚁、蝴蝶、甲虫、牛屎乌、螟虫、蚜虫、瓢虫；其他类还有蜘蛛、蚯蚓、蚂蟥、蜗牛；飞鸟类有老鹰、乌鸦、猫头鹰、燕子、喜鹊、瓦屋鸟、斑鸠、白翅儿、白鹭、翠鸟、尖嘴鸟、红嘴鸟、八哥、鹦哥、金丝燕、鹦鹉、山鸡、毛鸡、芒鸡、布谷、麻雀、百灵、水鸭、鸡冠鸟等。

家禽家畜　崖城镇禽畜有猪、牛、羊、兔、猫、狗、鸡、鸭、鹅、鸽等。猪主要有崖城花白猪、保港黑猪和广西白猪等；牛有水牛和黄牛。黑山羊是崖城地区优良的山羊品种，具有耐粗饲、耐高温高湿、抗病力强、肉用性能好等优点。

名优水产　崖城镇有广阔的海域，据 1990 年统计，海鱼的种类有 200 多种，其中经济价值较高的有 40 多种，国家二级保护野生动物有玳瑁（十三鳞）和海龟。名优海产品有马鲛鱼、对虾、龙虾、鲳鱼、红鲷鱼、鱼肚、鲍鱼、石斑鱼等。

海洋中上层鱼类有康氏马鲛、金色小沙丁、中华青鳞、宝刀、乌鲳、蓝圆鲹、鲐鱼、扁舵鲣、弓头燕鳐鱼、青干金枪鱼等；迁底层鱼类有红鳍笛鲷、二长棘鲷、金线鱼、海鲤、蛇鲻、石斑、海鳗、马面鲀、带鱼、大黄鱼、灰星鲨、鳓鱼等；虾类有斑节对虾、墨吉对虾、刀额新对虾（沙虾）、龙虾等；蟹类有青蟹、花蟹、走马蟹、洞蟹等；贝类有砗磲、珍珠贝、毛蚶、血蚶、鲍鱼、扇贝、尖尾螺、鸡螺、白螺、芒果螺、石决明、白贝齿、海胆、海星、牡蛎等；软体类有枪乌贼（鱿鱼）、乌贼（墨鱼）、章鱼等；人工养殖基围虾、海蟹、石斑鱼等。其他有海马、海龙、海胆、海参、海蛇、海龟、珊瑚等。

淡水鱼类有鲤鱼、鲫鱼、鲮鱼、鳊鱼、鲅鱼、鲇鱼、花鳗、草鱼、白鲳鱼、黄鳝、大棘鳅、麻鱼等。

马鲛鱼

对虾

龙虾

鲳鱼

红鲷鱼

螃蟹

矿产资源 保港等地发现砂钛矿；石英砂矿分布在梅山沿海一带海滩和海域界地；建筑用沙集中分布于崖城宁远河滩，属河流冲积沙，质量较好、储量大。红色花岗岩储藏于南滨农场作业区，岩质、品位及颜色优良。

人口民族

人口数量 1953 年以前，崖州（县）未对崖城镇做专门的人口普查和单列统计。

1953 年 4 月 3 日第一次人口普查统计：崖县第一区（今崖城镇）总户数 9255 户，总人口 39931 人。其中，汉族人口 25129 人，黎族人口 1479 人。

1964 年 2 月 11 日第二次人口普查统计：崖城公社总户数 4215 户，人口 19569 人。

1982 年 2 月 19 日第三次人口普查统计：崖城公社人口 28735 人。

1990 年 7 月 1 日第四次人口普查统计：崖城镇人口 33082 人，保港镇人口 21113 人，梅山镇人口 9624 人，南滨农场人口 10910 人。

2000 年 11 月 1 日第五次人口普查统计：崖城镇户数 7633 户，人口 41041 人；保港镇户数 4300 户，人口 21309 人；梅山镇户数 2262 户，人口 10814 人；南滨农场户数 3029 户，人口 12450 人。

2010 年 11 月 1 日第六次人口普查统计：崖城镇（合并后）户数 17154 户，人口 74779 人；南滨农场户数 3901 户，人口 14736 人。全镇合计总户数 21055 户，总人口 89515 人（其中汉族人口 62385 人、黎族人口 26424 人）。

2014 年 12 月底，全镇下辖 31 个村（居）委会，其中 9 个黎族村委会、7 个居委会、78 个自然村。总人口 10 万余人，其中城区人口 2.9 万人。

民族构成

黎族 新石器时代，黎族先民迁徙到达海南岛南部后，采集渔猎，刀耕火种，先后在宁远河畔形成聚落，繁衍生息。自宋代之后，分布居住在梅山、南山附近和北岭山区的黎族先民主要从事山地农业耕作，兼营林木采伐和山货交易，属于“哈黎”方言区。

汉族　秦汉之际，“中县之民”开始迁居海南岛。隋文帝赐冼夫人临振县为“汤沐邑”之后，汉族人口陆续迁居崖城地区。唐宋时期，落户宁远河畔水南村。明代主要聚居在城内外街巷和高山村、保平村。清代，分布在三厢四坊和临高村、保平村、港门村、盐灶村、镇海村及梅山一带。从汉族居民的族谱记载可见，迁崖始祖多来自河南、江西、福建、广东等地，其中明清时期自闽南迁徙来的移民较多。崖城地区居民分别用闽南话、军话、迈话等方言交流。历代汉族移民定居后主要从事农业、渔业、商业、手工业。

回族　大疍港系古代商人沿海上丝绸之路经商贸易的中转站，宋元之际，有占城回民举家避乱迁徙至崖州，明代又见有从其他地方迁来的回民。宋元时期，回民散居在崖城海滨大疍港、酸梅铺，或经商贸易，或近海捕鱼。延至清代，逐渐聚集到三亚里定居。1984 年后，在大疍古港遗址和梅东村八人轿坡发现伊斯兰教徒古墓场遗址，当地人称“番人墓”，可证实崖城沿海一带历史上有回族人聚居谋生。

2010 年崖城地区各民族人口统计表

表 1　　　　　　　　　　　　　　　　　　　　　　　　　　单位：人

辖区	汉族	黎族	苗族	回族	壮族	蒙古族	傣族	怒族	哈萨克族	维吾尔族
崖城镇	53229	21330	11	5	39	54	37	32	12	6
南滨农场	9156	5094	13	5	216	8	15	5	—	—
合计	62385	26424	24	10	255	62	52	37	12	6

族谱简介

历史上迁居崖城地区的家族姓氏众多，本志重点选介卢、孙、何、陈、张、麦、郑、林、周、洪、黄、裴、黎、慕容 14 个姓氏的族谱。

卢氏家族　卢氏堂号称“范阳堂”（范阳，即今河北省涿州市）。卢宪中在清道光二十年（1840）续修《范阳宗谱》序云：“吾族渡琼始祖自多逊公始。公事宋太祖，相太平兴国，迄后与丞相赵普有隙，谪迁珠崖，此籍琼之太始祖也。由崖而陵（水），而乐（会），绵绵延延，至今三十余世。其散居各处，生聚日众。”

《海南卢氏族谱》

卢多逊，怀州河内（今河南沁阳市）人。北宋太平兴国七年（982），遭政敌赵普构陷，被罢相削职，举家流配到崖州水南村。雍熙二年（985），卢多逊接到赦书邸报，将移容州任团练副使，病重未能成行，于崖州水南村辞世。大中祥符三年（1010），宋真宗旨准其三子卢察（水南村出生）赴崖城，护卢多逊灵柩归襄阳厚葬。

南宋末年，卢多逊十世孙（有说八世孙）卢志仁、卢志德为避战乱复迁太祖多逊谪居地崖城水南村。入元后，卢志仁任陵水教谕，生子卢贤卿。卢志德随兄迁徙陵水，生子卢才卿。其后裔先后定居陵水、博鳌、万宁等地。明嘉靖年间（1522—1566），卢多逊二十世孙卢显再复迁居崖城。据考，卢显属贤卿嫡系，为卢氏宗支一世祖。延至2015年，卢氏世系传十七世孙。崖城支卢氏宗谱在“文化大革命”时期被毁，现存手抄本系1912年卢氏四房卢钊公裔孙婿手抄存世。

1989年，海南卢氏族人捐资将三亚、琼海、万宁、陵水、定安等市县宗谱汇集，修成《海南卢氏族谱》三十四卷，卢传宁任主编。

孙氏家族 南宋淳熙十四年（1187），福建莆田人孙开文携家眷出任琼山知县，致仕后落籍那梅口图（今海口市琼山区府城那梅村）。孙开文迁琼之后，后裔子孙陆续在琼崖各地迁徙分布，生息繁衍。

明朝末年，才盛祖三世孙德秀由新庄村（今乐东县九所镇）迁住崇政村（今梅西村）。德秀公乃孙氏迁梅山始祖，至2015年，已嫡传十五代。

清康熙五十二年（1713），学贤公编撰盛祖宗支谱牒。乾隆三十二年（1767），光祖公重修盛祖宗支谱牒。清光绪八年（1882），如棠公等曾函商黄流孙氏支派合编族谱一事，因故未果。1914年，毓时、毓斌、家达等与黄流族人瑞兰、元济、俊卿等齐心合力撰成《崖县孙氏族谱》三十卷。1915年，由广东省城西湖街宝珍楼付梓承刊。1989年，有瑄、令昭等对德秀公宗支增补修编成册，编撰成《迁梅始祖孙德秀公族谱》。

《迁梅始祖孙德秀公族谱》

德秀公支派辈为才、国、德、贤、吉、文、兆、宗、式、如、毓、家、有、令、器、定、发、荣、昌。1989年，撰修《迁梅始祖孙德秀公族谱》时，

“昌”字辈后的字派由盛祖十二世惠公拟定为“长传裕泽励志书香明义立信思正行方从善创业和惠维扬”。

梅山孙氏宗祠始建于清乾隆十七年（1752），原为德秀公祠。乾隆四十五年（1780），光祖、克昌公等集资扩建中庭门阁。清嘉庆十三年（1808），子麟、子桂、宗哲公等又扩建前屋二廊。清道光二十年（1840），宗藩公等又对孙氏宗祠进行修葺。1920年，族人对孙氏宗祠再次修葺。2006年，梅山孙氏宗祠被列为三亚市文物保护单位。2012年，三亚市人民政府拨款120万元修缮孙氏宗祠。2015年11月，梅山孙氏宗祠被公布为第三批海南省文物保护单位。

何氏家族　何氏迁琼始祖为宋末仁德公。保平村阳化公为仁德公第十四世孙，明万历三十五年（1607），在乐邑北岸里（今琼海市中原镇）出生。年轻时跟父亲到崖城地区经商，在崖州保平村购置田园种植，并经营土产、加工槟榔等，随后建屋定居。自阳化公迁崖后嫡传子孙至“贤”字辈，已有十五代。

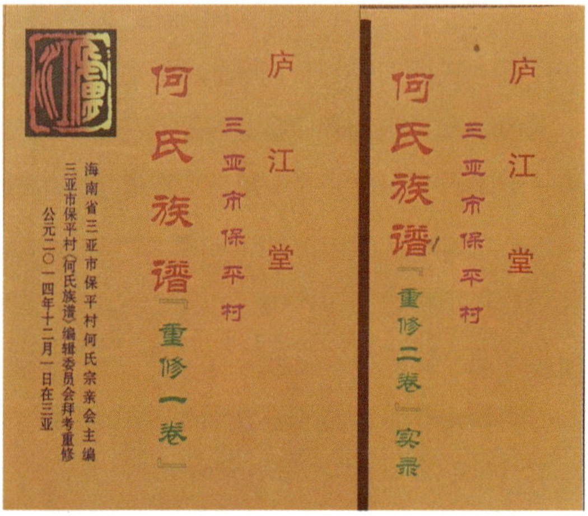

保平村《何氏族谱》

崖城何氏又一支脉自广东来，迁崖始祖讳圣瑞，原籍广州府东莞县城内北街罟网村，于清顺治年间（1644—1661）到崖城经商，居留崖城起晨坊，至2015年，嫡传十四代。何氏派系自迁崖启定为圣、天、仪、敦、允、文、秉、运、绍、宗、世（擎）、冠、贤、智、大、成、明、伦。

嘉庆六年（1801），东云公和东琚公、东兴公、道尊公亲自到乐邑北岸里（今琼海市中原镇）访问宗亲，倡议修谱。1929年，大倓公和大备公第一次编撰《何氏族谱》（手抄本）。1946年，绍麟公和应魁公第二次修谱（手抄本）。1985年，应瑞公和绍科公带领宗亲捐款第三次修谱（刻印本）。2014年，何绍义执笔，以1985年族谱刻印本为依据，重修《庐江堂三亚市保平村何氏族谱》，留存100本传世。

陈氏家族　《海南陈氏谱》1998年版记载，海南陈姓移琼始祖有27人，有“九官十八客”之说，大多数族谱记载其迁琼始祖来自福建莆田。琼南有谚语“无陈不成村”。

《海南陈氏谱》记载：在崖城镇各村落分布的陈氏祖有永兴祖、养性祖、福昌祖、福仔祖、拔祥祖、宜中祖、彦祥祖、文深祖、启宗祖等。崖城镇的陈氏大多为永兴祖、养性祖和福昌祖的后裔，主要聚居在港西、保平、梅联一带。至2015年，永兴祖嫡传十五代，养性祖嫡传十三代。

《海南陈氏谱》

保港永兴公祖谱由陈鸿枢主编，2002年列入《海南陈氏谱第二卷》出版；养性公祖谱由陈荣、陈养等主编，2010年列入《海南陈氏谱第二卷》出版；《梅山陈氏族谱》由光策、光珠、光祥、光积主编，1995年编撰完成。永兴祖后裔自七世“定”字派、八世“朝”字派迁居梅联村，字派为“永国宗其大可定朝，允云文治光垂封家”。

张氏家族 张氏世居历史文化名村保平村。明嘉靖年间张宪、张阳辉主编的《张氏统宗世谱》和清乾隆年间保平人张有光、张有章、张有凤编修的《保平羊栏张氏族谱》记载：张氏始祖受赐封后，子孙在清河生息繁衍。南迁的张氏支系入韶关，为曲江（今广东省韶关市曲江区）张氏始祖，至唐代，出名相张九龄。历宋、元、明、清时期，张九龄后裔遍布岭南各地。

保平村张氏移崖始祖张成耀的先祖南迁经曲江到惠州，居博罗（今广东省惠州市博罗县）石湾村。明朝末期，为避战乱，成耀公携妻带儿、偕胞弟成宗公自惠州迁徙至海南崖州。初居崖城遵道坊，自二世祖后，移居保平村。成耀公嫡传二子：张明、张雄。次始祖成宗公移居三亚里。

1928年12月，族人将成耀公祖坟迁喃统田坡地，1938年再迁至红宅田。1985年1月，将始祖同二、三、四世祖合葬在山埋岭大坡园，重修张氏陵园。成耀公移崖州370余年，至2015年，嫡传十五代。

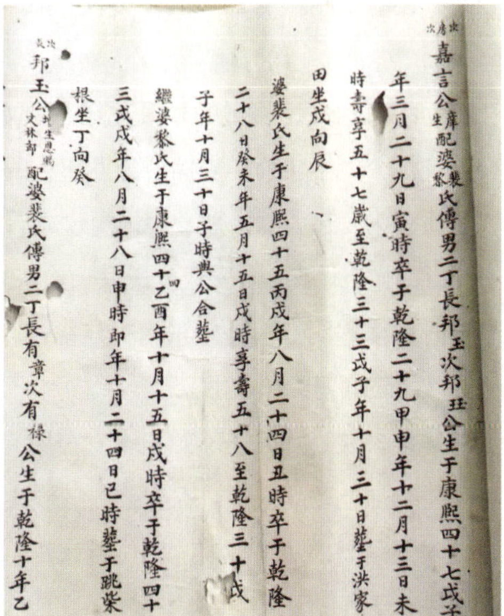
嘉言公生庠配婆裴氏傳男二丁長邦玉次邦珏公生于康熙四十七戊子
年三月二十九日寅時卒于乾隆二十九甲申年十二月十三日未
時壽享五十七歲至乾隆三十三戊子年十月三十日塟于洪家
田坐戌向辰
婆裴氏生于康熙四十五丙戌年八月二十四日丑時卒于乾隆
二十八日癸未年五月十五日戌時享壽五十八至乾隆三十戊
子年十月三十日子時與公合塟
繼婆黎氏生于康熙四十四乙酉年十月十五日戌時卒于乾隆四十
三戊戌年八月二十八日申時卯年十月二十四日巳時塟于跳棠
根坐丁向癸
邦玉公配婆裴氏傳男二丁長有章次有祿公生于乾隆十年乙

《保平村张氏族谱》（手抄本）

保平张氏子孙派系为成、明、雄、德、嘉、邦、有、从、登、高、望、远、树、俊、贻、宏、人、文、尉、起、荣、祖、光、宗。

麦氏家族 麦氏为岭南望族。隋朝，麦铁杖公为始兴郡南雄（今广东省韶关市南雄市）百顺村人，智勇过人，屡立战功。及辽东战役，为国捐躯，赠光禄大夫、宿国公，谥武烈。清乾隆三十五年（1770）编修的《麦氏族谱》序记载："宿国公为麦始祖也。公居雄郡昌邑西北之百顺。"

《崖州麦氏谱》

《崖州麦氏谱》记载：迁居崖州的麦氏始祖是铁杖公的后裔第十二代孙麦炽，于南宋绍兴元年（1131）从广东韶关市南雄迁徙到福建莆田甘蔗园村，历经200余年后，嫡传第五代栋梁、生色、麦楠、升灿、子新五兄弟。为避乱逃难，谋求新生，于明建文二年（1400）渡海至琼崖，选择港门、保平村落户安居，开荒种田，织网捕鱼，生儿育女，建立祠堂，供奉祖宗，设立辈序。至2015年，麦氏后代子孙繁衍有12代至16代，计有800多户，3000多人。

为纪念祖先，移崖的麦氏兄弟分别在保平村吊树落（现保平村墟仔）建有以栋梁公、升灿公、生色公、麦楠公为发起人的宿国公祠，港门村（原港门关公庙后面）建有以子新公为发起人的始兴堂。祠堂建成后，麦氏五兄弟设立了各自的辈序。

《崖州麦氏谱》由三亚麦氏联谊会编修，麦宜明主编。修谱伊始，时任联谊会会长麦明时和麦宜明专程赴广东南雄与福建莆田等地寻根问祖，收集史料，族人捐资助力，于2005年10月编印成书。

郑氏家族 郑氏迁琼始祖本立公原籍福建莆田（今福建省莆田市）。明末，因无土地可耕，加上动乱纷扰，本立公跟随族人携家眷乘船渡海至海南谋生。先在临高县博顿盐场附近落脚，开荒种地，勤俭持家，丁口渐兴，五世嫡传12男、六世嫡传10男、七世嫡传9男。

清末，因博顿盐场周边石多土瘠，耕种失收，自七世起，又迁移到崖城宁远河畔打席村创业。子麟公兄弟开发大罾田，土肥水利，稻菽丰收。至九世绍材公辈又合力在三陵坝上垦荒造田，拓殖农业种类。因耕地增加，经营有方，家业殷实，人丁兴旺，后将打席村改称临高村。

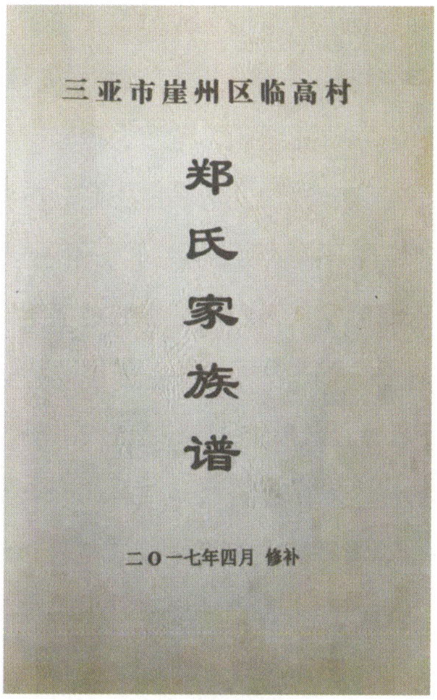

临高村《郑氏家族谱》

郑氏宗祠由子麟公筹建，绍材公续建完善，并敬撰碑文。宗祠于清光绪十五年（1889）十二月建成。宗祠由绍业公管理，后来宗祠被改为学堂，供学童读书，又合并为保平小学。郑氏宗祠原址因宁远河道变迁被淹没。

临高村《郑氏家族谱》系九世孙绍琨于 1985 年组织族人编修而成，有打印本存世。族谱记载：自建祠之后，经有琼崖郑氏族谱一册，但因为日敌侵凌，县境沦陷后遗失。子麟公兄弟迁崖后，延至“扬”字辈，已传十三代。

林氏家族 九牧林为林姓重要分支，有“唐九牧林”与“宋九牧林”之分。林氏迁崖始祖名伯康，字君任，福建兴化府莆田县（今福建省莆田市）尊贤里人，莆田名门九牧林氏后裔。元至正年间（1341—1368），任广东雷州府海康县（今广东省雷州市）教谕。

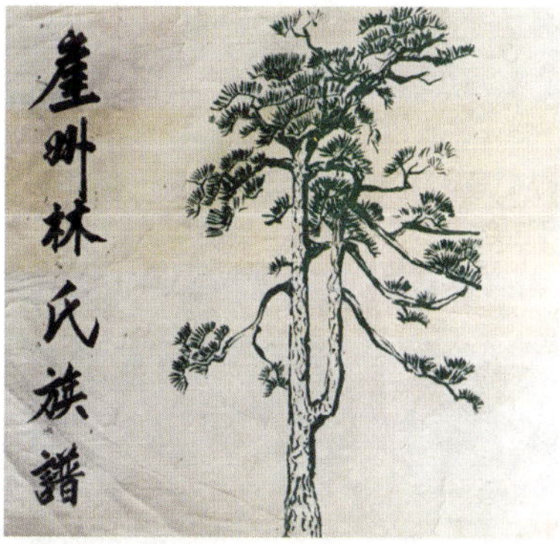

《崖州林氏族谱》

《崖州林氏族谱》记述，元朝末年，伯康祖避乱致仕（退休），迁居崖城官塘村。林伯康育有因湖、正福、正禄、正寿、正矩五子，因湖、正福、正寿、正矩四兄弟分传别处，只有正禄留在崖城。故明代之后，崖城林氏均将二世正禄公，三世汝德，四世以安、浴安、隆广等尊列为崖城拱北村林氏嗣承世系。

1942 年，族人召开会议商量修谱事宜，推举道美为主任，国栋为理财，而后修谱得以告竣。1990 年 8 月，族人再成立续修族谱委员会，推举庆芳为主任，禄增、林星为副主任，维贤、志芳、会茂、学勤、生传为委员，族人集资赞助印制，族谱续修工作得以完成。林氏自伯康公迁居崖城官塘（拱北）村，至 2015 年，嫡传二十七代，后裔子孙计有千余人。

周氏家族 据考，周氏从河南、江西、福建等地迁徙渡琼先祖有丕承、仁浚、秀梅、周许、松山、荣政、一君、亭秀、显贤9人。他们或来琼任职，或经商落籍，或从教育人。9位先贤嫡传后裔分布海南多地，繁衍生息。

周丕承，字嘉猷，为周氏迁崖始祖。丕承公原籍福建莆田（今福建省莆田市），南宋淳熙年间（1174—1189）渡琼任崖州佥判，致仕后定居崖州保平村。丕承公生三男，长子周训，次子周诲，三子周淳。周训公嫡系一直居住在保平村、港门村，周诲公、周淳公迁居崖西罗马村。至2015年，丕承公后裔有二十代世孙。1987年，保平村、港门村周氏宗亲集资在毕兰溪边高坡上重修丕承公和周训公祖坟。

保平村第一次编修《周氏族谱》为清光绪元年（1875），系周定国发动族人捐资并主编，第十五世孙周芳家中仍存有一本手抄本，但页面残缺不全。

《海南周氏宗谱（卷六）》（三亚乐东周氏族谱）由周德熙主编，周运珩为副主编，2003年编修完成并付梓出版。

保平村周氏祠堂始建于清咸丰元年（1851），由十三世孙周定国发动宗亲集资兴建，祠堂二进，有厅堂、廊房，砖瓦结构，“文化大革命”时期被建成宅屋。2013年，由宗亲健东等集资在原址重新修建，筹办复建周氏祠堂事宜。

《海南周氏宗谱（卷六）》

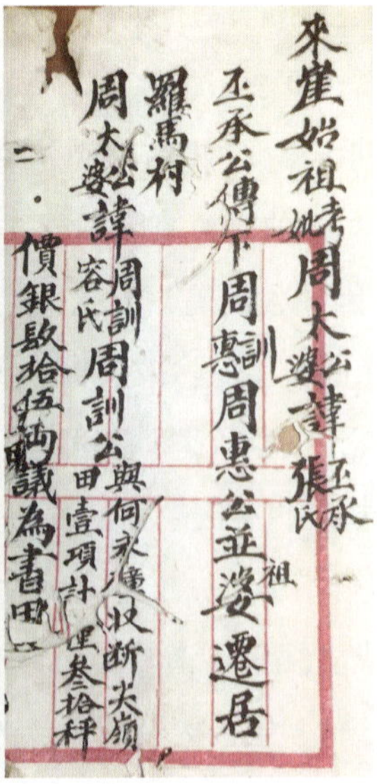

《周氏族谱》（手抄本）

洪氏家族 洪氏迁崖始祖为怀卿公，安徽贵池（今安徽省池州市贵池区）人，军武出身。明洪武十一年（1375），怀卿公带儿子洪亮赴崖城定居。洪亮原名马儿，受父亲影响从小习武，青年时带兵打仗，称为马军，英勇善战。

《崖州洪氏建香家谱》

《洪氏族谱》记载：洪亮及其后世共十一位敕命为世袭千户（6 位为副千户、5 位为千户）。自洪亮长子洪毅至十二世洪廷栋，皆“保送赴京袭职”。

明永乐七年（1409），洪亮逝世，初葬于六盘，后迁回崖城西郊建墓合葬。离祖墓 300 米处建立洪氏祠堂，青砖黛瓦，规模显著，清代被毁。

清顺治四年（1647），十二世洪廷栋举义旗反清复明，后遭灭族之祸。族人逃散他乡，或改他姓，或化为黎族。民国后，洪氏后裔陆续复回崖城西关居住。洪氏自明初迁崖延至 2015 年，已嫡传二十四世。

至 2011 年，洪氏族谱经 5 次编修。《崖州洪氏建香家谱》由孙定伟任主编，定雄、定光、定才通力协助，终得成谱。

黄氏家族 海南黄氏源起黄国，郡望江夏，分流闽粤。宋、元、明、清，渡海迁琼。入籍居崖州者以本中公、大新公后裔为众。《本中公族序》记载：本中公，原籍福建省莆田县，元末出任吉阳参将，仕终入籍于崖。传三子：长子黄珵，移崖西罗马村；次子黄琏，居白腊根村（崖城水南）；三子黄瑚，移居崖西黄流村。600 余年来，子孙繁衍旺盛。近代，本中公后裔主要居住在水南三村、城东一村、城东二村、拱北村、遵导二村、长山、梅东、梅西、临高村。

《海南省黄氏大宗谱本中大新诸公族谱》

《崖州黄氏族谱序》记载：清康熙三十六年（1697），二世祖讳可观公，回广录得黄氏族谱一册。清乾隆三十年（1765），四世祖湛公重加考核，记自南海来崖始祖讳大新公。经历代诸公的续记，至九世祖位金公光绪二十六年（1900）抄录整理，手抄本为十世祖怀玉公珍藏，传承至良鹏公续录珍藏。近代，大新公后裔主要居住在崖城城东一村，至今已传至十三世。

1937 年 5 月,《黄氏家谱》由海南书局承印。2013 年 9 月,《本中大新诸公族谱》合并《海南省黄氏大宗谱》精装出版。

裴氏家族 发祥于山西省闻喜县裴柏村的裴氏家族，自古为三晋望族，为中国历史上声名显赫的名门世家。裴氏家族在历史上先后出过宰相 59 人、大将军 59 人，正史立传与载列者 600 余人，名垂后世者千余人。

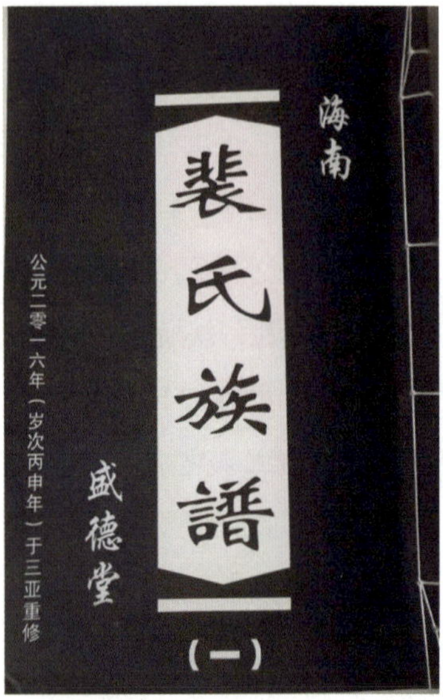

水南村《裴氏族谱》

裴族迁琼始祖裴瑑，字文璧，唐晋国公裴度十四世孙。北宋宣和（1119—1125）至南宋绍兴年间（1131—1162）任雷州守，任满入觐愆期，改知吉阳军。因慕崖城风土人情，于是在水南村安家落户。裴瑑被海南裴氏后裔尊称为迁崖始祖。

明成化八年（1472）五月，裴崇礼到京师（北京）敬请丘濬为崖城《裴氏族谱》作序，丘濬应许。

2016 年，水南村裴氏族人成立编委会捐资续修《海南裴氏（盛德堂）族谱》，宏齐、史光任主编，秀枫、克斐、日清任副主编。

《黎氏族谱》

黎氏家族 据黎辉柏主编的《黎氏族谱》（2015 年出版）第七卷记载：黎氏中州发迹后，化公迁居福州府莆田县（今福建省莆田市）甘蔗园村。传中乐公于唐开元年间（713—741）由闽入粤，四世君用公于宋真宗时由粤过琼。七世黎汉公定居定安县白塘村；十四世廉公于元至正年间（1341—1368）由定安迁乐会县多荣村；七世珣公和九世克让公于明正德年间（1506—1521）、十世文宗公于明嘉靖年间（1522—1566）迁到崖城，均定居水南村。珣公之子景宽公、克让公、文宗公为乐会黎氏迁移崖州各派系的一世祖。

黎氏移崖定居水南村后，历经500年的繁衍，子孙众多，宗支派系陆续迁徙分居。景宽公支居住较为稳定，除有少数后裔移居崖城的白河村及田独、育才、林旺龙江村外，大多数子孙安土重迁，一直定居在水南一村；克让公支嫡传文宇、文居支一部分子孙居住水南一村，其他宗支迁往林旺、港门村等地；文宗公支后裔先后居水南一、二、三村，高山村，部分迁居保平、港门、梅东、盐灶、西关、马站、官塘、打铁铺、城内儒学街、羊栏、林旺、藤桥等地。

《崖州志》记载，北宋初宰相卢多逊被贬往水南村后，与村民黎伯淳结为挚友，留下佳话名篇。伯淳及其宗支与《黎氏族谱》所记乐会黎氏移崖水南村之谱系，未见传承关联，但可证黎伯淳及其宗亲在北宋时已移崖定居水南村。

慕容氏家族　晋成帝时（326—342），慕容先祖皝据邺（今河北邯郸临漳县西与河南安阳市北郊一带）称王，是为前燕。其子孙陆续建立了后燕、西燕、南燕，前后历时70多年。

《慕容氏族谱》记载：自南燕灭后，垂六百年至南宋有慕容居仁、居中、居正三兄弟。清光绪《崖州志》记载：慕容居中“由征辟（征聘）历任承事郎、吉阳军判官、宾州通判、昭州劝农使。后归，为书舍，诱训乡人习读。又迁学于城北”。族谱记：居正，字仲直，仕奉宋朝奉训大夫，知光州知州（今河南省潢川县），因宋末之乱父子兄弟同徙吉阳军，今吾族乃居正之子孙。

慕容居正迁崖后，居住在水南村。慕容氏自一世祖居正至五世祖元鉴均为单传，至六世祖恭嫡传三子。此后，崖州慕容子嗣繁衍，枝繁叶茂。明清时期，慕容氏已成崖州一大旺族。今居住水南村的慕容氏，主要是六世祖恭的二房七世祖舟全和三房七世祖舟琼的后代。二房子孙主要居住在水南一村，也有部分迁往崖城遵道村、拱北村、城东村、雅亮雅林村、乐东黄流村等。三房子孙主要居住在水南二村和水南一村。长房七世舟庇祖的后代迁居情况及世

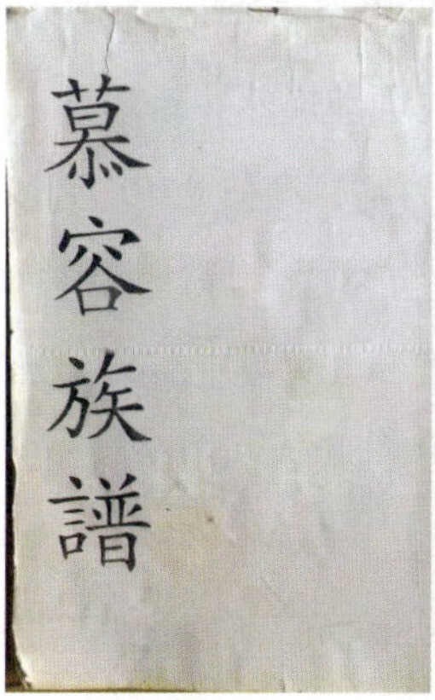

《慕容族谱》

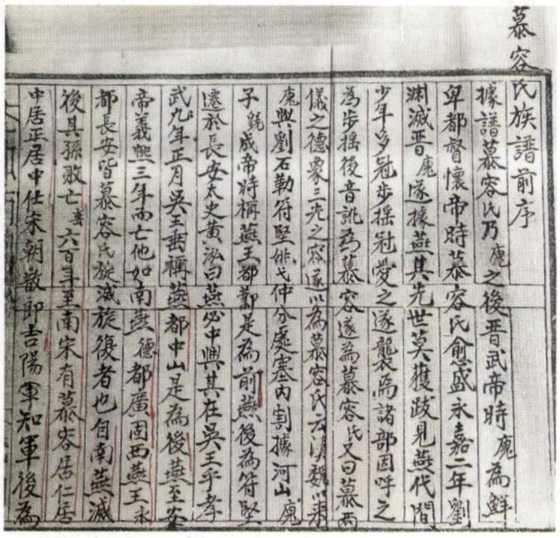

慕容氏族譜前序
據譜慕容氏乃廆之後晉武帝時廆為鮮
卑都督懷帝時慕容氏愈盛永嘉二年劉
淵滅晉廆遂據燕其先世莫護跋見燕代間
少年多冠步搖冠愛之遂斂髮為諸部因呼之
為步搖後音訛為慕容遂為慕容氏又曰慕兩
儀之德象三光之容遂以為慕容氏
廆與劉石勒苻堅併戈仲分處塞內割據河山廆
子皝成帝時稱燕王都薊是為前燕後為苻堅
遂於長安太史黃泓曰燕必中興其在吳王乎孝
武九年正月吳王垂稱燕都中山是為後燕至容
帝義熙三年而亡他如南燕德都廣固西燕王永
都長安皆慕容氏旋滅旋復者也自南燕滅
後其孫敢亡垂六百年至南宋有慕容居仁居
中居正居中任宋朝敬郎吉陽軍知軍後為

《慕容氏族谱前序》

系，族谱中有零星记载：长房舟庇祖的十二世镜天祖迁居乐东乐罗村，淀祖迁居抱旺村，渲祖迁居赤隋园。十三世祖钦迁往乐东居住。十六世珽祖迁往城内，珏祖迁往乐平居住。

清末至民国初期，因崖州地区鲜有复姓，慕容氏族人遂将复姓“慕容”改为单姓“容”，故当今琼崖地区原慕容氏均以单姓容氏称谓。1946 年，容达英（1916—1988）回乡组织发动水南、崖城族人捐款捐粮，黄流族人献工，雅林族人献木料，重建慕容氏宗祠，达英主持升梁仪式。

社会经济

经济发展 自古以来，崖城就是著名的鱼米之乡。历代居民以农业为主，种植水稻、番薯、甘蔗、花生、槟榔、蔬菜、水果等，沿海村落以捕捞海产为业。纺织、木工、打铁、制糖、煮盐、建筑等手工业闻名遐迩。城乡墟市定期、市井商铺成街、交通运输方便，清代以来已发展成为琼南商贸集散中心。

新中国成立后，崖城镇经过土地改革、农业合作化，特别是实行家庭联产承包责任制后，农民主动适应市场需求，及时调整生产结构，推广种植冬季蔬菜，积极参与南繁育种，促使农业发展、农民增收，农村面貌焕然一新。

1991 年，崖城镇粮食总产量 1.02 万吨，产值 1019 万元，经济作物产值 15100 万元。林、牧、渔业总产值 3500 万元。2001 年 8 月，原崖城镇、保港镇、梅山镇、雅亮乡合并设立崖城镇。2001 年，全镇粮食总产量 1.9 万吨，产值 2316 万元，经济作物产值 3.59 亿元，社会总产值 6.2 亿元，农民人均纯收入 3010 元。2005 年，全镇社会总产值 8.84 亿元，农民人均纯收入 4246 元。

2014 年，崖城镇实现生产总值 48.5 亿元，较 2013 年增长 14%，三次产业结构比例为 34.1∶6.3∶59.6；实现地税收入 4.59 亿元，同比增长 8%；农民人均纯收入达 11500 元，同比增长 15%；全镇居民人均可支配收入 11931 元，同比增长 15.7%；完成固定资产投资 63.8 亿元，同比增长 83.3%；完成重点项目建设投资 29.3 亿元。崖城镇综合实力明显增强，基础设施较大改善，重点项目扎实推进，民生投入不断加大，城乡环境明显改善，教育、医疗、卫生、社保等事业发展水平稳步提升。

2014 年，崖城地区设立的金融机构有三亚市崖城农村信用合作社、保港农村信用合作社、梅山农村信用合作社、中国农业银行三亚崖城支行、中国工商银行三亚崖城支行、三亚农商银行崖城支行、中国邮政储蓄银行崖城支行等。

2014 年，崖城地区规模较大的农贸市场有 4 个，分别为崖城中心集贸市场、南滨集贸市场、保港农贸市场、梅山农贸市场。

农场与企业

南滨农场 原名沟口垦殖场，1952 年创办。1955 年 8 月，改名南滨垦殖场。1956 年，改名国营南滨农场。1958 年，农场并入崖城炮艇人民公社，改名南滨大队。1959 年，与公社分开，恢复国营南滨农场。1969 年 4 月，改编为建设兵团。1974 年 10 月后，恢复为国营南滨农场，设有 6 个作业区（南雅区、红峰区、金鸡区、前进区、红华区、海燕区）、36 个生产队、6 个直属厂，还有汽车队、机耕队、基建队等。

南滨农场建场初期以种植油棕为主，创造了在北纬边缘大面积种植油棕取得成功的奇迹，人工授粉等技术达到当时先进水平。1958 年 12 月，南滨农场获国务院颁发的“社会主义建设先进单位”奖状。

20 世纪 80 年代，南滨农场因地制宜，逐步调整农业产业结构，以生产橡胶为主业，大力发展职工自营经济，种植反季节瓜菜和杧果、香蕉、槟榔等，同时发展南繁育种，成为全国南繁育种和冬季瓜菜生产基地。2000 年起，南滨农场调整产业结构，利用独特的热带气候资源发展冬季瓜果菜和南繁育种，促进主营经济从传统农业向现代农业转变。至 2010 年，全场建起 3 万亩杧果、1 万亩香蕉的优质高产示范园，2000 亩南繁科研基地和 6000 亩无公害冬季瓜菜生产基地。农场瓜果菜生产形成种苗提供、农资技术、收购运输、劳资服务等完整的产业链，成为海南省南部规模较大的杧果、香蕉、冬季瓜菜等农产品集散中心。

南滨农场先后成为“国家无公害生产示范基地”“国家标准农业示范基地”“国家无公害冬季瓜菜生产基地”“国家南繁科研基地”“全国香蕉标准化生产示范农场”“全国农垦现代农业示范区”。农场生产的香蕉、杧果、冬季瓜菜被国家认证为“无公害产

南滨农场获国务院颁发的奖状（1958 年）

知青收获油棕果 王超和 摄

品”，长豆角、茄子等被评为“省优”农产品，出口韩国、日本等国家。2007 年 12 月起，产品直供香港、澳门市场，成为海南垦区首家直供港、澳瓜菜的农场。1991 年，获农业部颁发的“‘七五’期间全国种子工作先进单位”奖状及荣誉证书。1996 年，被农业部评为“全国自营经济先进单位”。2015 年，农场完成生产总值 4.34 亿元。

企业 2015 年，在崖城地区营业的各类企业约 210 个。有南山迎宾馆、小月湾度假酒店、科宝庄园大酒店等营业酒店、旅馆、民宿约 520 家，各类商场、超市和物流点近千家。

社会保障 2014 年，崖城镇城乡居民基本医疗保险参保人数 7.77 万人，参保率达 100%；新型农村社会养老保险参保人数 3.97 万人，参保率达 99.16%；新增就业人数 2806 人，城镇登记人员失业率控制在 0.01%；为 1095 户低保户发放生活费，共 840 万元；大力推进危房改造工作，完成全镇民房改造 570 户；为辖区 1184 名高龄老人发放高龄补贴 21.31 万元，为困难群众按时足额发放生活保障金和各类救助金，发放物价补贴 3808.73 万元；教育部门为 181 名贫困学生发放教育补贴，保障贫困人口教育实现 100% 全覆盖；卫生部门组织贫困户到市中医院和妇幼保健院进行体检，到医院免费治疗疾病；住建部门为贫困户建档立卡实施危房改造计划，解决贫困户住房难题。

2014 年，进一步改善崖城卫生院和村卫生室的就医条件，加强新农村合作医疗保险参保工作，完善城乡居民基本医疗保障体系；广泛宣传新农保政策，为全镇 3.2 万名农民办理新农保，参保率达 98%；通过技能培训、创业扶持等途径，实现农村劳动力转移就业 1.33 万人。简化行政审批程序，提高审批效率，建成梅山、保港等地便民办事处。

至 2014 年，累计办理办结各类事项近 6 万件。

社会事业

教育 北宋庆历年间（1041—1048），崖州学宫在崖城创立，原址在城外东南隅。明弘治年间（1488—1505），崖州所设社学。清乾隆二十年（1755），知州宋锦在崖城文昌庙设珠崖书院，延师训课。乾隆二十九年（1764），崖州士民捐银 2200 两筑围墙，修缮院舍，多收生员入学。清道光八年（1828），署州事袁斯熊捐银维修，齐元发改名鳌山书院。清光绪三十年（1904），崖州奉朝廷旨，停止乡会试及岁科各试，废科举，改书院为学堂。光绪三十三年（1907），合州捐资拓修，改鳌山书院为高等小学堂（故址在今崖城中学）。光绪三十四年（1908），知州冯如衡将副将署旧练兵馆改设时雍小学堂，以教育黎童。清宣统三年（1911），知州范云梯兴办直隶州平民学堂。

明清时期，崖城地区已有大户人家自办私塾，以家族祠堂为塾址，招收家族子弟入学，延请宿儒等作塾师执教训导，启蒙教材采用《三字经》《百家姓》《千字文》等，以识字读写、练习书帖为主；聪明好学、品学兼优者，则升州学或进珠崖（鳌山）书院深造，参加各级科举考试。

1913 年，崖县奉广东省教育厅命，将学堂改称学校，县立高等小学（后改名为第一高等小学）设在崖城。1922 年，在港门设立第五高等小学。随后，第八高等小学、保平小学、梅西小学、仰高国民学校等先后成立。1921—1926 年，经孙毓斌、莫惠浓、陈宗舜、陈善等人筹划，崖县中学在崖城挂牌成立，校名为崖县县立初级中学。1926 年，招 3 个班，新生 190 人入学。1926 年 7 月，广州国民大学学生麦宏恩回到家乡举办平民学校，教授文化知识，传播革命思想。1939 年 2 月，学校停办。抗日战争胜利后，中小学校复课。1949 年，崖县中学设立高中班，成为完全中学。1951 年，崖县中学更名为崖县第一中学。1955 年，崖县党政机关迁址三亚镇，原崖县第一中学更名为崖城中学。

1951 年，崖县人民政府统一公布全县小学名称。崖城地区有高级小学 2 所：第一高级小学（崖城）、第二高级小学（港门）；完全小学 1 所：崖一区第一小学（梅山）；私立小学 1 所：伯康小学（崖城拱北）。1953 年土地改革完成后，农村经济有所发展，农民生活得到改善，崖城地区小学的数量增加。大村单独办学，小村联村办学，方便适龄儿童就近入学读书。1966 年以后，保港、梅山中学更名为农业中学。1976 年以后，农业中学改为普通初级中学。

2014 年，崖城镇义务教育阶段中小学共 34 所，其中公办学校 31 所、民办学校 3

所。2010年，崖城中学获“全省教育工作先进单位”称号。2014年，在校学生12175人，其中公办学校10061人（中学3373人、小学6688人），民办学校2114人；专任公办教师674人，其中中学教师213人、小学教师461人。注册幼儿园8所，在校幼儿1627人。通过省规范化评估的学校有崖城中学、崖城中心学校、南山小学、水南小学等。2014年，政府投入2656万元新建崖城中心幼儿园、保港幼儿园等。

医疗卫生 新中国成立前，崖城居民如患有疾病的，一般先按民间偏方自采草药治疗，再请乡村医生开方诊治。得到处方后，到中药铺购买药材回家煮成药汤服用。在乡镇里行医的中医世家既坐堂开方，又常备有处方所需的药材及中成药供应患者。

新中国成立后，崖城镇成立卫生院，设有内科、外科、妇产科、中医科等。1970年，推行合作医疗制度，乡村成立合作医疗站。1980年后，成立梅山、保港卫生院，设有内科、外科、妇产科等，为村民提供疾病诊疗服务。

新中国成立前，村内人畜同居，厨厕相连，蚊、蝇、臭虫多，天花、霍乱、肺结核、流脑时有发生，疟疾、麻疹、疥等疾病流行。1926年秋，保港地区霍乱流行，据传从海上船舶入港传染，始发于港门村。由于渔港鱼虾腥污，蚊蝇滋生，环境不洁，致疾病传播迅速。其时医疗条件落后，患者病起仓促，无特效成药治疗，多不治而亡。有村民循旧俗在门口挂艾叶草避邪，或日落时在门口围网纲，以防瘟疫进屋，但于事无补。该瘟疫蔓延月余才停止，死亡人数不详。

新中国成立后，各级政府部门号召开展爱国卫生运动，村民逐步树立卫生防疫观念，形成良好的卫生习惯。乡村卫生院采取种痘、注射疫苗等措施，预防天花、小儿麻痹症、肝炎等传染性疾病。除夕、中秋佳节，家家户户大扫除。端午节，人们用艾叶、菖蒲、雄黄祛秽避瘟。夏季，用蚊香熏蚊、采集中草药煮汤服用，以防疫治病，县、公社（镇）医疗卫生部门实行各种防疫措施，一些流行性疾病得到有效控制。

2005年，推行农村合作医疗保险。2010年，实施“美丽乡村”建设，改水改厕，整治环境，改善公共卫生状况与医疗条件。

2014年，崖城镇共有87家医疗机构，其中崖城卫生院、保港卫生院、梅山卫生院、南滨农场医院为公办医院；有村卫生室42家、民营门诊部3家、公立社区药物维持治疗门诊部1家、麻风病防治中心1家、个体诊所和医务室（含学校卫生室）40家。公立医院有医务人员编制162人，在编人员105人，其中高级职称1人、中级职称23人、初级职称81人，有乡村医生44人。

2014 年，崖城镇加大医疗卫生经费投入，以卫生院、村卫生室为基础，形成二级医疗卫生保健体系，满足群众就近就医的需求。

通信 崖城镇设有三亚市邮政局崖城、保港、梅山支局和崖城电信所等。

镇区建设

新农村建设 2001 年，崖城镇在完成各乡村道路和田园果岭主干路水泥伴石修建硬质化之后，加大对农业基础设施的投入，统筹推进新农村建设。

2013 年，崖城先后完成三陵水库、落基水库整体大坝加固防渗工程，对岭落水库等进行除险加固。2014 年，投入近 2600 万元完成崖州中心城区、保港片区、梅山片区共 17 个村委会和西线高速路口至南山、大小洞天景区路段“路灯亮化”工程；投资 3000 万元建设三更村、凤岭村、三公里村等 7 个黎族村庄的农村安全饮水工程。完成大隆东干渠、南滨排洪沟至妹州沟综合整治、崖城过境公路和旧桥连接线、崖城城西至保港路段道路改造工程 4 个项目建设。

2014 年，总投资 4600 多万元的新崖城大桥建成通车。完成创意产业园南区污水处理厂一期、园区燃气管道及配气站迁建、标准厂房、220 千伏变电站、大隆灌区西干渠等项目建设，产业园区路网建设全面铺开。推进驷马安置区、南山陵园及宁远河右岸崖城大桥至高速路桥河段综合整治等项目；投入近 2300 万元的三陵渠道节水防渗改造基本完工。投入 1770 万元建设 8 个村庄的路灯照明工程，建设深机井 25 口，解决约 3500 人的饮水困难问题；投入 46.8 万元维修完成坡田洋等四大田洋分沟、农沟、毛沟渠道总长 43.5 千米，并进行常态化管护；投入 460 万元新改建港门、抱古、北岭、大蛋等村的多功能办公场所和 14 间文化室。加强农村现代远程教育站点建设和管理工作，全镇基本实现农村远程电教全覆盖；借助农村远程党员电教和村级文化活动场所等平台，逐步完善新农村工作机制，提高村级组织民主管理和规范化水平，“美丽乡村”建设迈上新台阶。

农田基本建设（2016 年） 孙清 摄

重点建设项目

大隆水库 是一座集防洪、供水、灌溉兼发电等于一体的大（2）型水利工程。水库坝高 65.5 米，坝顶长 535 米，大坝以上多年平均径流量 6.84 亿立方米。集雨面积 749 平方千米，占宁远河流域面积的 73.4%。水库具有防洪、供水、灌溉、发电的功能，年灌溉水量 1.3 亿立方米，可将宁远河下游地区的防洪标准由原来的两年一遇提高到 20 年一遇。水库保护下游 7 万多人，保护耕地面积约 7 万亩。

大隆水库是海南省南部水资源调配的重点工程，承担三亚市中西部的灌溉任务，总灌溉面积达 9.92 万亩。为城市提供 1.94 亿立方米的优质水源，满足三亚城市近远期供水需求。规划年发电量 2891 万千瓦时，新建大隆二级电站可增加年发电量 825 万千瓦时，年发电量可达 3716 万千瓦时。

大隆水库于 2004 年 12 月 13 日开工建设。2006 年，大坝建成。2008 年 8 月 3 日，通过水利部会同海南省人民政府主持的竣工验收。2008 年 9 月 2 日，在昆明召开的全国水利建设与管理工作会议上，大隆水利枢纽工程获水利部和中国水利工程协会颁发的 2008 年度“中国水利优质工程（大禹）奖”，这是海南省首次获得国家水利工程建设的最高荣誉。水库还先后获“中国建设工程鲁班奖”“全国生产建设项目水土保持示范工程”“全国水利建设与管理先进集体”等多项荣誉。

华能南山发电厂 位于崖城镇内，是中国第一个海洋天然气发电厂，有2套5万千瓦燃气轮发电机组和2台1.6万千瓦联合循环机组，发电总装机容量13.2万千瓦，年发电量约100万千瓦时。属华能海南发电股份有限公司下属企业，是海南电网西南部地区唯一的电源点。南山发电厂占地面积约10000平方米。2012年4月开工建设。2012年10月投入运行。首次利用太阳能集热技术产生超过400℃的过热蒸汽，与国际同类技术先进水平相当，并且所有设备均实现国产化，申请专利30余项，中国华能集团拥有完全自主知识产权。

南山货运港 位于崖州湾内，紧临环岛高速公路，是实现三亚“三港分离”的基础工程，也是三亚港货运码头搬迁还建项目。一期工程建设完成1个1万吨级多用途泊位，码头设计吞吐量65万吨/年。南山货运港2014年投入运营，主营散杂货物装卸、堆存、仓储、物流等业务，已发展成为南海油气资源开发后勤支援和下游产品的加工基地。

南山港（2016年） 蔡林正 摄

崖州中心渔港（2016 年）　　蒙明珠　摄

崖州中心渔港　海南省重点建设项目之一。该渔港是集生产、补给、加工、交易、储藏、避风、休闲旅游于一体的多功能中心渔港。按国家级中心渔港标准规划和建设，总用地面积 210.66（含水域面积）公顷，建成可满足 1200 艘渔船停靠的码头和港池，可满足各型渔船停泊、避风和补给。陆域港区配套建设灯塔、冷库、交易场地、渔港管理等辅助设施约 30 万平方米，为海南省规模最大的渔港。

崖州中心渔港 2009 年 12 月 24 日正式开工建设，至 2014 年，累计完成投资 17 亿元。渔港建成后，实现三亚市“三港分离”的城市发展战略目标，重点发展海洋捕捞、渔业加工和渔港物流产业，形成渔业产业集群。开发南海海洋文化资源，建设具有崖州渔民文化特色的“渔人码头”，全面提升中心渔港的功能和效应，成为崖州地区的新名片，促进旅游经济发展。

崖州站　海南环岛高铁车站，距崖城镇中心约 1.5 千米。南距凤凰机场站 28.1 千米，北距乐东站 25.8 千米。崖州站为一站两场式车站，设高速场与普速场。设旅客进出站地道 1 座、高铁正线 2 条、到发线 2 条。普速场用于接发三亚旅游铁路专线列车。

崖州站（2016 年） 唐传斌 摄

西环高铁崖州站项目总用地面积 95786 平方米，总建筑面积 6399.22 平方米。高铁崖州站主体工程有候车大厅、站前广场、旅游商业中心，还建有候车亭、喷泉池、名人雕塑、崖州八景浮雕、历史文化景墙等。2013 年 9 月开工建设，2015 年 12 月 30 日海南环岛高铁西段开通运营，与 2010 年 12 月开通运营的环岛高铁东段实现连通，标志着海南首条环岛高铁线全线贯通，旅客乘高铁环游海南岛成为现实。

高铁联通（2016 年） 韩铭新 摄

创意产业园　位于崖州湾，距市中心 40 千米，规划面积约 12 平方千米，其中可开发城市建设用地约 9.6 平方千米（含综合保税区 1.7 平方千米），规划区人口规模 6 万人以上，是海南省省级重点园区之一。2007 年开发建设，设置中共三亚市创意产业园工作委员会、创意产业园管理委员会。国务院 2009 年颁布的《关于推进海南国际旅游岛建设发展的若干意见》明确将三亚创意产业园列为鼓励发展的高新技术产业园。

创意产业园由新兴产业发展区、融资综合服务区、科技汇集孵化区、生活配套服务区构成。园区以增强自主创新能力、培育总部基地、提升城市竞争力为发展目标，建设高端产业、科技人才、知识经济集聚的现代化产业新城，形成高科技产业、高端人群集聚的智慧湾、人文湾。以“一核”“两带”“四区”为发展主线，建成新兴产业的聚集地、低碳产业的示范地，把崖城地区建设成为陆海统筹的历史文化和新兴产业文化相结合的城区，培育三亚经济发展新的增长极。

2013 年，创意产业园区中兴（三亚）海外人才拓展中心建设并投入使用，完成国际交流中心主体结构的 50%，中国（海南）改革发展研究院、中国核工业集团、华永、肯同、瑞泽、海润、阳霖、百泰、嘉鹏、曙光 10 家单位正在进行规划报建；力合、华纳正在调整用地性质；创意产业园区全年完成土地出让面积达 1260 亩，土地收入 21 亿元，实现产值约 5 亿元，实现税收约 2 亿元。

2014 年，创意产业园区累计完成社会投资 32.1 亿元，年产值达 4.9 亿元。引进科技企业 21 家，协议投资金额超 300 亿元。中心研发、用友新道、海云天等一批科技创新产业项目正在入园建设。

传统产业

崖城地区农业久负盛名，稻谷薯芋、瓜菜水果、经济作物、禽畜养殖、山珍海鲜等，四季丰登；手工业就地取材，纺织建筑、藤木竹器、煮盐制糖、榨油酿酒、打铁造船等，技艺精致，特色鲜明；商贸物流，车船辐辏，货畅其流，互惠互利，促进经济发展，方便人民群众生产生活。

农业

水稻种植 崖城地区种植的稻种有水稻与旱稻、粳米与糯米之分。黎族百姓在岭园种植的山兰稻，古籍称“山禾”。百姓也依据播种或收获季节种植早稻（小熟）、晚稻（大熟）。宋代，占城稻种，崖城地区称“安南占（粘）”，传播至海南。其特点是耐旱、不择地、生长期短，尤其适合崖城地区的气候地理条件。明正德《琼台志》记载：“自宋播占禾种，夏种秋收今有三熟者。”

清代光绪《崖州志》对本地稻种记述颇详，有20余种：

“稻有粳、糯二种。粳曰赤黏，曰黄黏，曰白黏，曰七黏、老鼠黏、广东黏、安南黏、香粳，曰旱稻（四月种，六十日熟），曰花心、山猪班、牛粳、小熟黏（宜高田），曰旱稻亦曰坡黏（宜高田及坡田。四月种，八月熟。最耐曝，曰山稻（类甚多，最美者名九里香。宜山林燔材积灰而播种，不加灌溉，自然秀实。黎人种之），曰大白，曰小白（宜深田），曰大粒秫、光头秫（宜水田。五月种，十一月熟），曰黄麖稻（一名二春谷，宜水田。一树两获，麖鹿不食。黎人多种之），曰苞谷（白米，无芒。熟时亦含苞。宜山田，三亚有之）。糯曰羊尾糯、贝核糯、光头糯、牛脚糯、黄箕糯、黑芒糯、猪血糯、黑糯（其黑如墨，性软，蒸食可疗咳嗽）、山稻糯（以上皆六月种，十月熟）、小熟糯（正月种，四月熟）。”

民国以后，崖城地区主要种植的水稻品种有安南占、坡占、老鼠占、山猪芒、山兰糯等。新中国成立初期，增加西洋白、暹罗占、白米粉、加南2号、蓬莱稻等。1966—1976年，早造主要种植珍珠矮、广场矮、广白矮等；晚造有胞台矮、包选2号。1976年至20世纪80年代末，大量引进优良品种，早造主要有广二104、丛桂314、桂毕1号、江矮、汕优2号等；晚造有晚华矮1号、二白矮、青华矮6号等。20世纪90年代，除了继续推广种植优良品种外，还种植杂优稻，稻种有3550、杂交稻1号、博优64、博优903等。

1999年，崖城镇稻谷种植面积1896公顷，产量9308吨；保港镇稻谷种植面积681

公顷，产量 2955 吨；梅山镇稻谷种植面积 797 公顷，产量 3244 吨。

2003 年，崖城镇稻谷播种面积 11845 公顷，总产量 50894 吨。

番薯种植　番薯原产于中南美洲的墨西哥，哥伦布发现新大陆后，逐渐传播到东南亚。明万历年间（1573—1620）传入中国闽、粤两地，经过推广，粤地“高、雷、廉、琼多种之”。

番薯粗生易栽、生熟可食，产量高又方便晒干储存。滨海迁居的百姓和崖城山区黎族民众开垦荒坡沙地，广为种植，以作为稻米外的重要粮食作物。清《崖州志》记载：“番薯，种来自南夷，延蔓易生，割其藤而种之。实大如拳，如瓯。有岭头薯（紫色，多粉）、白薯、红薯、面薯、鸡薯、黄心薯诸种。土人每切片晒干捣粉，名曰薯粮。”

民国以后，番薯是农民家庭仅次于稻米的重要粮食作物。番薯四季均可种植，秋季尤其产量高、品质佳。番薯的主要品种有谷子薯和日本薯等，其中谷子薯品质好，抗病又抗虫，产量高，亩产可达上万斤，但生长期较长，需要 5 个月左右。

新中国成立后，崖城农村、农场和生产队将番薯作为大田作物种植，与稻谷、花生、豆角等实行间种轮作。20 世纪 50—60 年代，主要品种有谷子薯、潮州红、马来亚红薯。70 年代，主要品种有州农红。1999 年，崖城镇番薯种植面积 249 公顷，产量 557 吨。2003 年，崖城镇番薯种植面积 200 公顷，总产量 439 吨。

薯蓣杂粮种植　崖州人民以薯为粮，历史久远。西晋时期学者嵇含在《南方草木状》中写道：“旧琼崖之地，海中之人，皆不业稼穑，惟掘种甘薯。秋熟收之，蒸曛切如米粒，仓圌贮之以充粮糗，是名薯粮。”据院士丁颖考证，中国古书上所记载的甘薯是薯蓣科植物，就是现在粤南和琼州一带所种的甜薯，也有因薯有毛而称“毛薯”，或因茎有刺而称为“簕薯”。清光绪《崖州志》记：“薯蓣有大叶小叶二种：小叶蓣，俗名鸡卵薯，亦曰甜薯。藤细，有刺，叶圆。薯生累累，每一本或一二十不等。皮有细毛，形如鸡子。大叶蓣，俗名曰蔓薯。形似山药，有猪血蔓、牛脚蔓、牛蹄蔓。又有木棉薯，茎叶酷类木棉树，根入地成薯，亦细粉可食。”

薏苡又叫“珍珠米”“珍珠麦”，“多出儋州、崖州，琼人每以为粮。”明正德《琼台志》记载：“珍珠麦产崖州，茎高三四尺，叶如黍，开花作穗。子色白如珍珠。饭食。土人多种，以酿酒。”清光绪《崖州志》记：“薏米，一名珍珠米。能消湿、利水。酿酒尤甜。”

槟榔种植　槟榔在古代原作为药材用于防瘴治病，唐刘恂在《岭表录异》记载：“两广地热，食槟榔用以祛瘴疠。”宋代之后，槟榔逐渐演变为风靡岭南闽蜀的时尚嗜好品，

槟榔园（2016 年） 陈文 摄

进而形成别具琼崖地方特色的槟榔文化习俗，由此产生市场需求。

千百年来，槟榔一直是崖城地区重要的经济作物，槟榔种植成为农民收入的重要来源。元代参政王仕熙诗云“千树槟榔养素封”，诗歌既描写水南村遍种槟榔的景观，还说明“千树槟榔”给人们带来如“素封”者（指虽不做官但有田园收养之给）的富足生活。槟榔税历来是古代官府倚重的赋税。

南宋赵汝适《诸蕃志 · 海南》写道：海南土产沉香等香及槟榔，“其货多出于黎峒”，可见其时，在黎族聚居的山区也种植槟榔树以交易谋利。明清时期，崖城地区黎人在聚居地开荒种植槟榔的现象日趋普遍。槟榔树对土肥要求不严，岭园坡地及庭前屋后均可种植，经过育苗、移栽，三五年即开花结果。由于崖州光热充足，雨量充沛，只要种苗优良，照管得当，可望有十几年稳定的收成。

瓜菜水果　南瓜、丝瓜、蛇瓜、蒲瓜、黄瓜（俗称“青瓜”）、西瓜、苦瓜、豆角、白菜、茄子、空心菜、萝卜、芹菜、茼蒿等，在崖城地区已有悠久的种植历史。农户历来多是在庭前屋后或在自留地上种植，自给自足，仅有少量上市出售。

20 世纪 90 年代以后，崖城镇逐渐发展成为海南省乃至全国重要的冬季瓜菜种植基地。各乡村农户大面积种植冬季瓜菜，并组成专业合作社生产经营，发展成为农民增收、农村致富的优势产业。2003 年，崖城镇蔬菜瓜类播种面积 4450 公顷，产量 162504 吨。2012 年，全镇冬季瓜菜种植面积 5.6 万亩，总产量 18 万吨；当年通过瓜菜交易中心收购北调的冬季瓜菜达 20 万吨。

豆角种植（2016 年） 孙定国 摄

崖城地区历来出产椰子、杧果、龙眼、荔枝、香蕉、黄皮、木瓜、菠萝蜜、阳桃、菠萝、甘蔗等。但大多是家前屋后种植，产量不高。1980 年以后，梅山、保港、崖城的部分农民承包荒岭，采用嫁接栽培术大面积种植杧果、龙眼、甜瓜等，产品品质优良，畅销市场。2012 年，崖城镇热带水果种植面积 8.7 万亩，总产量 13 万吨。

杧果种植（2017 年） 梁崇海 摄

甘蔗花生 海南岛种蔗制糖至少有2000年的历史东汉杨孚在《异物志》中就曾有过记述。民国初期，海南甘蔗种植的资源优势逐渐被重视，蔗糖产业迅速拓展，蔗种经过引进和改良，制糖产量提高。1936年，崖县甘蔗种植面积达15000亩，年产量70万担，约占海南岛总产量的三分之一。

1949年之前，甘蔗种植主要集中在崖城、保港、梅山等地，品种有用来榨糖的马鞭蔗、蜡蔗和作为果蔗吃的黑蔗。1953年海南甘蔗育种场在崖城建立后，种植品种有崖城红皮、台糖134，其中崖城红皮亩产3吨多。1973—1976年，增加印度997、海蔗4号等品种。其中，海蔗4号是在海南甘蔗育种场培育出来的，适应种在有水灌溉的地方，亩产高达28吨。1970年后，推广粤糖63/237。1980—1990年，又增加10740、选三、选四、对照种F134、平达、儋糖一号、W0310等新品种。

随着制糖业的发展，崖城地区的甘蔗种植面积不断扩大。20世纪70年代是甘蔗产业发展的高峰期，甘蔗收入成为当地农民的主要经济收入，亩产1213 ~ 1514千克。1979年，崖城糖厂开垦梅山风岭基地种植400亩甘蔗。1986年后，由于糖厂停产，甘蔗生产大幅下降。

民国时期，崖城地区乡村种植花生，但产量较低。当地栽培品种有大粒及小粒两种，播种期在2—3月，收获期则在7—8月。新中国成立后，花生成为主要油料作物，推广3个月即可收获的种植方法，栽培品种有4个，包括春种花生“白衣种”“红衣种”，夏种花生“大粒种”“小粒种”。1960年以后，发展到11个品种，其中以“狮头企”为主。20世纪70年代，大面积种植粤油551。1985年，引进汕油27高产抗锈良种。花生主要产区分布在梅山、保港、崖城等地，平均亩产250 ~ 300千克。

玉米豆类 玉米品种有“金皇后”“白粒种”“红粒种”“平地”等。1949年之前，零星种植，产量较少。崖城地区农户种植的豆类有黑豆、黄豆、青豆、木豆、饭豆、红豆、绿豆、扁豆等，一般种植在梅山至北岭一带较为干旱的岭园坡地。

畜牧家禽 崖城乡村历来重视养牛，多数农户饲养1 ~ 2头耕牛作为耕田拖车的生产力。鸡、鸭、鹅、猪饲养则作为家庭副业，一般在庭院饲养，数量不多，自给自足。新中国成立后，梅山、崖城公社个别生产队也有群养黄牛，多至数十头；也有农民专业饲养黑山羊，多至十几头甚至上百头，白天在岭脚草坡放牧，夜晚赶入栅栏看护。

2003年年末牲畜存栏量：牛16563头、山羊12107只、生猪16598头。2014年牲畜出栏量：牛1305头、羊13944只、猪33787头。2000年后，崖城地区有年均饲养

300 头肉猪以上的养猪农民专业合作社 6 个。2014 年，活家禽（鸡、鸭、鹅）出栏量 587411 只。

2015 年，民政部门用少数民族发展资金培育 6 家专业合作社，鼓励黎族群众结成联

养羊（2016 年） 陈颖专 摄

合经济体发展特色种养殖业，其中南山村胡氏合作社豪猪养殖项目，南山村福江合作社黄牛、山羊、海水鸭养殖项目，黄牛、山羊养殖项目，北岭村华良合作社山羊、豪猪养殖项目，城西村马山坡山羊养殖项目等，获中央少数民族发展资金扶持。

渔业捕捞 崖城地区沿海渔业生产历史久远。宋相卢多逊咏水南村的诗句“小舟横港足鱼虾”指的是宁远河出海口大疍港湾早期的渔业活动。

为了开发海洋渔业资源，渔民从原来的竿钓、罾笼、抛网、拉网、定置网逐渐发展到使用流刺网、牵拖网、灯光网等。明清以来，崖州沿海世居疍家和陆续迁徙来的闽、粤渔民制造出竖桅扬帆使舵的渔船出海作业，扩大对南海渔业资源的开发利用。在长期的闯海实践中，他们深入了解海域季风潮流的变化和礁盘岛屿的区位，掌握渔场鱼类的分布规律，通过对各种鱼类生长特点、洄游习性、潮汐变化的观察体验，开创适应南海渔场的捕捞工具与技术，提高经济效益。

20 世纪上半叶，港门、梅联（又称“角头”）村的海洋捕捞业以流刺网、沉网和近海定置网作业为主，平时兼做钓业。出海作业的渔船大多安装桅帆利用风力行驶，还有在近海靠人力摇橹的小船只。1970 年以后，随着新渔船吨位加大和安装柴油机作为动力，也有渔船远赴北部湾渔场开展深海捕捞作业。其时，港门、梅联村渔民也有引进灯光捕鱼作业方式的。

旧时，网具先用麻丝纺成线，再绕在竹木梭片上穿织而成。1962 年后，用胶丝、尼龙线织网，浮标以塑料浮子代替杉木，沉坠以铅取代陶瓷。

港门泊舟（崖州中心渔港）（2016 年） 韩铭新 摄

渔船泊岸（梅联村海滩）（2016 年） 蔡小鹏 摄

渔民掌握渔场海潮流向速率与鱼类的生长洄游特性，根据渔场方位、水深、流速和各种鱼类触网时辰驶船出海。下网时间取“平流”为要，一般选“山黑”（日落）与“太白”（凌晨）。渔民编织制作的网眼宽度一般以手指比量，网眼多为二指、三指、四指、五指、七指、九指，每艘船作业使用的网具片数和网身高度、长度依据作业渔船大小、劳力多少及起重配置，40 ~ 60片不等，每片网长约30米，高度3 ~ 7米。主要捕获马鲛、青甘、鲳鱼、红鱼、麻鱼、西刀、铁甲、佑仔等。每逢渔汛期，渔民多在崖州湾、龙栖湾、三亚湾、亚龙湾等海域进行捕捞作业，有时也趁潮流顺风抵达北部湾海域作业。

梅联、港门的渔民擅长“沉网”捕捞作业。“沉网”为七指网，网线较粗且韧，一般选在大海里有暗礁珊瑚分布的海域下网，主要捕获红鱼、白鱼、连鲇、花鳞、腹鲍等。

双桩定置网是角头（梅联）村渔民的传统捕捞方式，其网具、材料及海上作业方法系迁居的莺歌海渔民传授。双桩定置网选取鱼类洄游通道或鱼虾繁殖集中场所布网作业。角头湾毗邻宁远河出海口，海岸距东锣岛、西鼓岛 2 ~ 3 千米，鱼虾富集，显流浪平，定置网作业条件优越。主要捕获厚壳虾、对虾、龙虾、鲳鱼、鲷鱼、石斑、铁甲、

渔民在海边（梅联村）（2006 年）　　孙世庆　摄

西刀、水工仔、红袍、点记、螃蟹、海鳝等。梅联村渔民依据捕捞对象和潮流变化，分全年性作业和季节性作业。生产旺季期为 11 月至次年 3 月。其作业要点包括制枪、圈斗、打桩、挂网、收网。

“制枪”“圈斗”在陆地沙滩上施工，打桩（又称“打枪”）、挂网须靠 2 ~ 3 艘渔船协同作业。每口“山水”（俗称“土网”）打两支桩枪，两桩间距 50 米左右，其连线应顺应水流方向。打桩完成并结浮筒标记后，渔民待下次潮汛到来时再出海，将绑扎成捆的竹木浮筒系上渔网。作业时将网具投入水中，使网口正对流向，张网几小时后，在下次平潮时就收网卸鱼。收获鱼虾后，重新整理网具投回海中。不久，潮流方向改变，网具依靠浮力向上，尾兜受海流冲力下沉，网口张开，觅食洄游的鱼虾又陆续随潮水入网，被再次作业的渔民捕获归仓。

钓业是一种成本低廉的传统作业方式，包括延绳钓、手钓、长纲钓、生钓等。钓钩根据鱼类大小制定。1960 年前，钓绳用青麻、棉纱织成，钓钩采用铁丝制作，后来采用聚乙烯线与不锈钢鱼钩。延绳钓有鲨鱼钓、红鱼钓和综合延绳，手钓有红鱼钓、马鲛鱼钓、鱿鱼钓等。梅联村渔民还发明了一种“生钓”鲨鱼的方法。“生钓”（又称“兄弟钓”）即用生铁打磨成利钩，用麻线绑紧钩耳，每隔30厘米系在绳索钓纲上，不需鱼饵，将数千米长的纲绳连同利钩沉放到鲨鱼经常出没的海区。鲨鱼在洄游猎食的过程中只要被其中一条“生钓”钩住，身体滚动即刻有相连的钓口连环钩住。渔民则合力将其拉拽至船舷，用准备好的镖枪刺中鱼腹，待其挣扎至疲顿翻腹，即擒获归仓。这种不用饵而能捕获吨位级大鲨鱼的方法是崖城地区渔民在捕获大鱼技术方面的创新，体现了该地渔民开发利用海洋渔业资源的聪明才智。

崖州沿海渔民从事捕捞作业，必须了解海洋潮汐规律，顺应天时海流，驶船出海作业，力争渔业丰收。在长期的生产实践中，渔民掌握崖州湾、龙栖湾一带海域的日夜潮流变化，以农历月、日记录，称《流水歌诀》，并世代相传。

流水歌诀：

正月：初五、十九日；二月：初四、十八日；

三月：初三、十七日；四月：初二、十六日；

五月：初一、十五日；六月：十三、二十七日；

七月：初五、初七日；八月：初二、十六日；

九月：初三、十七日；十月：初一、十五、三十日；

十一月：十二、二十六日；十二月：十一日、二十五日。

说明：一年之内的海潮转流时间为农历正月初五、三月初三、七月初五、九月初三。渔民也将每年十二月二十四新流水称为“灶公水”。

手工业

纺织业 春秋战国时期，黎族先民开始用木棉苎麻纤维纺织衣被。西汉时期，黎族先民纺织的“广幅布”已被列为朝廷征调的精品。唐宋以来，海南岛的丝麻纺织业已有所发展。唐崖州郡守（刺史）的手工业工场“有织花缣文纱者”。花缣，即有花色的双

脚踏纺车（2016 年）　陈行飞　摄

织布机（美术作品）

丝细绢。三国时期，黎族先民用吉贝棉（海岛棉）制作精美的“五色斑布”。宋代，黎族纺织的黎幕、黎单、青花布等，技艺精湛。

崖州民众称棉花植株为“咖贝”，称棉纺织品为“咖贝棉”，即古籍所记“吉贝”。海南岛是黎族的生息之地，棉织业也是黎族的主要产业，因而形成独特的黎族棉织文明。至南宋，琼崖地区的棉织业已广为人知。南宋末年，黄道婆辗转到崖州地区拜师学艺，元贞年间（1295—1297）又回到松江府乌泥泾，改革创造一套先进的棉纺织机具，同时，创新纺织品的花色品种，促使“松江布，名天下”，对上海等地区推广棉花种植、布衣百姓普遍受惠于棉纺织品生产消费产生了深远的影响。

明清时期，黎族织锦技艺精湛，产品色彩更为艳丽。崖城地区生产的绣面崖州被（龙被）以黎族传统织锦工艺纺、染、织、绣为本，图案设计吸收汉族民俗文化的元素，具有浓郁的海南地方民族特色。清初屈大均《广东新语》记载：“崖州纺织棉线如布帛状，绣人物花鸟其上，有十金一具者，名曰帐房，俗称儋崖二帐，是皆越布也。”

崖州地区汉族居民生产的素色棉布，施以本土植物如蓝靛（又称“板蓝根”）、薯莨、树胶皮等加工染整。明清时期，崖州地区纺织品以家庭作坊式生产为主，布店商人出资收购销售。由于棉布质量上乘、花色品种创新，成为客商青睐的名优产品，被誉为“机杼精工”“织奇织巧崖州布”。

自古以来，为了适应渔业捕捞的需要，崖州沿海渔民还制作各种纺纱穿梭工具用来编织渔网和加工绳缆船帆。从手工业的角度看，这都是技术要求较高的纺织工艺。民国

崖州绣被（龙被） 三亚民俗博物馆收藏

崖州布 崖州布展览馆收藏

时期，“渔网多为边海渔户织供自用。绳有椰绳、棕绳、麻绳等。船缆以竹或藤制造，边海船户制以自用”。

制糖业 蔗糖俗名砂糖，道光《琼州府志》记载：“琼之糖，其行至远，白糖则货至苏州、天津等处。”1913—1917年，海南糖货输出呈持续增长的态势，崖县产赤砂糖位列榜首。

崖城地区自古沿袭土法制糖，即用木材竹编搭建简易寮棚，称“糖寮”。1933年，建有糖寮31间。寮棚里设置两大石轴竖立在地面，使其间留出空隙，将甘蔗夹在两石轴中，用牛拖转石碾压榨。收取蔗汁后，用火锅煎熬制成糖块，再裁割成糖片。如制作白糖，则稀煮蔗汁倾入糖漏，加进槟榔灰水，静置一月即成白色砂糖。糖寮经营方式，有自家种蔗榨糖的，也有出资雇人种植甘蔗待制糖取利分成的，还有农户合伙经营糖寮的。因开榨甘蔗时要使用健壮的牛运输及拉碾，股东也有以牛作为股份分红。1942年3月，日本人寺林青一郎曾对崖城水南乡的糖寮进行调查，其报告中写道：“（糖寮）每天产糖350斤。股东11人，股东各出资100元和可用10天的原料，还有一头牛，总计有110天的原料。榨季从11月中旬开始，到4月底结束。负责人1人，内务、外务各1人。雇用人员中有被称为煎糖手的技术人员汉人1人，此外都是黎族。整理甘蔗者7人、搬运工5人、烧火的2人、杂工2人。”

民国《海南岛志》记载：“糖产量以崖县最多，崖县西部所产白糖为佳。凡制糖，每年自阴历十月开工，至翌年五月歇工。每一昼夜可制糖十担或六七担，每春可制糖一千五六百担。”

榨蔗石轴 陈行飞 摄

崖城糖厂位于崖州区水南村东，1958 年 12 月筹建，厂址原设在保港临高新村。1960 年，移迁到水南村东，并从顺德县引进一部日本投降时留下的榨蔗机、6 口铁锅，日榨甘蔗 100 吨。1969 年，糖厂边扩建，边生产。1971 年，糖厂生产机械设备进行配套改造，日榨甘蔗量提高到 200 吨，产品为赤砂糖。1973 年，盈利 9.19 万元，被评为“广东省工业学大庆”先进单位。1974 年，荣获“广东省糖业先进单位”称号。1985 年，产糖量达 4698.54 吨。1990 年，投资 1600 万元扩建，日榨甘蔗 500 吨，同时，将羊栏糖厂设备搬迁并入崖城糖厂，扩大了生产规模，职工有 363 人（临时工未计）。每逢榨季，糖厂备有 20 多辆东风汽车到乡村蔗园收集运输甘蔗。后来因农民不愿种植甘蔗，致崖城糖厂缺少原料供应而停产。崖城糖厂曾是崖县规模较大的国营企业之一，见证了崖县在计划经济时期工业发展的历史。

制盐业 崖城镇区濒临南海，气温高，日照时间长，近岸海水浓度约为 100 升海水中含有 3 升盐。海水纯净度高，居民利用海湾滩涂晒卤煮盐已有千余年的历史。史籍记载：“乾元元年，琼山、宁远、振州等县有盐，近海百姓煮海水为盐，远近取给。”

古代海盐最普遍的生产方法是煎煮。其时，盐丁制盐的工序是：掘地为坑、收集咸池沙、在坑口布竹木、堆咸沙、引潮水过滤、渗入坑内生成卤水、取卤水倒入竹盘或釜锅，烧火煎之成盐。

百姓一般将海盐分为熟盐和生盐。熟盐是将卤水煎煮制成，结晶细微，适宜日常烹饪食用。生盐是通过阳光照晒的卤水分级引至盐田暴晒而成，盐粒粗糙，多用于加工咸鱼虾酱、萝卜酸菜之类。

古崖州西部沿海一带有东盐灶（头灶）、中盐灶、西盐灶等村名。头灶村位于宁远河出海口崖州中心渔港西侧，盐田布局设施尚存。村民副业仍按照古法“漏水煮盐”，所产熟盐品质上乘。

造船业 崖州沿海一带大多沿用福建渔船的形制和造船技术，由船主或渔栏主投资雇工建造。一般能制造五六吨位到十几吨位的木帆船，主要用于海洋渔业捕捞。因为造船材料质地优良，工艺技术成熟，所以渔船抗风浪性能较好。

港门村的造船工场设在龙王庙左侧的几棵酸梅古树下，角头村造船则在海滩上搭棚

木制柴油机渔船（梅联村）（2016 年） 孙定国 摄

为作坊。造船木材首选鸡翅木，因其材质硬重、纹理紧密，既抗海上风浪、暗礁，又耐海水浸泡。造船工序包括造龙骨、定船头、配船板、下铁钉、填麻纤桐油灰、建舱弦、制舵桅、缝风帆等。工场附近设有打铁铺，有工匠专门锻打各种规格的铁钉，供给造船的需要。

砖瓦业 崖城乡村有工匠专业打造并烧制砖瓦，其工序为先建筑土窑，然后制作砖瓦生坯。生坯砖瓦的制作过程是先取黏土加水后牵牛践踏，或用人工使黏土拌和均匀，打入模具，用手夯实或用脚踩匀，以一线弓割平，制成砖瓦形状，取出晒干后入窑交叉叠成行列，点燃木柴烧制。普通烧砖需时约半个月方可出窑，烧瓦则 10 天左右出窑。

石灰业 崖城地区建筑用的石灰原料主要采集海边贝壳或开挖岛屿上的珊瑚礁石，经烧制加工后供建筑、施肥或食槟榔时配蒌灰之用。其制法是将贝壳珊瑚礁石与木柴夹层成围堆垒，点火焚烧 2 ~ 3 天，待降温后，即用竹筛汰取熟灰出售。1980 年后禁止开采珊瑚礁石，该产业消失。

制陶业 黎人用“垒筑法”能制作砂锅、酒甑（蒸酒用）、坛等陶器，除自用外，也有用于市场交换。

建筑业 崖城乡村有专业从事木工、泥水、建屋、筑桥的能工巧匠。崖城至今遗存的许多古建筑如城楼、学宫、寺庙、祠堂、迎旺塔、民宅故居等，体现了崖城工匠师傅的技艺与崖州传统建筑的特色。

鱼虾加工业 崖城沿海一带渔民经过长期的生产实践，积累了很多对海产品加工、储运的方法，主要有干晒、腌制、蒸油、酿汁、舂酱、取翅、采鳔等。干晒包括生晒和熟晒两种，如虾米的加工；腌制有整鱼压盐和分割盐渍；蒸油是指采集鲨鱼肝脏制作鱼肝油；酿汁是用杂鱼加工制作鱼汁、鱼露；舂酱是将虾蟹倒入舂臼里捣烂制成虾蟹酱；至于鱼翅、鱼鳔、鱼肚、鱼胶的加工，也有一套特殊的技术方法。在缺乏制冰冷藏条件的热带地区，渔民采取各种加工鱼虾的方法，使渔货得以储存贩运。渔村有不少渔栅主开办海产品加工场，使渔货得以长途贩运，提高渔业的经济效益，使海产品成为近代崖州地区出口的名优特产。

槟榔加工业 崖城作为槟榔主产区之一，民众早就掌握了槟榔的加工、储存方法。宋、明之后，随着槟榔营销市场的扩大，为了适应长途贩运的需要，槟榔果采摘、蒸熏、分切、腌制、串联、晾晒等加工技术日趋完善。根据不同消费者的口味，生产有不同的产品，如春采摘为青槟榔，味厚而甘香；夏秋采而干之为米槟榔，渍之以盐为盐槟榔；剖皮煮肤，熟而贯之，晒干成枣香槟榔。根据中医治病和药房配制成药的要求，对槟榔花果成分加工时，注重药用特性。此外，还发明有一种替代蒌叶的配料，使槟榔色香味俱全，满足市场需求。

数百年来，由于闽、粤、湘、琼各地群众对槟榔的日常消费需求量大，崖城地区的槟榔种植与加工营销一直是农民重要的收入来源。

打铁补锅业 新中国成立前，各乡村都有家庭作坊打铁铺，以手拉风炉用炭火将生铁料烧红后锤打，制造刀、斧、锄、耙等，就地销售，或为农夫渔民维修铁器工具。还有师傅经常走村串街，为百姓拉炉补锅，维修铜盆铁釜，方便村民生产生活。

打铁铺位于东门街东端，主要打制生产生活使用的犁、耙、钉、刀、锄、铲等铁制工具和居家用器。打铁铺鼎盛时多达 20 多家，街坊乡里、黎村苗寨的群众都要到该地加工打制所需的工具和器具。

磨米酿酒业 旧时，崖城乡村到处都有磨米作坊，用竹片红泥打造成砻磨，并制作木制吊杆嵌入凹槽，由人工推拉磨盘致稻谷脱壳成糙米，再放入石舂，用木头杵成白米食用。1952 年，崖城粮食加工厂由原日军南洋公司遗留的旧屋改建而成。其后，机器加工碾米主要供应有城镇户口的居民（如渔民、市民、干部、教师等）。1979 年后，各乡村都有私人开办的小型机器碾米作坊。

崖州地区民众，尤其是渔人黎胞有饮酒的习惯，民间酿酒业较为兴旺。黎胞用“山栏米”酿造的甜酒，称为“酐”，品质特佳；汉族居民用粳米加工成的酒，称“米酒”，散装销量大。米酒酿造工序为浸米、蒸煮、拌曲、入缸发酵、入甑蒸馏、管引出酒。由于崖城地区四时节俗、红白事等对米酒的需求较多，在瓶装酒尚未流行的年代，酒坊店铺遍布城乡港埠。

木材加工业 崖城地区民众历来有采伐加工木材用于建屋造船、制作农具家具的能力，民间木匠有在自家开木工作坊的，也有应承带徒弟到外村上门施工的，如为屋主制作房屋门窗构件、床柜、桌凳等。不少工匠技艺精湛，能在成品上雕刻花鸟草虫，或为寺庙祠堂民宅制作神像、神龛、牌位等。

1958 年后，公社农械厂都设有木工车间，工匠比较集中的有崖城、保港农械厂，主要生产床、桌、椅、柜等家具。

藤竹加工业 崖城地区热带雨林藤类植物蔓延，其中红、白藤质地柔韧，色泽光

藤篮 阿良 摄

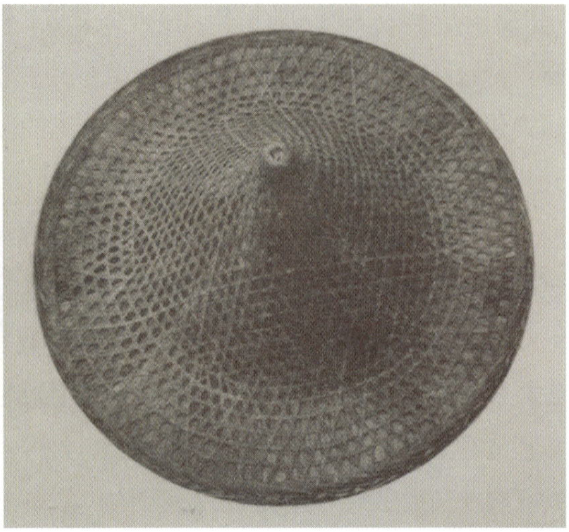
竹笠 蔡明康收藏品

亮，工匠以其为原料，编制精美的器具和工艺品。崖州生产的藤篮、藤笠、藤席比较有名。唐代振州（崖州）有“贡藤盘”的记载。近代，墟市上常见工匠削竹加工制作的箩筐、畚箕、米筛、锅盖、鱼篓、烟筒等，物美价廉，满足百姓的生活需求。1955 年，港西组织起竹器社，入社人数 30 人，主要生产畚箕、箩筐、筛、篮、笠等生产、生活用具。供销部门采取统购包销、亏损补贴的方法，促进竹器生产的发展。

椰壳加工业 旧时，居民将椰子内壳加工成碗瓢杯勺，以及米升、水升等生活用品的情况十分普遍。一般制作方法是横锯成碗，纵切成瓢，截顶成升，大多是自给家用。

集市商贸

古代墟市 北宋太平兴国年间（976—983），卢多逊《水南村》诗云：“鱼盐家给无墟市”。南宋淳熙年间（1174—1189），吉阳知军周鄘到崖城任职期间“约定寅酉二日为墟市”，方便“黎人与民贸易，黎人和悦，民获安息”。

明正德《琼台志》第十二卷记述：崖州，城中市每日晨发。“和集市”在城东二里三汊河边；明景泰二年（1451），崖州知州彭宁指挥王祥设集供黎人交易；明天顺年间（1457—1464），知州林铎建屋栽竹搭棚，题匾为“懋迁集”；明成化年间（1465—1487），知州徐琦设店；弘治初年，副使陈英命知州林铎“竖造门厅店舍”，题匾为“和集市”，从此“城市黎峒交易称便”。此外，还有宁远河口的“大疍店，滨渡舟集货卖”，鱼盐米蔬博易，互惠互利。

清光绪《崖州志》记载：崖城附近的墟市有东关市、西关市、临高市、港门市。至民国时期，这4个墟市发展成为崖城地区著名的集市。旧时，崖城商户经营的商品种类繁多，主要有百货土产、布匹药材、鱼干海味、酱醋烟酒、煤油火柴及风味小吃等，其中有不少流动摊贩。乡村农民和黎人大多趁墟日将自产的谷米、果蔬、禽畜、蜂蜜、山货等挑到集市上售卖。墟市上也常见以物易物的交换方式，如以鱼、盐换谷米等。

东门街在州城东门（阳春门）外，自西向东，是崖城区主要的街道。它与南北向的打铁街和臭油街合称“东关市”，是古崖州最繁盛的集市和街区。明清以来，闽粤和琼邑等地的商人不断到崖城进行贸易。东门街各种商铺开张，经营丝绸布匹、中医中药、

《东关市印象》（美术作品） 陈琳 摄

金银首饰、木屐鞋类、文房四宝、烟酒蔗糖、钟表修理、棉纺织绣、印章雕刻、茶庄酒楼等。到崖城的商人先后修建五邑会馆、南海会馆、顺德会馆、东莞会馆等。

近代商贸　1927 年，宁远河突发百年罕见的大水，东门街水浸 3 米深，街道铺面全部坍塌，损失惨重，因该年为农历丁卯年，史称“丁卯大水”。1928 年，县政府发动居民商家投资，沿街修建中西合璧的两层骑楼商铺及居民楼，并由商家集资修筑有地下排水渠道的水泥路面。之后，铺仔街、港门街相继有骑楼风格的街道、商店及民居出现。

臭油街在城外日昇坊内，南北走向，南接东门街起，北至拱北路口止。与东门街、打铁街合称“东关市”，是崖州的主要街市。臭油街中有各村村民赶集带来的自产农副、土特产品，上市交易，互通有无，如槟榔椰子、鱼虾海产、瓜果菜蔬、藤条竹器、木柴家具、风味小吃等。尤其是供点灯照明、车轴润滑的海棠油，成为居家不可或缺的必需品。因海棠油有一种特殊的臭味，久而久之，人们便称这里为“臭油街”。

民国时期，崖城地区生产的海鱼、砂糖、槟榔、椰子、牛皮、药材和土特产品成为岛内外商贩争相采购外运的商品。《琼崖志略》记载：“1917 年，崖县保平港鱼类出口数量：红鱼 100000 担、咸鱼 100000 担、墨鱼 80000 担、杂鱼 30000 担。”

1933 年 11 月，琼崖土糖实地调查团报告：崖城有糖寮 31 间，每年产量：赤糖 3000 担、白糖 6000 担、片糖 3000 担，运销地点为海口、江门。

新中国成立后，崖城地区私人商户数量增加，东关市有商铺专门经营烟酒百货、布匹药材、旅店照相、茶楼饮食等。1956 年年底实行公私合营，规定某些商品只许国营商店经营，部分小商贩转成合作商店。20 世纪 80 年代实行改革开放，允许私人经商，个体私营商业发展迅速，至今有不少做大做强的民营企业。

新中国成立后，保港乡建立第一个供销合作社。之后，各乡（公社）都设立供销社及门市部。崖城、保港、梅山供销社长期经营农村市场，对搞活商品流通、促进农业生产、满足农民日常消费发挥了重要作用。1964 年起，崖县国营商业系统在崖城、保港、梅山、南滨等地设立食品站和药材收购站。20 世纪 80 年代改革商业流通体制，国营、集体、个体相互竞争，搞活流通。

民国时期，崖城地区的著名饭馆旅店有崖城城东“林裕兴”饭馆、港门符阿善“停光宿”、梅西赵光福“九爹铺”等。

2000 年后，崖城镇建成南山迎宾馆、大小洞天小月湾、科宝庄园等多家酒店；正常营业的旅馆、民宿 500 多家；各类商场、超市和物流点近千家。

2014 年，崖城地区规模较大的农贸市场有崖城中心集贸市场、南滨农贸市场、保港农贸市场、梅山农贸市场。

交通运输

驿道 宋代，海南岛驿道沿海岸线修建。至明清时期，崖州城连接琼州府城的东、西环岛驿道及桥梁津渡贯通运行，有利于货物运输及人员往来。海南古代驿站分东、西两线，均起自琼州府城终至崖州城。崖州境东路有太平、都许两驿，西路设义宁、德化两驿。各驿站之间设短途铺舍。

古代陆路运输以肩挑背扛为多，牛车可载人运货，自行车载客运货于新中国成立初期出现。

公路 民国初期，崖城到保港只有一条"脚路"，由西关走沙坡，上园坎，到铺仔街再走一段河岸才到达港门。路径崎岖，行走不便，运输困难。1920 年冬，崖县知事王树人召集乡绅开会商议，分地段派村民施工修建崖城—港门公路，长约 4.5 千米，为崖县第一条公路。崖港路通之后，经港门从海路转运各地的土产杂货更加便捷，促进了甘蔗种植、糖寮油坊建立、鱼粮交易。

1934 年，崖城东至藤桥、西至佛罗的公路基本建成。1940 年，日本侵略军役使民工在宁远河段上建成 145 米的水泥钢筋公路桥，后河岸引桥被洪水冲毁，仅留 13 孔桥体，俗称"万代桥"。新中国成立后，经过崖城地区的环岛公路（G225 线）陆续拓宽扩建，从砂石路改建为水泥混凝土、沥青混凝土路面，并重建崖城大桥、保平大桥和石沟溪桥、角头桥。

1956 年 5 月，海南交通处为了修建崖城至岭头的公路，开始修建崖城桥、盐灶大桥、盐灶小桥、石沟溪桥、角头桥等 7 座木桥。1973 年 3 月，崖城宁远河上第一座公路大桥建成，全长 227 米，桥面宽 9 米，该桥是连接崖城两岸的主要通道。2000 年以来，大桥超负荷通行，特别是瓜菜产销季节，车流人流拥挤不堪，致老桥变成危桥。2013 年 3 月，拆除重建。

2014 年 10 月，新崖城大桥建成通车。新桥全长 234.9 米，桥面宽 24 米，为双向四车道，两边设置人行道和非机动车道。采用桩柱式桥墩，上部结构采用 9 米 ×25 米预应力混凝土连续小箱梁，U 型桥台，设计荷载为公路一级。新建崖城大桥为每年数十万吨冬季瓜菜顺畅流通提供保证。

崖城大桥夜景（2016 年）

1998 年 4 月，海南西线高速公路开通，途经崖城镇。2015 年 2 月，海南环线高速公路全线贯通，入网编号为 G98。崖城镇有南山、崖城、保平、梅山 4 个出入口，为崖城地区经济社会发展提供重要的交通运输保障。

1990 年以来，崖城镇基本完成各乡村道路和田园果岭主干路水泥拌石修建硬质化；修建海棠村桥、长山村牧童路、梅东新村路和南山大出水公路等；完成崖城片区、保港片区、梅山片区多条市政道路扩建和新农村道路改造工程。

刘人玮 摄

铁路 1959 年 5 月，安由至黄流途经崖城的铁路通车，设有崖城、头灶、梅山车站。2004 年 4 月，粤海铁路海口经崖城至三亚的西环线建成通车；同年 12 月，首对跨海旅客列车正式开行。2015 年 12 月，海南西环高铁线开通，与东环铁路联通后形成环岛高速铁路，运行环岛列车，设有崖州车站。

海运 海运是崖城地区重要的经济活动。自汉代开通海上丝绸之路以来，位于崖城的大疍港便成为中外商船海上交通往来的中转补给港口。宋代以来，有中东地区的商人到崖城地区经商居留。赵汝适在《诸番志》写道：“（吉阳）琼管虽有陆路可通，然隔越生黎之峒，再涉海而后至……郡治之南有海口驿，商人舣舟其下，前有小亭，为迎送之所。”黄道婆在元贞年间（1295—1297）遇海舶得以前往松江府，大疍港的商船航行海路可抵达上海地区。明清时期，海舶经商、官员出差、卫兵调防以及百姓出行，可从大疍港、保平港乘船经海上往来岛内外各处港埠。崖州天后宫由南海、顺德、东莞、台山等地商人合资修建，又在东关市设“四邑会馆”，作为海商货贩往返住宿、经商贸易的场所。1989 年，崖城拱北村出土一个铁权，为当时商人用于称槟榔的铁秤砣。

旧时，槟榔交易居货之首，通过海商采购后装船起运发货到广东、福建沿海各港口。延至清代中后期，宁远河下游仍有舟楫送客载货，过渡两岸。由于宁远河水落差大，在平地上流程短暂，客商将在山区的木材山货扎筏漂流，集中到海边港口，再转载货船输往各地。

1946 年崖县（崖城）水路运输情况表

表 2

航线名称		崖九线	崖黄线	崖莺线	崖榆线
起止地点		港门至九所	港门至黄流	港门至莺歌海	港门至榆林
崖县内里程		60 里	90 里	120 里	110 里
航行时日	上行	帆船 10 小时	帆船 12 小时	帆船 24 小时	帆船 16 小时
	下行	帆船 10 小时	帆船 12 小时	帆船 24 小时	帆船 16 小时
崖县运输工具	种类	帆船	帆船	帆船	帆船
	数量	2	1	—	1
	最大载重量	2000 公斤	2000 公斤	2000 公斤	2000 公斤
运输情形	人数	5000 人	3000 人	3000 人	3000 人
	行李重量	7500 公斤	7500 公斤	7500 公斤	7500 公斤
	货物重量	50 万公斤	30 万公斤	30 万公斤	30 万公斤

说明：（1）所有航行于崖县各港口者俱属帆船；（2）所列航行时日俱作顺风计；（3）运输工具数量为行驶船只数；（4）所列客数、货物数以全年计

民国时期，崖城成为琼西南贸易物流中心，大宗商品有糖盐、谷米、槟榔、鱼货、布料和日用百货，还开通经港门东至三亚、榆林港，西至莺歌海的海上载客帆船。新中国成立后，随着公路、铁路交通运输的发展，港门（保平）港的海路客货运输业日渐式微。

2014 年投入运营的南山货运港位于崖州湾内，是三亚港货运码头搬迁还建项目。一期工程建设完成 1 万吨级多用途泊位 1 个，设计吞吐量 65 万吨 / 年，主营货物装卸、堆存、仓储、物流等业务。

繁忙的渔港（2017 年）　　林云春　摄

特色经济

崖城镇是中国南繁育种的发祥地。自20世纪70年代以来，每年都有100多家育种单位到崖城地区从事南繁育种工作，先后进行育种的农作物有甘蔗、玉米、水稻、棉花、大豆等近30种。

崖城镇是三亚市乃至海南省的农业大镇。1982年以后，逐渐发展成为海南省重要的冬季瓜菜种植基地。每年秋冬季节，各乡村农民和农场职工种植冬季瓜菜成为增收致富的主要产业。崖城农产品批发市场发展成为琼南地区较大的果蔬交易中心，是全国重要的“菜篮子”“果盘子”。崖城镇先后获得“中国无公害瓜果菜龙头乡镇”“中国果菜产业明星乡镇”等称号。

南繁育种

起源与发展 崖城地区拥有中国独特的热带资源，光温充足，水利设施完善，生态环境优越，能满足植物周年生长繁殖需要，被誉为“天然温室、种业硅谷、南繁宝地”。20世纪50年代以后，中国农业科研院所和各省、市的农业科技人员相继到海南岛南部的崖城、保港、梅山一带，或驻守在农场基地，或劳作于乡村地头，进行农作物新品种（系）选育、加代繁育、杂交育种、种子鉴定、制种扩繁等各种“科研南繁”和“种业南繁”的工作。主要任务有农作物资源保存、基础研究、选育加代、杂交繁殖、种子纯度抗性鉴定、制种推广、生产经营等。

1952年，农业部组织以甘蔗研究领域教授王鉴明为领队，由中南区农业部及广东省、四川省、海南行政区等地科技人员组成的甘蔗开花调查队，为建立国内首个甘蔗杂

农业部甘蔗开花调查队考察崖城时合影（1952年） 海南育种场肖红艳 提供

交制种基地选址。崖城地处北纬 18° ，常年 25.5℃的均温，满足甘蔗对热、光、水的特殊要求，甘蔗育种场最终选址于崖城水南村东侧。

1961 年 12 月，在湖南省长沙市召开的全国作物育种学术讨论会上，玉米育种专家吴绍骙提出农作物“异地培育”的建议。1962 年，四川省农业科学院在崖城镇崖城良种场冬繁玉米获得成功，引起农业科学工作者的关注和农林部的重视。

20 世纪 60 年代中期，吉林省农业科研机构的技术人员到南滨农场进行玉米育种的科研工作。70—80 年代，选育出“吉双 83”“吉单 118”等 4 个玉米品种，累计推广面积 1 亿余亩，经济效益达到 10 亿元以上。吉林省在南滨农场建立首家省级“南繁指挥部”，南繁品种也发展到 25 个农作物品种。南繁方式从原来单纯的“自繁”发展到“联营”“代繁”等多种形式并行。

从 1963 年起，全国 28 个省（自治区）、市的农业科研单位每年冬季都派人到崖县（三亚市）进行南繁育种。60 年代中期，从事小面积水稻、玉米、高粱、小麦、瓜菜、棉花等加代繁育和培育新品种试验。70 年代后，开展大面积杂交水稻、玉米以及高粱、小麦、瓜菜、棉花等良种繁育。

1971 年，崖县建立以崖城、羊栏、荔枝沟 3 个公社为主的南繁育种基地，育种面积 8 万多亩，育种人数 25000 多人。育种队主要培育杂交水稻和杂交玉米品种，还有棉花、高粱、小麦、西瓜、番茄、芝麻、辣椒、向日葵、大豆等品种。1982 年，新增联营和代繁形式，共育种 72248 亩。1984 年，南繁育种面积达 40428.27 亩。1986 年，育种面积 22957 亩。1989 年，全国各地 99 个南繁育种队在三亚市育种 41450 亩，占全国南繁面积的 50%。三亚市南繁年直接产值约 3 亿元，间接种业产值约 70 亿元。

1970 年开始，广州市农科所、果树所、新疆农科院、八一农学院、宝丰种业公司等单位陆续在崖城地区培育出一批高产、优质、抗病虫害的瓜类新品种，有不少产品获得国家或省部级科学技术奖。中国工程院院士吴明珠带领科研人员从新疆 20 余次到三亚地区，共育成西瓜、甜瓜品种 26 个，给崖城当地农民和专业合作社传授无土栽培、地膜滴灌及防虫网等大棚设施农业技术，改善了产品品质，提高了产品产量，实现冬季北瓜南育，经济效益显著提升。

1974 年，获国家科技进步一等奖的玉米优良自交系“黄早四”，由中国农业科学院作物所下放到北京市农林科学院的科研人员在崖城水南二队三村完成种子选系繁殖工作，公开向全国无偿发放，成为 20 世纪 80—90 年代全国玉米杂交种的重要亲本。至

南繁育种基地（崖城坡田洋）（2016 年） 郑海 摄

2000 年，其杂交种累计种植面积超过 7 亿亩。“黄早四”衍生的子代系已组配成新杂交种用于生产，其中以“昌 7–2”作为父本组配的“郑单 958”，仍居全国玉米种植面积的首位，其同质杂交种植及推广生产随处可见。

1977—1986 年，中国科学院院士谢华安带领福建省三明市农科所的科研人员将 IR30 与圭 630 配成亲本组合，连续多年到崖城地区进行加代扩繁。至 F7 代，繁育成大穗型高产抗病中熟杂交稻新组合，定名为“汕优 63”。

1977 年 10 月，赵国忠和同事一起到宁远河畔的南滨农场对棉花新品系进行加代繁育。从此，他们每年 9 月收获完棉花就赶紧到海南再种植一季，次年 4 月，再把南繁的种子带回来播种，一年收两季棉花，两年产生四年的倍加效益。

1978 年秋，李登海到海南加代育种，培育出紧凑型玉米杂交种“掖单 2 号”，创下中国夏玉米单产 776.9 千克的最高纪录，在全国首次突破单产 750 千克大关。

1979 年 10 月至 1982 年，中国农业科学院棉花研究所在崖城建立中棉所南繁基地，进行棉花一年三季的试验研究，筹建国家野生棉种质园，对棉花种质资源开展保护工作。

20 世纪 80 年代，南滨农场建立水稻杂优制种基地，成功研制水稻杂优品种，并为垦区和社会提供杂优稻种50万千克。1991年，海南省农垦总局把南滨农场确定为杂交水稻制种基地。同年，南滨农场获农业部颁发的"'七五'期间全国种子工作先进单位"奖状及荣誉证书。1994年，农业部决定在南滨农场建立海南南繁制种基地。

20世纪90年代中期，中国农业科学院研究员王连铮在崖城的中棉所南繁基地进行大豆育种南繁加代，经过近20年的努力，终于育成了优异的大豆新品种"中黄13"。2011年，"中黄13"获国家科技进步一等奖。

1998年，中国农业科学院研究员郭三堆在崖城镇南繁基地成功培育双价抗虫棉，使国产抗虫棉的市场份额每年以10%左右的速度递增。到2004年，首次以绝对优势超过美国抗虫棉，推广面积占总面积的70%以上。2006年，实现棉花制种三系配套，促进中国棉花生产的发展。

2006年1月中旬，农业部在海南省三亚市召开南繁工作会议，表彰22个南繁先进单位和183名南繁先进个人。会议号召发扬"崇尚科学、求实创新、不畏艰辛、无私奉献"的南繁精神，努力工作，为促进种业发展，保障农业生产安全做出更大贡献。

自20世纪70年代崖城地区成为南繁育种的核心区以来，每年秋冬春之际，数百家来自全国各地的农业科研院所、南繁机构、育种制种公司和科技企业到乡村农场签约、租地、耕田、下种。为保证南繁育种队住得下、种得上、收成好，崖城、保港、梅山公社（镇）党委、政府和农场领导积极帮助南繁育种队解决实际问题，主动将土地肥沃、水利排灌设施齐备、地理位置适当的田地划为南繁制种基地，协调解决本地农业生产与南繁作物用水矛盾，妥善处理南繁育种隔离地和插花地问题。

中国农业科学院作物科学研究所南繁试验基地，位于崖城镇抱古村旁，占地面积380亩。基地自2006年以来累计投资967万元，建成排灌渠、招待所、食堂、晒场、道路、围墙等。基地主要开展玉米、大豆、水稻等作物常规繁种试验。先后入驻该基地开展南繁育种工作的机构有中国农科院棉花所、植保所、麻类所、油料所、作物所等相关研究所的50多个课题组；中国农业大学、华中农业大学、浙江大学、湖南农业大学、河北农业大学、山西棉花研究所、江苏农科院经作所、新疆农科院经作所、辽宁农科院经作所、浙江农科院作物所、荆州地区农科院、新疆生产建设兵团、徐州地区农科院、慈溪市棉科所、邯郸市农科院和安徽合肥金科种业、河南科润种业、中棉种业石河子公司、新疆喀什公司、库尔勒公司等全国20多个省（自治区）、100多个科研教学单位及公司企业。在崖城镇的南繁作物也从棉花、水稻扩展到玉米、大豆、麻类、瓜菜、芝

崖城地区南繁育种基地 陈行飞 摄

麻、大麦、甘薯等十几种。

2000年以后,《中华人民共和国种子法》颁布实施，促使“南繁热”再度升温。许多种业公司先后在崖城、保港、梅山等地跟农户签订土地流转合同，建立长期南繁育种基地。如山东登海种业公司、江苏明天公司、瑞华种业公司、湖南恒德种业公司、武汉海稻国际生物公司等。据统计，每年有100多家单位到崖城坡田洋、梅山岭落田洋、保港郎芒田洋进行南繁育种，全镇南繁育种面积约1万亩，主要有玉米、水稻、棉花和瓜菜等。

崖城地区南繁科技工作除传统农作物外，还开展水产南繁、动物畜禽南繁、中草药南繁等。有不少机构的南繁工作时段由每年10月到次年5月，发展到全年。

南繁育种主要作物

自1952年起，在崖城地区先后进行育种的主要作物有甘蔗、玉米、棉花、水稻、大豆、瓜类、甘薯、辣椒、高粱、番茄、向日葵等近30种。

甘蔗育种 20世纪50年代初期，中国农业科技人员利用崖城光热充足的气候条件，建立国内首个甘蔗杂交制种基地。

1952年，甘蔗育种场最终选址于崖城水南村东侧。1953年海南甘蔗育种场成立，先后隶属于轻工业部甘蔗糖业科学研究所、中国轻工总会甘蔗糖业研究所、广州甘蔗糖业研究所、广东省科学院广东生物工程研究所。育种场现有土地1000余亩，职工45人，

海南甘蔗育种场大门（崖州大道） 陈行飞 摄

专业技术人员21人，其中，中级、高级职称15人。专业涵盖了甘蔗种质资源创新利用、甘蔗遗传育种、栽培管理、甘蔗生理生化、甘蔗病虫害防治等主要领域。育种场建有系统化的试验场地、田间工作站、甘蔗种质资源库、创新材料圃、引种试验圃、亲本圃、全自动控制光周期室、1008平方米智能杂交温室、10000平方米防护架栽培体系和1370平方米科研实验室。建有设施完备的品质分析室、花粉观察室、样品处理室、种子分析室、精密仪器室、分子遗传室等。育种场长期为全国甘蔗育种单位提供杂交种子，并承担国家科研课题、国际合作研究项目。

育种场甘蔗种质资源保育与利用总体达到国内先进水平，斑茅种质利用居于国际领先水平，并在中国种、大茎野生种和近缘属植物斑茅利用方面取得了显著成就，创制了27个优良亲本，受到全国各育种单位的好评。分子遗传改良与开花调控技术取得重大突破，并应用于甘蔗杂交育种和种质创新。

随着育种场科研设施设备条件的不断完善，科技创新能力及在行业中的影响力也在不断增强。美国、澳大利亚、巴基斯坦、越南等国先后到场进行访问、指导，并达成合作意向。同时，跟国内甘蔗机构及专家的交流、合作也日趋紧密。

据不完全统计，海南甘蔗育种场利用崖城系列亲本育成的通过鉴定的品种有29个，分布在广东、广西、云南、福建、江西等地。

海南甘蔗育种场是中国最重要的甘蔗杂交制种基地，被誉为国家甘蔗育种源头与品种摇篮。先后承担国家“六五”“八五”“九五”“十五”糖料基地建设和国家“863”“948”科研项目，同时还承担UNDP“中国贫困地区甘蔗改良”、中澳“甘蔗种质资源利用与改进”合作项目、国家甘蔗产业技术体系岗位科学家任务等。建有全国甘蔗育种及杂交制种基地、国家玉米改良中心三亚研究基地、农业部崖城糖料杂交制种基地、农业部广东甘蔗种质资源与利用科学观测试验站、广东省甘蔗种质资源库、华南名优杧果保育利用研究中心等科技创新平台，为中国甘蔗育种、热带名优水果等现代农业的发展做出重大贡献。

玉米育种 吴绍骏研究“异地培育玉米自交系”课题（1956年），证明中国北方的玉米能在南方正常生长，也能够育成自交系与南北方交替种植，以加速世代进程。以其为亲本在南方组配的玉米高产杂交种，在北方不同地区种植，同样具有增产作用。1962年，四川省农业科学院在崖城镇崖城良种场冬繁玉米获得成功，引起农业科学工作者的关注和农林部的重视。1970年冬，辽宁省在崖县农村扩大杂交玉米繁育制种，使崖城、保港、梅山公社（生产队）出现了玉米育种热潮，崖城地区因此成为杂交玉米南繁制种的首选之地。

获国家科技进步一等奖的优良自交系玉米品种“黄早四”得益于崖城水南村提供的育种条件。起初选系的基本株“早四杂”，是在“塘四平头”自交系繁殖田里获得的。其后，在选育加代过程中，把“早四杂”同一果穗上的黄白粒在S4代分开种植，将表

北京市农林科学院在崖城水南村二队玉米地工作（1974年）

吕青 提供

李登海（左）在玉米南繁基地工作　　吕青　提供

现型完全相同的一对“孪生姐妹”，分别命名为“黄早四”和“白早四”，同时进行配合力测定，优选出株型紧凑、叶片上冲、适于密植、综合抗性强且生育期短于“塘四平头”的“黄早四”。上述选系的重要工作，是20世纪70年代初在崖城水南二队三村完成的。

随后，北京农林科学院加快“黄早四”的种子繁殖，无偿供给全国玉米育种单位试用，使其衍生系，包括现在大面积种植的“郑单958”的父本“昌7-2”达到70多个。以“黄早四”为亲本之一的杂交种，20世纪末累计种植面积超过7亿亩，对玉米增产发挥了重大作用。“黄早四”因此成为中国玉米核心种质“塘四平头”类群的最优良的代表系。

1978年秋开始，现任山东登海种业股份有限公司董事长、国家玉米工程技术研究中心（山东）主任李登海，在崖城镇农村育种地，先后培育“掖单2号”“掖单6号”“掖单8号”等高产玉米良种，其中紧凑型玉米杂交种“掖单2号”亩产高达903.6千克，创国内春玉米亩产最高纪录。他主持选育的“掖单”系列玉米新品种，获国家科技进步奖一等奖。

20世纪90年代中后期，李登海又育成“登海”系列玉米新品种。“登海9号”玉米新品种具有优质、高产、多抗（良种具有的抗逆、抗虫病、抗旱、抗倒伏等特性）的优点，其产量比曾获国家科技进步奖一等奖的“掖单13号”还高11.4%，适宜在东北、黄淮海、西北及南方玉米区种植。2000 年 3 月至 2007 年年底，累计生产销售“登海 9 号”5624.08 万千克，累计推广面积 1874.69 万亩，累计增产粮食 11.40 亿千克。此外，“登海 9 号”具有较高的淀粉含量，也受到乙醇汽油生产企业的关注。

南滨农场有北京农林科学院玉米研究中心（三亚基地）、登海种业、鹤壁农科院、登海良玉、中国农业科学院、中国农业大学等数十家玉米育种单位的基地，培育成功的高产良种和消费者喜欢的甜糯玉米有“掖单 20”“登海 605”“良玉 99”“京科 968”“京科糯 2000/928”等。

水稻育种 1968 年冬季，袁隆平开始在三亚地区开展水稻育种工作。1970 年 11 月 2 日，农场技术员冯克珊和袁隆平的助手李必湖在距离崖城镇 30 千米的南红农场沼泽地里发现一株野生稻花粉败育型雄性不育株，袁隆平将其定名为“野败”。

随后，湖南省农业科学院成立杂交稻研究协作组，由袁隆平挂帅，以这株野生稻雄性不育植株为原始材料，将它与栽培稻授粉杂交、培育、鉴定、选择，历经上千次试验，终于育成栽培水稻的“雄性不育系”，并与保持系、恢复系配套。1974 年，培育成三系杂交水稻，产量从亩产 300 千克提高到亩产 500 千克以上。1975 年冬，国务院做出扩大试种和推广杂交水稻的决定，以袁隆平为技术总顾问的制种队伍赴海南制种 3.3 万亩，拉开了全国大规模杂交水稻南繁制种的序幕。

袁隆平（右）和助手李必湖（左）在观察杂交水稻生长情况（1976 年）
孙忠靖 摄

南红农场沼泽地发现“野败”
吕青 提供

20 世纪 80 年代，南滨农场、崖城、保港的坡田洋、梅山石沟溪坝周围水田先后成为杂交水稻扩繁制种的优选地点。为了适应南繁工作的需要，南滨农场主动协助解决南繁单位在生产、科研过程中所遇到的困难，与广东省农科院联营，进行水稻三系制种，成立专门公司承接“代繁”任务。1990 年起，南滨农场投资 100 多万元重新开辟 800 多亩南繁育种专用基地，按国内农田标准规格设计，水利设施按“国际 2719”工程图纸设计施工。1991 年，海南省农垦总局把南滨农场确定为杂交水稻制种基地。1977—1986 年，中国科学院院士谢华安带领福建省三明市农科所的科研人员将 IR30 与圭 630 配成亲本组合，连续多年到崖城地区进行加代扩繁。至 F7 代，育成“明恢 63”恢复系，用“珍汕 97A”与“明恢 63”配组育成大穗型高产抗病中熟杂交稻新组合，定名为“汕优 63”。

穗大粒多的“汕优 63”外观米质好，米饭柔软可口，抗倒耐寒，抗病、抗逆性能力强。1986 年，“汕优 63”成为全国杂交水稻播种面积最多的种子，并在此后 16 年连续稳居首位，创下了杂交水稻推广速度、年种植面积、累计种植面积、增产稻谷总量 4 个“全国之最”。

杂交水稻繁育基地（崖城育种试验场） 郑海 摄

袁隆平院士（右一）在南繁基地调研（2014年） 蒙胜国 摄

至1988年，全国杂交稻种植面积达1.94亿亩，占水稻面积的39.6%。杂交水稻的推广种植使中国水稻单产平均提高了20%。该项农业技术在世界上居领先地位，被誉为水稻生产的“第二次绿色革命”。

1995年9月，农业部为了推动全国制种生产和科研工作，以南滨农场为重点，建立股份制企业海南南繁种子基地有限公司。南滨农场以1764.98亩的土地使用权入股，成为全国南繁制种重要基地之一。同年，水稻完成制种面积367.2亩，产量49.5吨。南滨农场作为重要的南繁科研基地，常驻设点的科研机构有20多个。

棉花育种 棉花是中国最先开展南繁的作物之一。20世纪60年代，为了寻找适合棉花南繁的地点，中国农业科学院棉花研究所（以下简称“中棉所”）派人到南方多个地方进行考察，最终将棉花南繁地点选定在崖城镇。崖城镇三面环山，一面朝海，冬季干旱，光照充足，尤其适合棉花种质繁育。1982年，中棉所实施国家棉花种质圃项目，在崖城建立海南野生棉种植园。

作为国家级野生农作物种植园，这里常年保存野生棉、半野生棉、远缘杂交材料、细胞工具材料、突变材料和棉属近缘植物资源材料800余份，涵盖39个野生棉种，占世界现有野生棉种总数的80%。30多年来，海南野生棉种植园遵循“资源共享，共同发展”的原则，将野生棉种质资源分发到国内外有关单位进行交换和交流，促进了棉花

谢华安院士（左）与颜龙安院士（右）在海南田间观察水稻　　吕青　提供

科研水平的提高，并得到国外同行的瞩目。2006年，野生棉种植园的《野生棉和特色棉研究利用》荣获国家科技进步奖二等奖。

中国农业科学院在野生棉种植园投资改善基础设施，又启动“国家旱地作物南繁中心”“抗虫棉南繁基地”“国家棉花改良中心”3个项目，使棉花南繁科研工作迈上新台阶。

1977年10月，石家庄市农科院棉花室主任赵国忠和同事到崖城南滨农场对棉花新品系进行加代繁育。1984年，培育出高产优质的棉花新品种“冀棉8号”，产量超过150千克大关，棉絮纤维品质良好，受到纺织企业的普遍欢迎。1987年，“冀棉8号”获国家科技进步奖二等奖。至1989年，全国累计推广2500余万亩，为农民增加经济收入8.7亿元。其后，赵国忠又与中科院遗传所合作，采用远缘杂交的方法使陆地棉产生丰富的变异，产生了一批不同类型的优异种质资源，培育出具有中国独立知识产权的首个种间三元杂交新品种“石远321”，该品种集早熟、高产、稳产、抗逆的优点于一体，在新疆曾创下亩产皮棉252.7千克的世界棉花单产最高纪录。1995年以来，累计推广面积2100万亩。赵国忠与中国科学院遗传研究所合作，在国际上首次构建棉属间杂交育种新体系，使棉花育种方法实现重大突破，获得中国科学院技术发明特等奖。赵国忠南繁育种30年，研究团队培育成功经国家审定的棉花品种11个，创造经济效益44.5亿元。

20世纪90年代，棉铃虫灾暴发，导致棉产区和纺织业陷入危机。为了解决中国棉花虫灾频发的问题，中国农业科学院生物技术研究所研究员郭三堆带领团队开展抗虫棉研究。

1995 年，郭三堆又与同事开展双价抗虫基因研究。1997 年，双价抗虫棉首次研制成功。1998 年获得国家专利，先后在河北、河南、山西、山东等 9 省（区）推广。1998 年，开始三系杂交抗虫棉生物育种研究。2005 年，第一个通过国家审定的三系杂交抗虫棉品种“银棉 2 号”，在全国区试中比对照增产 26.4%。

1996 年，在农业部“中华农业科教基金”的资助下，在崖城镇南繁棉田，由郭三堆提供 BT 和 CPTI 两个抗虫基因，李秀兰将两个外源基因运用花粉管通道法，导入常规良种“中棉所 23”的棉花朵柱头中，期望这两个外源基因在受精过程被接受，但成功的概率很低。经过近万朵花朵的试验，终于检测到个别成铃种子具有两个抗虫基因 BT 和 CPTI。双价基因抗虫棉为国内外首创，具有重要的学术意义和应用价值。其后科研人员又重复选育、鉴定和扩繁，获得成功。

“中棉所 41”是一个优异的抗虫棉新品种，不仅降低农药污染，保护生态环境，而且结铃多、棉铃大，比一般品种多产 12% ~ 14%。棉种在陕西、河南、山东、河北等省大面积推广种植累计已近 1 亿亩。2011 年，该品种获国家科学技术进步奖二等奖。

2012 年，抗虫棉种植面积达到中国植棉总面积的 80% 以上，每年在国内推广面积达 5000 多万亩，减少农药施用 9000 多万千克，累计为棉农增收节支 900 多亿元。作为抗虫棉第一发明人，郭三堆获得国家发明专利授权 20 多项，先后获国家奖 4 项，省部级奖项 9 个，被授予国家级有突出贡献中青年专家称号、全国优秀科技工作者称号、全国先进工作者称号、全国五一劳动奖章。

大豆育种 中国农业科学院作物研究所研究员王连铮，自 20 世纪 90 年代中期开始，到崖城中棉所南繁基地进行大豆育种南繁加代，终于育成了优异的大豆新品种“中黄 13”。该品种品质好，产量高，抗性强，适应性广，不仅适合北方种植，在南方一些区域也能种植。通过南繁加代，王连铮先后与王彬如共同主持育成大豆品种 9 个。其中，“黑农 26”获国家发明二等奖。“中黄 13”自 2001 年通过国家新品种审定到 2007 年，已推广种植约 1050 万亩，成为全国推广面积较大的大豆优良品种之一。2007 年，“中黄 13”获得韩国品种权（授权号：KHV060039.8NW），成为中国首个获得国际新品种保护权的农作物新品种。2011 年，“中黄 13”获国家科技进步奖一等奖。

田园如画（2016 年）

符策君 摄

管理与效益

管理机构 1978年，农牧渔业部颁布《南繁工作试行条例》，对南繁工作的组织领导、基地选择等做出具体规定。1984年，国家主管部门和地方联合投资，在海南建成种子、水利、技术综合实施体系，建立南繁服务站12个，开展代繁、代制、代鉴定的相关业务。

1988年海南建省后，农牧渔业部和海南省人民政府共同成立国家南繁工作领导小组。1995年10月，农牧渔业部投资兴建国家南繁科研中心南滨基地，三亚市也相应成立市、镇（乡、场）、村（队）三级南繁管理机构，为南繁工作创造良好的生产生活环境。1997年7月，农业部和海南省人民政府联合颁发《农作物种子南繁工作管理办法（试行）》，全国有21个省（自治区）、市也相应成立农作物南繁工作领导小组，有28个省（自治区）、市在海南设立南繁工作指挥部。

2000年8月，三亚市成立南繁管理领导小组，崖城镇相应成立南繁管理办公室，宣传贯彻国家和省、市有关南繁工作的政策规定，协调解决辖区内南繁隔离区、各种合同及用水用电纠纷，协调解决南繁基地的治安问题，支持帮助各省（自治区、直辖市）到崖城地区从事南繁育种单位完成科研工作。

2005年3月，三亚市政府在4家科研单位的基础上组建三亚市南繁科学技术研究院，主要承担南繁单位科研服务和科研成果本地转化等工作。2008年3月28日，海南省南繁管理办公室在三亚市挂牌成立，南繁管理体制从临时性管理机构转变为常设管理机构。

南繁效益 南繁在中国农业发展中地位重要、作用独特、效益显著。

南繁育种是良种繁育的关键环节，通过材料交换拓宽农作物品种的精选优化，资源共享增强创新思维的发散交流，促进科技创新与应用。南繁将农作物育种周期从6～8年缩短为3～4年，加快成果转化，提高农业科研与生产的经济效益。

南繁育种有效保障种业质量和用种安全，增强品种的适应性，提高遗传稳定性，保障优良品种转向大面积的安全推广和规模生产。每年培育的种子经过田间纯度鉴定和质量评价试验，确保合格的种子及时进入专卖市场，供应农户种植，稳定市场需求。

南繁育种有利于提高农产品质量和产量，南繁杂交水稻累计种植面积超45亿亩，占全国水稻种植面积的60%以上，累计增收稻谷4.5亿吨。1982年以来，中国农科院棉花所通过崖城基地南繁育成棉花新品种（系）共68个，面向全国棉花育种单位代理棉花南繁 219 个，合计育成品种 287 个，其中年推广面积 5 万亩以上的 191 个，累计推广面积 7.57 亿亩。据海南省农业厅统计，南繁育种每年在海南租地 10 万亩左右，给当地农民带来直接收益超过 1 亿元，与南繁相关的劳动就业、交通运输、社会服务等产生的间接效益达数亿元。

南繁育种汇集优良的作物品种，诸多新品种和技术适合当地种植，应用推广后促进农业种植结构的调整，成为当地农业经济的重要支柱。南繁不仅给崖城镇农民带来地租、劳务收入和其他服务性收入，而且大批农业科技工作者进入崖城农村，直接向农民传播农业科技信息与种植作物新品种技术，提高了劳动者素质，促进了当地经济社会的发展。

1980 年以后，随着冬季瓜菜市场需求兴旺，崖城地区南繁工作从原来单一的育种加代和制种，逐渐转变成积极参与当地冬季瓜菜生产经营。由于农民普遍采用南繁推广的新品种、新技术，崖城地区冬季瓜菜的品质得到改良，进一步提升地区农产品的知名度和美誉度。南繁成果就地转化，影响崖城地区农业结构调整，增加农民收入，促进农村经济发展，推动崖城镇传统农业向现代农业转变。

冬季瓜菜

产业肇兴 崖城地区素有“天然大温室”之称，尤其是发展冬季瓜菜生产优势明显。黄瓜（俗称“青瓜”）、南瓜、冬瓜（节瓜）、丝瓜、苦瓜、蛇瓜、瓠（蒲）瓜与豆角、白菜、空心菜、萝卜等在崖城地区已有悠久的种植历史。农户历来多在庭前屋后或自留地上种植，自给自足，仅有少量出售。

20 世纪 70 年代，海南黎族苗族自治州和崖县外贸部门组织冬季瓜菜销往香港等地，梅山、保港、崖城等公社的生产队开始接受外贸公司订单，在冬季种植青皮冬瓜供外贸公司收购出口。1982—1983 年，农村打破“大锅饭”体制，实行家庭联产承包责任制，崖城地区具有商品经济意识的农民在调整产业结构的实践中，利用冬季稻作晚造生产后土地闲置的机遇，尝试种植冬季瓜菜，亩年产值可达 1400 多元。

1986 年秋，水南一村农民陈龙明和容显伟在南滨农场十六连承租一块 30 亩的荒坡地种植西瓜，不到 3 个月每人净赚 1 万多元，成为大家效仿的劳动致富“万元户”。此后，水南各村及崖城、保港、梅山等乡镇的农户纷纷承包晚造生产后闲置的田地种植冬季瓜菜，以青瓜、青椒为主，主要供应崖城地区与三亚市区的农贸市场。

1987 年秋冬季，陈龙明专门收购当地瓜菜，其儿子负责运输到大陆城市批发市场销售，获利颇丰。此举带动崖城许多父子、夫妻、兄弟分工协作，冬季瓜菜产供销民营方式逐渐形成。但随着本地冬季瓜菜种植面积扩大，产量增加，原来的销售市场逐渐饱和，产品价格下跌，卖难滞销，农户亏本。

1988 年秋冬，水南村卢日精、卢日愿兄弟到武汉、长沙、上海等城市开展市场调查，发现冬季瓜菜需求旺盛。于是，卢氏兄弟决定在武汉、长沙建立崖城瓜菜批发站，专门收购在崖城繁育成的优质江西青椒品种，长途运到大陆市场销售，结果“崖城青椒”声名鹊起，供不应求。其后兄弟俩跟当地种植瓜菜的农民签订青椒、青瓜、茄子等瓜菜收购合同，约定采摘时间、收购价格、数量批次等；同时，还与崖城、三亚的个体东风牌货车司机签约，贩运瓜菜过海北上销售。

南滨农场在农垦体制改革推动自营经济发展的进程中，利用农场区位优势和光热资源，在秋冬季由农场种子公司组织数十户职工种植青瓜 56 亩，平均亩产 3 吨，产品进入深圳、北京、天津等地市场。每亩产值 1047 元，最高亩产值 1746 元。1987 年后，南

南滨农场职工种植辣椒（1992 年） 王超和 摄

黎族农民种植豆角（2016 年）　孙定国　摄

滨农场反季节瓜菜迅速发展，并辐射到周边地区，成为海南冬季瓜菜种植产业化基地之一。

崖城镇冬季瓜菜批发市场形成之后，激发当地农户和农场职工进一步扩大生产规模，还吸引周边乐东、羊栏、藤桥、保亭等县镇的冬季瓜菜进场销售，致崖城市场拥挤不堪。1992—1993 年，卢氏兄弟投资在水南新村公路旁建成 2 万平方米的收购批发市场，吸引经营瓜菜的公司老板慕名而来，租店驻场开展营销业务。

种菜建楼（2016 年）　陈文　摄

崖城镇瓜菜畅销期为 12 月至次年春节前后。自 1993 年始，崖城地区农民掀起规模种植冬季瓜菜的热潮。经营冬季瓜菜的农户、种植面积、品种产量乃至专业合作社、收购商贩、运输车辆逐年增加，采用“农户＋合作＋公司”的经营模式较为普遍。

基地与品种　冬季瓜菜基地主要有崖城坡田洋、白超田洋、郎芒田洋、南滨农场、梅山岭落水库周边田园等。2008—2014 年，每年冬季瓜菜种植面积约 5.6 万亩，种植品种有豆角、茄子、黄瓜、苦瓜、四棱豆等，其中豆角 3.2 万亩、茄子 0.67 万亩、黄瓜 0.27 万亩、苦瓜 0.48 万亩、其他品种 0.98 万亩。

在冬季瓜菜种植中，豇豆（豆角）为崖城镇农民瓜菜生产的优选品种。据统计，各地乡村每年豇豆种植面积 7000 亩，约占冬季瓜菜种植面积的 60%，产值 3600 万元。崖城、拱北、保港、梅山等乡村的农户种植豆角的技术和管理经验日趋成熟，种植面积、产量、产值均列首位。

瓜菜种植基地（2016 年）　　蔡小鹏　摄

崖城各地豆角种植始于20世纪90年代初，至2007年形成规模。豆角生长特别适应当地土壤环境和气候条件，加上水利排灌设施完善，田间管理方便，比较苦瓜、青瓜、茄子等品种，豆角市场价格较为稳定，经销商对崖城坡田洋出产的豆角质量评价好，市场需求量不断上升。

崖城镇设立监管组，配备安监员，在瓜菜上市前实名在田头抽样登记，对豆角进行现场检测。在坡田洋主要入口设卡，对进入坡田洋的流动农药车辆进行检查。做好广告宣传，安监员进入田间地头巡查，指导菜农严格使用无公害农药，保证崖城瓜菜产品质量安全，确保符合国家检验标准，促进农业增产、农民增收。

崖城镇获得海南省著名商标的农产品有11个。2014年，为进一步做好冬季瓜菜的产销工作，崖城镇实施品牌战略，加大对农业基础设施的投入，创新生产流通方式，积极推广“公司＋合作社＋基地＋农户”模式，引导农户与企业公司建立股份合作制，利用现代电子商务平台，推动绿色生态农产品上线上网、进入千家万户。成立由50多名工作人员组成的农产品生产质量安监队，严把产品质量关，确保农产品安全。经检测合格的发放农产品检测合格证，种植户凭检测合格证进入市场交易，保证从崖城镇上市的冬季瓜菜100%凭证出岛营销。

种苗基地位于崖城坡田洋的优质蔬菜开发中心，是三亚市重点建设的规模化、工厂化种苗基地，建成后为农民提供优质瓜菜种苗，一期工程已竣工投产。

市场与效益 崖城镇瓜菜从每年11月中旬开始陆续上市。同时，还有乐东黎族自治县、保亭黎族苗族自治县和三亚市乡镇农户生产的瓜菜也运输进入批发市场交易。据统计，平均日交易量约2135吨，其中豇豆8.67万吨、苦瓜2.35万吨、青瓜2.38万吨、茄子0.6万吨、其他品种2.65万吨。12月至次年2月为高峰期，每天交易量达4000吨，每天交易金额约1200万元。2000年以来，崖城镇发展成为琼南地区市场规模较大的冬季瓜菜交易中心，每年交易量超过20万吨。

1996年，南滨农场职工调整农业结构，种植冬季瓜菜3630亩，年产量14480吨，年产值达1500万元。瓜菜品种从青瓜单一品种增加到丝瓜、青椒、三色椒、圣女果等十多个品种。2002年，农场建立10000亩冬季瓜菜基地。是年，南滨农场分别被农业部、海南省政府定为“无公害农产品示范基地”和“无公害瓜果菜生产基地”。2007年，南滨农场发展冬种瓜菜的生产队达20个，面积1.2万亩，总产量3.3万吨，总产值9900万元，纯收入4600万元。农场的经济总量也大幅增长，农场近2000名职工中，98%的人员参与瓜菜种植，职工人均收入达 2.8 万元。

由于有良好的农业基础，南滨农场获海南垦区第一家供港澳蔬菜基地认证，基地主要种植苦瓜、青瓜、长豆角、茄子等原生态冬季瓜菜。基地执行严格的生产管理标准，各个环节实施全过程监管，经国家检验检疫总局认证通过，基地生产的瓜菜品质好、产量高，纯天然无污染。2007 年 12 月 14 日，海南农垦供港澳蔬菜首发仪式在南滨农场举行，6 辆大卡车满载着 80 吨的瓜菜发车运往香港市场，标志着南滨农场成为海南农垦首个直接供应港澳蔬菜的生产基地。

2009 年 11 月，占地面积 138 亩、建筑面积 5.5 万平方米、投资约 1.2 亿元的崖城瓜菜营销中心建成。该营销中心包括商铺、交易大棚、保鲜库、包装车间、农产品检验、

冬季瓜菜管理（2016 年） 蔡小鹏 摄

研发、信息中心、农资超市、停车场等，为崖城及周边地区农民提供瓜菜价格信息，帮助农民及时了解全国各地市场行情。崖城市场经营的蔬菜瓜果主要营运到广州、深圳、上海、北京、沈阳等20多个城市。

崖城镇鼓励和支持条件成熟的村（社区）成立农业合作社，发展规模化种植，转变单一生产方式，推广“农户+企业”的经营模式。同时，鼓励发展电子商务。2013年12月，海源公司运营的“淘宝网”上线营销，崖城镇农产品在互联网上销售成为现实。

2014年，崖城镇种植冬季瓜菜总面积达6.31万亩（含复种），年总产量15.78万吨，产值达9亿元。主要品种有豇豆、青瓜、茄子、西红柿等。

农民专业合作社 2009年10月，福返热带果蔬农民专业合作社成立，注册资金

瓜菜市场（2016年） 韩铭新 摄

农民合作社瓜菜基地（2016年） 陈文 摄

100 万元，有社员 102 人，合作社自成立以来，运作规范，先后获“海南省农民专业合作社示范社”“国家级农民专业合作社示范社”称号，产品荣获“海南省著名商标”“海南农产品著名商标品牌”称号。

2014 年，崖城镇共有备案的农民专业合作社 139 家，其中国家级示范社 7 家、省级示范社 1 家、市级示范社 12 家。主要经营蔬菜瓜果的公司有国润绿色公司、海源实业公司；农民专业合作社有求全、南鹿、施顿、蓝天绿地、仁义、君福来、启凡、彩云、农信、怡慧园、联农、喜田、开合、南滨甜蜜蜜、水南新村、四季飘香、家燕豇豆、春色满园、鲜发、绿兴、双华、民源、新源、金基、宏润、立强等。求全瓜菜农民专业合作社注册“益爽”商标，获海南无公害农产品产地认定证书、海南省著名商标，成为三亚“菜篮子”示范基地，有社员 105 人。

瓜菜营销（2016 年） 林玉梅 摄

旅游开发

崖城镇具有丰富的旅游资源，崖州湾有两处相邻的国家 AAAAA 级旅游景区：一处是道教福地大小洞天风景区，被誉为“琼崖八百年第一山水名胜”；另一处是佛教圣地南山文化旅游景区。

2000 年以来，崖城镇致力于保护与建设国家历史文化名镇，结合“美丽乡村”建设，依托南山、大小洞天旅游景区，筹划古城文物寻访、宁远河休闲、保平古村体验、梅山红色文化、黎族风情等旅游新线路，开发旅游新产品，以满足游客的需求。

旅游资源开发

大小洞天开发 崖城旅游开发肇始于宋代，闻名于明清，兴盛于三亚设市、海南建省。

南宋淳熙十四年（1187）重九日，吉阳军守周鄘首先在南山海滨发现石屋、石船，“因以见山水之奇，可为海邦之胜纪”，作摩崖石刻《石船记》。南宋淳祐七年（1247）九月，吉阳军守毛奎带领7人和广西富川秀峰僧人善庆（冷溪）、维那（祖果）等，前往南山寻访胜景，撰写美文《大小洞天记》。

毛奎写下《大小洞天记》后，意犹未尽，又作《大小洞天诗并序》，记述他们此行携客泛舟，登赏岩瞻钓台，游洞天寻石船，眺望览胜，宾主献酬的经过。毛奎的《大小洞天诗》历代步韵唱和者不绝，既增添了洞天福地的文化内涵，也成为山海奇观的石刻墨宝。

小洞天景区以石景为主，毗连南山文化旅游区，景点分布在海岸山坳，古树茂林，石阶蜿蜒，曲径通幽。主景小洞天形状如一只大石龟卧于海滩，高约5米，洞口呈半圆形，直径约5.6米，洞口上方刻着“小洞天”三个大字，系毛奎手迹。洞口开阔，洞内清凉，内进左拐弯变窄，侧身前行见洞天出口，登高远眺，山海风光让人豁然开朗。

小洞天东南边有一石岩在海岸凸出，石岩上刻“钓台”两个大字，还刻有“淳祐丁未仲秋郡守毛奎经始”12个小字。钓台岩石右侧有一平石可坐十余人。当年毛奎曾刻石“岩瞻”，现已风化不可辨识。

从小洞天向北，沿曲径攀登，见一巨石立于山坳，岩壁向内倾斜，如同一座天然石室。峭壁上见摩崖石刻：“海陵周鄘与郡僚王霈然泽之都领周丕承师承淳熙丙午重九日来观石船。”登山30余步至石洞，其额上刻曰“海山奇观”。其下刻毛奎《大小洞天记》，洞的右磴上刻“仙梯”二字。转后石壁有刻《大小洞天诗序》及律诗一首，和韵一首。

小洞天西南有石似船，船长丈余，船东侧石头上刻有“石船”二字。明代崖州文人裴崇礼曾写有《洞口记》，刻在石船北面的岩石上，因年久已风化。据裴崇礼《游大小洞天记》载：“石船少南有亭，匾大洞天。亭前二楹对曰：停骖琲于上路，访风景于崇阿；后二楹曰：索远寻幽，直径行于十里；登高作赋，是所望于群公。自亭入山，有石，刻曰洞门。转东，山有石峰，刻曰试剑峰。”

毛奎《大小洞天记》未言及大洞天，明代裴崇礼《游大小洞天记》提到“大洞天亭匾”，但语焉不详。大洞天究竟在何处历来成谜。清《崖州志·纪异》记载，传说港门樵夫往南山砍柴，曾步入大洞天观仙人弈棋，后无病而终，享寿百岁。

始于周瑒、毛奎亲自开发的南山大小洞天胜景，被誉为“琼崖八百年第一山水名胜”，历代游客络绎不绝。

1987 年，三亚升级为地级市。1988 年海南建省后，三亚市重点发展旅游业。1995 年，规划建设南山佛教文化苑。景区位于三亚市以西 40 千米处的南山山麓，总规划面积 9296000 平方米。依托得天独厚的自然资源，景区现发展成为一个以古崖州文化为脉络，汇聚中国传统道家文化与龙文化，集热带滨海风光、民俗风情、科普教育、休闲度假于一体的国家首批 AAAAA 级旅游景区。20 世纪 90 年代，景区进入旅游开发高峰期，年接待游客百万人次。先后通过 ISO 9001 质量认证体系和 ISO 14001 管理体系认证。

南山海上观音圣像开光大典（2005 年 4 月 24 日） 三亚市方志办 提供

2007年5月，被国家旅游局评为全国首批AAAAA级旅游景区，跻身全国旅游景区66强。2008年11月，荣获“中国用户满意鼎”。

南山佛教文化苑建设 1995年11月12日，南山寺与南山佛教文化苑动工建设。1998年4月12日完成一期工程，开园迎宾。南山寺仿唐风格，建有仁王殿、大雄宝殿、法堂、观音院、悲田院等。寺前海中塑造高108米的海上观音圣像，“一体化三尊”，规模宏伟，举世瞩目。工程历时6年，2005年4月24日农历三月十六准提菩萨诞辰日，举行盛大的开光仪式。

南山文化旅游区依托独特的山海天然形胜，丰富的历史文化渊源，开发建设成“一寺”（南山寺）、“一苑”（南山海上观音苑）、“两园”（慈航普度苑与吉祥如意苑）、“一谷”（长寿谷）、“一湾”（小月湾）的旅游景观。

2000年以来，崖城镇致力于保护与建设国家历史文化名镇，结合美丽乡村建设，依托南山、大小洞天国家AAAAA级旅游景区与新建成的中心渔港，加快宁远河文化经济带建设，打造“南山—大小洞天—崖城”旅游线路，规划开发古城文物寻访、宁远河岸休闲、保平古村观光、渔民海洋文化、梅山红色文化、黎族风情体验等旅游新路线，形成崖州全域文化旅游线路，满足不同游客的需求。

旅游景区

大小洞天景区

大小洞天景区始创于南宋淳熙十四年（1187），是海南省开发较早的风景名胜之一，景区被誉为“南溟三千里最佳海山奇观”。1962年，郭沫若到该处游览访古，写下《游崖县鳌山》诗。1994年1月，中国佛教协会会长赵朴初为景区题词“福如东海，寿比南山”。景区有山海奇观、摩崖题咏、福寿南山、自然博物馆等景点。

小洞天风光

三亚市方志办 提供

小洞天 位于景区中部海滨礁石凸显处，为古代“小洞天”景区的主体部分，是海南著名的道教文化遗址。传说毛奎在此处修仙，每逢吉日，当地民众在洞内供香祈福。小洞天景点为花岗岩巨石，形似海龟，拱眉由右向左横排刻字，径约二尺，为毛奎书写的“小洞天”三个字。巨石下部有一个中空石洞，洞内平深28米，牛角形，由宽至窄，游人俯身入内，至窄处，由石阶而上，有一个出口。石洞内可容40余人，最高处2米。

钓台 “小洞天”西侧面海处有一处小台，可坐着钓鱼，名“钓台”。钓台石壁上刻有“钓台”二字，落款“淳祐丁未仲秋，郡守毛奎经始”。流传有“仙翁钓鳌”的故事。

仙梯 位于“海山奇观”的右侧石室与后洞连接处，有一陡峭石阶，旁边石壁上刻有“仙梯”二字。传说古代有樵夫曾在此处偶遇白发仙翁，布法讲道，飞身遁形，得遇之人莫不寿富相齐。至今，当地仍有人在黄道吉日入山寻仙的习俗。

试剑峰 相传东汉“伏波将军”马援奉旨在交趾平叛时得获一把神剑，他对着南山挥剑试石，后出征获胜。宋代毛奎在石峰上题刻“试剑峰”三个大字。

石船 位于小洞天景区南面50米处，因为石头形状酷似头宽尾窄的船只而得名。据《崖州志》记载，南宋淳熙年间，知军周鄘寻访到“石船”，并为之命名题刻。后来，石船被树丛藤根缠绕而湮没于山野。1992年，经景区管理者反复寻找，终于发现这个奇石景点。

岩瞻亭 始建于南宋淳祐年间（1241—1252），损毁于清代。1993年仿建古亭景观，但与古书所记载的原址不符，系古代“大洞天亭”及“岩瞻亭”的易地组合。据南宋毛奎《大小洞天记》及明代裴崇礼《游大小洞天记》记载：岩瞻亭原在小洞天题刻对面的平台上，即“岩之前有石平堰，建亭其上，匾曰岩瞻”。

石船

鉴真登岸雕像（2016 年） 陈文 摄

仙履石 相传毛奎在小洞天成仙飞升时，随从挽留不及，扯下了他的一只鞋，掉落在海边，变成石头。现在游人可以在小洞天景观的后部看到有一块酷似鞋底的石块，传说这是毛奎掉落之履，因此称“仙履石”。

鉴真登岸雕像 唐代高僧鉴真与日本留学僧荣叡、普照，弟子祥彦、思托一行，于唐天宝七年（748）第五次东渡日本，海上遇台风漂流至此登陆。1993 年，岸上建造鉴真东渡大型花岗岩群雕以作纪念。群像高 8.4 米，基础海拔 19.6 米。群雕以鳌山为屏，南海为案，雕塑成 5 尊石像。石像中鉴真和日本僧人荣叡、普照，弟子祥彦、思托携手并肩，神情坚毅庄重。

南山不老松 南山有 3 万多株龙血树，属于南山原生树种，树龄数千年，当地人称“南山不老松”。

南山佛教文化景区

南山寺 位于南山文化旅游区内，是一座集佛教文化、建筑园林、观光休憩于一体的现代佛教新兴寺院，1995 年 11 月 11 日奠基。1998 年 4 月 12 日建成。

寺院由中国佛教协会原会长赵朴初选址，题写“南山寺”和“海天丛林”牌匾。寺院占地面积400亩，主要建筑有仿唐建筑仁王殿、大雄宝殿、东西配殿、钟鼓楼、转轮藏、法堂、观音院、悲田院等。寺院东西宽188米，南北长416米，总建筑面积4万平方米。

海上观音 位于南山佛教文化景区内，高108米，呈“一体三尊”造型。1999年10月27日（农历九月十九）动工兴建。2005年4月24日（农历三月十六）举行开光大典，有108名法师和1080名信众参加典礼仪式。

“一体三尊”圣像正面是持箧观音，左边是持莲观音，右边是持珠观音，分别代表智慧、平等、慈悲。圣像伫立在观音岛上。观音岛又名金刚洲，由人工填筑而成，直径120米。观音脚踏108瓣莲花宝座，座下为金刚台，金刚台内是面积15000平方米的圆通宝殿。金刚洲由长280米的普济桥与陆岸相连，普济桥宽12米，由14座桥墩支撑，并与面积达60000平方米的观音广场及广场两侧的主题公园共同组成“观音净苑”景区。

这尊世纪级的大佛像，在设计上必须符合教义，又要体现出时代特征，并有建筑、雕塑美感，能融入自然环境。南山海上观音功德基金会组建创作组，对国内佛教圣地已建成的露天大佛进行考察，并征求佛协、佛学研究所、赵朴初等各方的意见，历时5年再三设计修订，1999年年初，确定“一体三尊”的观音圣像设计方案。

观音圣像样稿参考的是南宋画家张胜温的《法界源流图梵像篇》（现存台北故宫博物院）中一尊观世音菩萨的画像。三尊连体像以密宗的三教林生为依据，即如心人生、正法人生、教林人生的组合。三尊连体像造型完美，采用背光圆将头部隔开，从正面看是一尊像而不出现三个头的视觉效果。佛经中的单尊观音像（即单首、二手、二脚）称

南山寺牌匾（赵朴初题）

金玉观世音像

“正观音像”。如是两个头、四个手以上乃至千手千眼观音像，称“化身观音”。1999年7月，中国佛教协会在北京组织佛教界、雕塑界专家，召开南山海上观音方案评审会，对“三面观音”的设计、构想、佛学寓意给予高度评价，认为创作设计定位准确，符合佛教教义和佛教造像原则，堪称当代佛像作品的代表作。

慈航普度苑　位于南山文化景区内，由慈航院、紫竹林、莲花池、金玉观世音等组成。主题内容为观音文化，寓意观世音菩萨慈悲普度，如同苦海中的慈航。“金玉观世音”供奉在金碧辉煌的“得在自在”观音阁里。这尊观世音雕像内镶释迦牟尼舍利子，通身像高3.8米，由观音金身、佛光、千叶宝莲、紫檀木雕须弥底座4部分组成。使用黄金100多千克、白银以及120多克拉的南非钻石、数千粒红蓝宝石、祖母绿、珊瑚、松石、珍珠及100多千克的翠玉等奇珍异宝，采用中国传统“宫廷金细玉”手工技艺制造。金玉观世音像总价值1.92亿元，由工艺美术大师曾一兵根据《不空羂索神变真言经》的仪轨策划创作。1998年11月27日，金玉观世音被确认为世界最大的金玉佛像，并被录入1999年吉尼斯大全。

吉祥如意苑　位于南山文化景区内，由南山别院、“吉祥如意”题刻、吉祥钟亭、菩提树林、吉祥经、十八罗汉等组成。其中，南山别院1993年建成，是南山寺与南山文化景区最早的建筑。“吉祥如意”题刻由佛教高僧茗山长老题写。

长寿谷　位于南山文化景区内。谷深2000多米，垂直高度200多米。谷内野生植物丰富，奇石林立，具有热带雨林特征。谷内包括长寿林、百年古树、百寿堂、百岁阶等景点。

小月湾　位于南山文化景区与大小洞天景区交界处。该湾依山傍海、幽静隐秘，山谷古树藤蔓相伴，海上曲廊通往礁盘上的亭轩，海风吹拂，令人心旷神怡。

小月湾风景（2017年）　　陈文武　摄

南山村（2016 年） 陈行飞 摄

美丽乡村

水南村 位于宁远河南岸，与崖州故城隔河相望，是海南省的历史文化古村。“水南暮雨”是崖州旧八景之一。古代被朝廷贬谪到崖州的许多相臣曾寓居在水南村，文人墨客留下诸多赞美水南风土人情的诗歌，有“一簇晴岚接海霞，水南风景最堪夸”。居民中有卢、裴、黎、容等名门世家。村中景点有卢多逊纪念馆、盛德堂遗址、裴晋公宗祠等。

保平村 位于宁远河畔，古称毕兰村，移民聚居已有上千年的历史。2010 年，该村荣获“中国历史文化名村”称号。保平村生态环境良好，农业发达，耕读传家，人才辈出。保平村有保存完好的明清古宅，被称为“明清海南传统民居群的活标本”。青砖门楼、正屋厢房、照壁围墙组成的生态庭院，构成保平村最具崖州文化特色的古民居建筑。

南山村 位于南山岭北麓，毗邻南山佛教文化景区与大小洞天景区。南山村系黎族世居村落，风景秀美，民风淳朴。南山文化景区开发后，南山村以“福寿南山麓、安乐黎家人”为宗旨，实施“美丽乡村”建设，借助周边的旅游开发，筹建黄道婆纪念园，传承黎族传统文化。

梅联渔村 又称角头村，位于崖城镇西界 20 千米处，面临龙栖湾，渔民世代捕鱼为业，民众勤劳质朴，为梅山革命老区之一。旅游项目有石房沙滩踏浪拾贝、夕阳西下望海观霞、出海游览东锣西鼓岛、品尝海鲜美食等。

旅游文化活动

一年一度在崖城镇举办的旅游文化活动，成为传承琼崖文化、打造三亚旅游活动品牌、提高景区知名度的盛会。

龙抬头节 每年农历二月初二，大小洞天景区举办中国三亚“龙抬头节”，以传统的道教仪式祭祀南海龙王，并融入海南本土民俗祭海礼仪。祭海仪式包括迎鸾接驾、恭安神位、祀天享供、佾舞悦神、焚香祝愿、祭告南海、化表祈福等。南山及崖城周边渔民驾驶数百艘渔船参加拜祭礼仪，祈求得到南海龙王的保护，保佑出海平安。每逢节庆日，数以万计的市民和游客齐聚洞天福地，参加祭海祈福活动，祈愿风调雨顺、渔业兴旺发达、人民安居乐业。

2005—2014 年，大小洞天景区共举办 9 届“龙抬头节”，成为三亚文化旅游的重要活动之一。历届“龙抬头节”宣传保护海洋、呵护蔚蓝的理念，激发了人们对海洋生态的崇敬与热爱。通过大型旅游节庆活动，开发具有地域特色的旅游名片，丰富海南旅游文化产品，让游客深入了解古崖州文化，体验优秀传统民俗文化。

龙抬头节以“祈福南海，爱国爱家”为主题，将祭南海、拜龙王活动与民俗庙会结合，推出二月二海南民俗庙会，展示崖州的民俗文化。活动主要包括南海祈福盛典、崖州民俗展演、书画创作笔会、文艺演出、崖州特色美食展示、朗诵国学经典、洞天大讲堂等。

龙抬头节开幕式

南海祈福盛典（2016 年） 蒙明珠 摄

和美太极（2017 年） 陈文武 摄

太极文化节 2001 年 3 月，“寿比南山”世界太极拳健康大会在三亚举办。2016 年 4 月 9 日，“首届世界太极文化节”在三亚南山文化景区开幕。

来自 32 个国家和地区的 180 名各流派太极名家和 1800 多名选手齐聚三亚市，以“健康长寿、生命智慧”为主题，弘扬太极传统文化。开幕式举行“世界太极大巡游”表演活动，来自国内外的 100 个太极拳代表队纷纷上台亮相。

南山旅游景区举办太极文化节，将太极拳的哲学思想、养生文化与南山福寿文化相融合，提升南山景区文化品位，将太极文化打造成为南山旅游的新名片，开展体育健身活动，倡导健康人生，扩大中华优秀文化的国际影响力，增进世界各国太极拳爱好者之间的友谊和交流。

旅游效益

旅游特色与效益 崖城镇旅游业在发展过程中，以其独特的旅游文化特色与自然生态优势，创造显著的生态效益、社会效益与经济效益。

大小洞天景区遵循道教“天地大道，法乎自然”“天人合一”的理念，致力于保护海岸线的自然生态和山石古树的原貌，形成“旅游+生态+文化”的示范效应。南山文化景区，彰显佛教普济苍生的观音文化。崖州古城历史文化景点，体现源远流长的崖州文化。美丽乡村旅游，将黎族农耕文化融入青山绿水，让游客在海港渔村体验海洋风情，参观革命老区体验红色文化。南山文化景区与大小洞天景区经过20年发展，荣获“中国人居环境范例奖”，成为游客向往的旅游之地。

旅游收入 南山文化景区于1998年开园，同年入园人数9万人次，营业收入3600万元。2009年，入园人数240万人次，年营业收入3.1亿元。2013年，入园人数388万人次，营业收入6亿元。

1999年，大小洞天景区入园人数1万余人，营业收入30万元。2005年，入园人数60万人次，营业收入3800万元。2010年，入园人数97万人次，营业总收入7408万元。2014年，入园人数142.86万人次。

旅游服务

景点交通 崖城镇区位交通条件优越，有便捷的海、陆、空交通条件。崖城距离三亚国际机场28千米。海榆西线公路与环岛高速公路贯穿崖州。海南西环高铁增设崖州站，使崖城融入了海南岛“三小时生活圈”。

三亚市区有专线公交车直通崖城的主要景点，交通非常便利。从市区坐18路公交车，可以直达南山文化景区。乘坐25路公交车，可以直达大小洞天景区。乘坐58路公交车通达崖州古城、中心渔港。从三亚火车站开往南山景区的绿皮火车旅游专列，每天开行5对客运列车。

自驾从三亚市区出发，驱车进入凤凰路后转入225国道，一直往西前进，经过天涯海角风景区，即可到达南山文化景区与大小洞天景区。或从西线高速崖城出口进入崖城各景区、景点。

配套服务

南山迎宾馆 位于南山文化旅游景区东部，面临海滨，居名刹道场，直面海上观音圣像。佛教圣树菩提园与热带雨林围绕四周，远眺绵延 7 千米长的海滩景观。

南山休闲会馆 位于南山文化旅游景区内。2005 年，南山休闲会馆度假别墅获得“全国十大度假别墅”称号。

金顶康体养生酒店 位于大小洞天景区内。山顶疗养酒店以道家养生文化为主题，为游客提供餐饮、休闲、购物等服务。

缘起楼素餐厅 位于南山文化景区内，1997 年建成，提供素餐服务。

南山迎宾馆

文化遗产

崖城地区众多文化遗产中，现有全国重点文物保护单位1处、海南省文物保护单位12处、三亚市文物保护单位10处，有建档挂牌保护的历史建筑300多处，以及众多不可移动的文物点。黎族打柴舞、黎族传统纺染织绣技艺和崖州民歌被列入国家级非物质文化遗产名录。黎族原始制陶技艺，保平村何氏明经第、张家宅民居建造技艺被列入省级非物质文化遗产名录，还有众多市级非遗项目和馆藏、民间收藏的可移动文物。

崖州故城

古城区位 崖州城三面环山，形成环抱之势。宁远河流经坡田洋时受东北岸岭坡导引，顺势蜿蜒入海。崖州建城选址在河北岸的一处高阜之上，坐北朝南，负阴抱阳，符合古代城郭选址原则。清光绪《崖州志》记载：“崖州居琼极南，其地多高山大林。左据回风（岭）之雄，右揖龙栖（岭）之险。南山（岭）雄压重溟，（马）鞍岭远连五指（山脉）。二流（宁远河、后河）环绕，分派朝宗（形成双流抱廊）。”

古城选址正处于南山与北部山岭约8000米半径圆的中心位置，体现了古人选址“中”的理念。故城街坊尺度及城市轴线尺度存在典型的尺度倍数关系，其百步模数尺

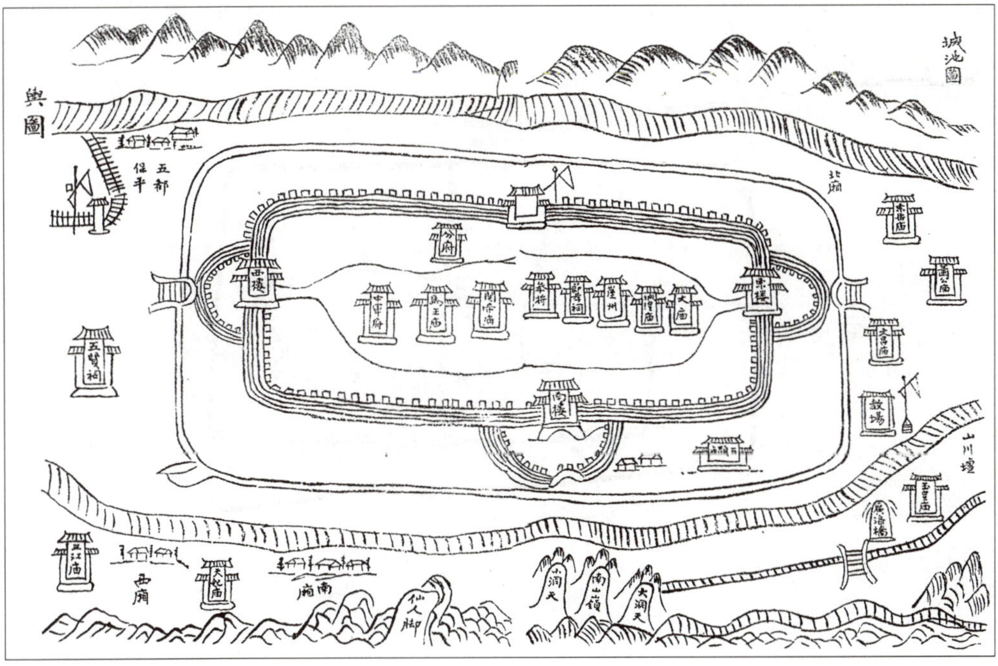

清代崖州城池图 （引自清乾隆《崖州志》）

度在古城尺度中多次出现。城内空间布局科学合理，城内街道以南北轴线和东西视通廊为主。城内外空间格局有“三坊”（遵道坊、日昇坊、起晨坊），“四厢”（东厢、西厢、南厢、北厢）和“五都”等。

城墙门池 史料记载，崖州城在宋代以前是土城，南宋庆元四年（1198），开始用城砖包砌城墙，并创建凹凸形的女墙。绍定六年（1233），再增扩城墙，周长242丈，高1丈6尺，开东、西、南3个城门。元元统元年（1333），州判李泌续修城池，创建谯楼。明洪武九年（1376），知州刘斌又重新以砖石加固。洪武十七年（1384），儋州千户李迁再次拓展，自海南道起至城西门止，周长513丈5尺，高2丈，厚9尺。次年，千户李兴又用砖石加厚城墙，并在3个城门上各建一座谯楼，砌雉堞1017个，设铺20个，以便军人轮哨守城。此外，还在城墙外开挖濠垫护城，周长557丈，深1丈5尺。建文元年（1399），千户周宗礼在城门外添筑月城。永乐十六年（1418），州千户洪爵续修城池。正统元年（1436），陈政、洪瑜在3座城门外护城河重建吊桥。成化十四年（1478），千户王增修补城池。弘治二年（1489），州千户胡缴修补城池。弘治十八年（1505），千户胡徵立匾于东、西两门，东门名为“阳春”，西门名为“镇海”。崇祯十四年（1641），知州瞿罕重修城墙，增高三尺。清顺治十八年（1661），知州梅钦重建东城楼。康熙十一年（1672），知州张擢士、游击张德远捐资修建西城楼和南城楼，并修葺

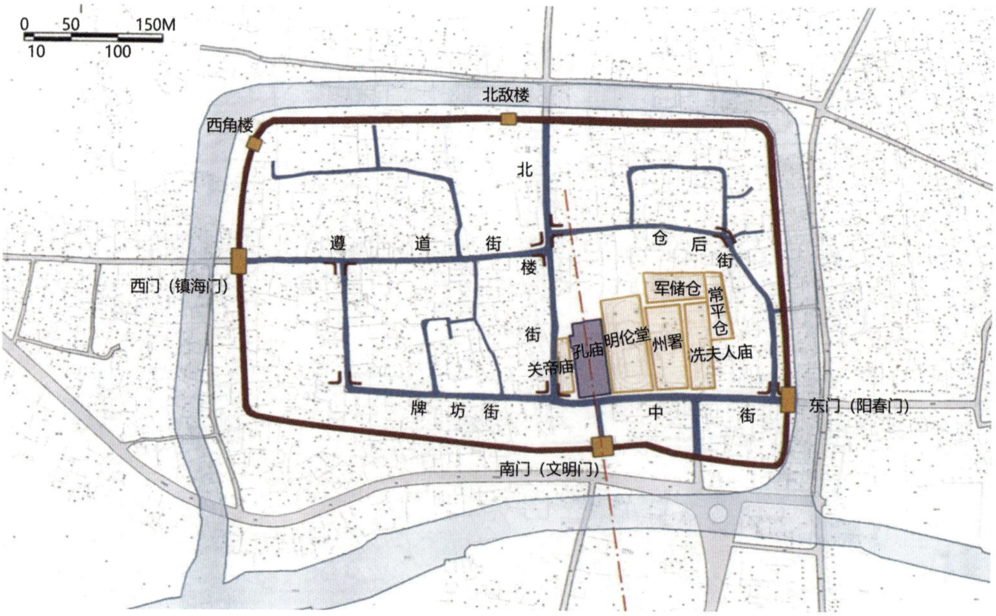

故城格局图（2013年）

“崖州故城”文物保护单位标志碑（2009年）

前月城。道光十二年（1832），知府王玉璋和知州秦镛捐款重修城池，同时，将南门东移30米至学宫中轴线上。道光二十一年（1841），新南门修成，知州许梦麟到任，题匾勒石，命名“文明门”。崖州城池从南宋庆元四年（1198）始砌砖城到清道光二十一年（1841）最后一次修葺，历经宋、元、明、清四朝，拥有3座城门、月城和护城河，城池形制基本定型。

崖州城墙周长约2270米，高约8米。城内的建筑布局可概括为三通、四漏、七转、八角。“三通”指出入城的通道开有3个门，即东门“阳春门”、西门“镇海门”和南门“文明门”；“四漏”指城内的地下，开有4个排水渠道；“七转”指城内的街巷有7个转弯；“八角”指在7个街巷转弯点形成8个角。

1920—1921年，因拓路进城，东、西两座城门被拆除。1928年因开公路通往城北，又拆除北楼一段城墙。新中国成立后，故城街巷、南门（文明门）、城墙等建筑依旧存留。1967年后，城墙城砖逐渐被拆走，仅存南门城台、北楼真武庙台基及数十米城墙、南北城池护城河遗址和城墙基址。

20世纪90年代后，曾几次修缮文明门及两翼城墙。2009年以来修复的城台宽24.8米、进深20.9米，文明门门洞宽3.6米，前高4米，后高3.3米。两翼城墙东段长82米、西段长71米。

崖州故城是中国最南的古代城池。1989年9月，被公布为第一批三亚市文物保护单位。2009 年 5 月，被公布为海南省文物保护单位。

历史街巷

中街 西起北楼街南路口，东至阳春门止。中街西联牌坊街，东出阳春门，直联东门街，形成州城东西视通廊。明清时期，中街有州署衙门、学宫、关帝庙、城隍庙、灵官祠、学正署、史目署、参将署、官仓、郡主冼太夫人庙、同善堂、寿字御书亭、少司徒世科牌坊、轿夫铺等。中街是崖州城内的核心区域，文化遗产丰富。

民国时期，学宫明伦堂、州治衙署、官仓等改建为高等小学。1926 年 4 月，中共崖县东南支部在学宫成立。1950 年 5 月，成为崖县人民政府驻地。1954 年 10 月，中共崖县县委、县政府迁往三亚后，学宫相继改建为崖城区、公社、镇政府的办公场所。2005 年，镇政府迁往新址，学宫得以修复。2013 年 3 月，国务院公布崖城学宫为全国重点文物保护单位。

牌坊街 位于城内遵道下坊，东西走向，自北楼街南路口向西，至古庙路。牌坊街与中街、东门街构成崖州城东西视通廊的主要格局。因曾建有经元坊、登俊坊、殉孝坊、贞烈坊、贞节坊等而得名。街道西南有华光庙，古庙已毁，遗址尚存。

遵道街 又名西街，位于城内遵道下坊。为东西方向，东起北楼街，西止镇海门。街道坊间有仕宦人家宅院及玄坛庙、牌坊建筑，曾设有水师守备署、水师千总署等隶属州、府的分设机构，俗称“衙门街”。镇海门内有一座字纸塔，该塔保留至 20 世纪 70 年代末。镇海门内北侧马草巷保存至今，居民多为武官后裔。

仓后街 在城内遵道上坊，自城东门（阳春门）内中街轿夫铺起，向北转西出北楼街。仓后街因靠近州署官仓而得名。清光绪《崖州志》记载，明清时期，州署后东侧有军储仓和常平仓。军储仓在州治东，创建于明洪武十四年（1381），常平仓在州治左，是古代官府为调节粮价、储粮备荒救济而设置的粮仓。

北楼街 在城内南北轴线上，南起牌坊街，北至城北谯楼真武庙（俗称“北楼”）。北楼街以西曾有海防抚黎同知署、布政分司行署、副将署、时雍小学堂、吉阳公园等。真武庙是道教庙宇，庙已改异，但遗址尚存。因城北无城门，1926 年，崖县政府官员拆除一段城墙，从北楼街修路直通城外。

东门街 在州城东门（阳春门）外，自西向东，与南北向的打铁铺和臭油街合称东关市。东门街是由古代墟市发展而成的街市，商家店铺鳞次栉比，街道附近还有明清时期到崖城经商的粤籍商人修建的四邑会馆、五邑会馆、南海会馆、顺德会馆、东莞会馆、冈州会馆等。1927 年，宁远河洪水泛滥，东门街水浸深 3 米，街道铺面坍塌，损失惨重，史称“丁卯大水”。随后，国民政府发动居民商家沿街道修建南粤城市流行的骑楼式商铺，楼上住人，楼下经营百货。1930 年，又集资在街道修建有地下排水渠道的水泥路面。东门街长 200 米，街面宽 8 米。

臭油街 在城外日昇坊内，南北走向，南接东门街起，北至拱北路口止。与东门街不同，臭油街为农贸市场，集市交易的商品主要是城乡居民的日常用品，如谷米鱼盐、槟榔瓜菜、藤竹箩筐、木柴炊具以及风味小吃等。其中，用于家庭点灯照明和车轴润滑的海棠油，润发梳头的蓖麻油，有一股浓郁的味道，故百姓习惯称“臭油街”。

西门街 故城内西出镇海门外的西街，为通往五贤祠、广度寺、迎旺塔的通道，与遵道街联成州城东西视通廊街巷格局。西门街区有陈氏宗祠、张氏宗祠及廖氏、洪氏、刘氏等祖居老宅，是崖州故城的老街之一。

儒学街 在城墙外西南边。南宋淳祐五年（1245），知军毛奎迁儒学到此，元至正五年（1345）、清康熙六年（1667）在原址重建，并多次修缮。儒学街、儒学塘因此得名。

打铁铺 位于东门街东端，南北走向。长 42.5 米，宽 8 米，为崖州各地打铁手工业者自发形成的作坊，生意兴旺时成行成街，有 20 多家铁铺在此开铺，专业制作百姓生产生活使用的犁、耙、刀、锄等各种铁制工具。

轿夫铺 位于城内中街东段，住铺轿夫多为进城谋生的民工，以人力抬轿为业，供衙门官员乘轿出行，或为大户人家婚庆服务，故得名“轿夫铺”。

骑楼建筑

骑楼街概况 位于城东门外，原为东门街坡屋顶店铺，因 1927 年“丁卯大水”被浸毁，崖县政府官员出面动员商户居民集资。1928 年，修建成二层骑楼建筑。

崖城骑楼（2014 年） 游必生 摄

骑楼街形态 骑楼沿街市呈东西走向，长约 200 米，宽 8 米，一楼为店铺，二楼兼顾居住与储货。楼间面阔 3.5 ～ 4 米，进深 6 ～ 8 米，通高约 13 米。有的楼板中间开设藻井，方便进出货物。二进大多为一层砖瓦屋，为商户居家生活区，间隔有小天井采光。店铺门前廊庭统一宽度，铺铺通联，能为顾客遮阳挡雨。街边立面仿南洋建筑风格。上方女墙呈山形、弧形、圆形，造型各异，装饰简约大方，时尚美观。骑楼为砖木结构，瓦面坡屋顶。

2006 年，崖城东关市骑楼街被公布为三亚市文物保护单位。2015 年 11 月，被公布为海南省文物保护单位。

民宅故居

传统民居 崖城传统民居多为清代和民国时期建筑，主要分布在崖城、城东、城西、拱北、水南、保平、港门等地，分为大户建筑和普通民宅。

民居呈一进三合院布局，少量有二进、三进院落，由厅堂、两寝、耳房、两厢、天井、照壁、门楼、围墙组成。建筑占地面积 150 ~ 1500 平方米。正室面阔三间 10 ~ 12 米，进深二间 6.5 ~ 7 米，通高 5.2 ~ 5.6 米。正室为五架、七架抬梁式木构架，进深为 9 檩、11 檩的硬山顶。厅堂与两寝作穿枋垫磉并隔以木板，民国后改用砖墙。屋面不出山墙，前后出檐较浅，板瓦筒瓦路、正脊垂脊和梁楣檐楣均披灰保护，并作祥云、草龙、花草折枝等吉祥图案的灰塑和彩绘。晚清以后，传统民居前屋面上有“接檐”，呈“一剪三坡”（即正脊分为“前二后一”的三坡）屋面。2006 年 10 月，崖城传统民居建筑群被公布为三亚市文物保护单位。

崖城传统民居（牌坊街范家宅） 陈行飞 摄

保平村传统民居（2016年） 陈甲福 摄

保平村传统民居建筑群是三亚市保存完好、较为集中和规模较大的传统民居建筑群之一。现存一类历史建筑42处、二类100多处，大多数为清代、民国宅第民居建筑。由门楼、照壁、正屋、厢房、耳房和围墙组成，其建筑格局、宅内结构、材料装饰等大同小异。民居为砖木结构，硬山顶，多为抬梁式木构架，以五架梁为主。正屋一般面阔三间12米，进深7～8米，屋顶部分有“接檐”。蜀柱呈方形、瓜形、灯笼形、扁壶形等。正屋分明间与次间（即厅堂和两寝），均采用木隔板或置假清水墙。墙楣上彩绘花纹图案，图案栩栩如生，内容以福、禄、寿、喜为主，寓意吉祥如意、家庭和睦兴旺。

保平村传统民居建筑群在规划营造、院落布局、宅屋采光、防风挡雨、建筑结构、装修材料、施工方法等方面，体现出清代崖州沿海民居的地方特色。2010年7月，保平村被住房和城乡建设部、国家文物局公布为“中国历史文化名村”。

民宅选录

明经第　位于保平村内，清末民国时期三合院民居。院落格局、形制、结构、彩绘图案等，体现海南沿海居民的地方风俗和文化特征。整体布局由门楼、照壁、左右厢房、正屋等组成；均为抬梁式木构架，厅堂与两寝做假清水墙相隔。右厢已改建二层骑楼，面阔两间。门楼开在左侧，灰匾额阳塑“明经第”三个字，为清代贡生的宅居府第。2015年11月，被公布为海南省文物保护单位。

廖家宅　位于城西村内。廖家宅建于清代中晚期，坐南朝北，呈三合院式布局，抬梁式砖木结构，硬山顶。建筑面积约1100平方米，由门楼、照壁、正屋、厢房、书房等组成。现存房屋6幢。正屋是整个院落的主体建筑，面阔三间12米，进深8米，分明间和次间。前有廊，卷棚顶，前廊穿枋间饰吉祥雕花纹木刻图案。东、西厢房皆面阔三间，墙上彩绘花草纹。书房与正屋明间有门相通，并单独形成一小院。廖家宅是清代崖城大户人家宅院，其建筑格局及规模不同于普通民宅。已被公布为三亚市保护历史建筑。

福字照壁（2016 年）　　郑海　摄

张家宅　位于保平村内，占地面积 1042 平方米，建筑面积约 350 平方米。建筑呈二进四合院格局，是清代规模较大的传统民居。融合清代与民国的建筑风格，建有两个不同时期的门楼：清代门楼墙楣彩绘丰富，民国时期的门楼体制高大，在当地别具一格。宅内还有大量精美的墙楣彩绘，庭院正中照壁上有“福”字，周围饰彩绘。围绕着“福”字，刻有一副对联，上联为“绕屋祥云呈瑞彩”，下联为“庭中花木发奇香”，横批为“吉星高照”，表现崖州传统的福寿文化。2015 年 11 月，被公布为海南省文物保护单位。

张家宅（2016 年）　　陈所钦　摄

陈家宅 位于保平村内，清代宅第民居建筑。坐北向南，呈三合院式格局，砖木结筑，硬山顶。由门楼、照壁、正屋、厢房等组成。正屋面阔三间 11.6 米，进深 6 米，呈抬梁式木构架，分为明间和次间。屋内地墁砖多见一顺一丁或二顺一丁铺设，梁架及木构件上均有雕刻和彩绘，工艺技巧较为精美，多见双凤朝阳、龙凤麒麟、鹤松梅竹、喜鹊登枝、石榴荷花、松鹤延年等花纹图案。陈家宅具有清代崖州传统民居建筑风格。已被公布为三亚市保护历史建筑。

吴家宅 位于城内牌坊街，清代建筑，坐北朝南，一进三合院落格局。主座三开间，一厅两寝，为五架抬梁、穿枋垫磉、厅寝隔板。堂内设神龛、镂空木雕，制作精美。卷棚前檐廊极具特色，穿枋蜀柱雕刻精美，厅堂正中两根前檐柱为石作，石柱础及石柱制作工艺上乘。西厢三开间，已修缮；东厢已拆存基。照壁、花池和门楼风貌保存尚好。院落占地面积 1015.19 平方米。已被公布为三亚市保护历史建筑。

范家宅 位于城内牌坊街，坐北朝南。一进三合院落，由主座、两厢、照壁、门楼、围墙组成，庭院天井传统砖铺装保存较好。主座三开间，两厢均为两开间。厅堂两寝，屋面呈“一剪三坡”，前有“接檐”，两旁为耳房。厅堂有木作“神龛”。室内、门楼梁楣彩绘依然清晰。传统民居风貌保存较好。已被公布为三亚市保护历史建筑。

蔡家宅 位于城内牌坊街蔡家巷，民国时期建筑。坐北朝南。一进三合院落。主座、东西两厢为“一剪两坡”硬山顶，无“接檐”。主座、两厢均为三开间，主座西侧作二层小阁楼。门楼两边围墙砌作弧形，不呈锋角。院落占地面积 710.8 平方米，建筑面积 328.9 平方米。与大多数传统民居相比，其建筑体量、高度较为显著，风貌保存较好。已被公布为三亚市保护历史建筑。

蔡家宅门楼 陈行飞 摄

麦家宅 位于乾隆村内，清代宅第民居建筑。坐西朝东，砖木结构，硬山顶，由门楼、庭院、正屋、侧屋等组成。正屋为一进式建筑，面阔三间 11 米，进深 5.8 米，抬梁式木架结构，地面由三合土夯筑。其屋面呈接檐形式，檐柱底座为圆形石墩。两侧设走廊，各有一个拱门。正屋分明间和两次间，明间后设一神龛，檩上彩绘云雷纹图案。侧屋为 1931 年建成，面阔四间，每间宽 3.04 米，进深 4.7 米。已被公布为三亚市保护历史建筑。

陈家宅 位于乾隆村内，清代宅第民居建筑。陈家民宅坐西朝东，为三合院式布局，砖木结构，硬山顶，建筑面积约 114 平方米，由门楼、照壁、正屋及厢房等组成。现仅存正屋一座，为一进式建筑，面阔三间 11.9 米，进深 6.7 米，呈抬梁式木构架，门额上有镇宅木，屋面为接檐形式，檐下彩绘花草和龙纹等图案，屋外砌假清水墙。正屋厅内设神龛一座。陈家民宅是崖城地区传统民居之一，反映清代民居建筑的风格特色。已被公布为三亚市保护历史建筑。

黎家宅 位于水南村内，清代宅第民居建筑。坐西朝东，砖木结构，抬梁式木架构，硬山顶，由门楼、小花池、照壁、正屋等组成。门楼宽 3 米，进深 4.1 米，近似阁楼式，上有 3 组花窗。照壁高 3.7 米，宽 5 米，起马头墙，中间以竖式柱隔成花窗。照壁前有一个小花池。正屋面阔三间 11.75 米，进深 7.5 米，屋面呈接檐形式。已被公布为三亚市保护历史建筑。

儒林第 位于大疍村内。清代民居建筑。坐西朝东，三合院，砖木结构，占地面积约 320 平方米，由门楼、照壁、正屋及厢房、侧室等组成。门楼面阔 2.1 米，高 3.5 米，硬山顶，门额上有楷书墨迹“儒林第”三个字。照壁高 2.5 米，宽 2.3 米。屋脊灰塑龙首祥云形纹。正屋面阔三间各 4 米，进深 4.8 米，分明间和两次间，五架抬梁式木构架，硬山顶，门当刻有篆书“福”和“寿”字，墙楣彩绘草龙纹、芭蕉、葵花、菊花及其他瓜果图案。厢房、侧室均为硬山顶。

儒林第为王氏移崖始祖儒学正堂王三太公的故居，儒林第是儒生的宅居，在清代传统民居建筑中较有代表性。

名人故居

何秉礼故居 何秉礼是清末拔贡，崖州著名乡贤。故居位于城东起元村，现存建筑为清初所建。坐南朝北，砖木结构，原由正堂、厢房、门楼、照壁、围墙等建筑组成。占地面积 436 平方米，其中南北长 20 米、东西宽 21.8 米。今存正堂、两寝、西厢房、

何秉礼故居 马任年 摄

厨仓、照壁等。正堂和两寝面阔三间，各宽 4.2 米，进深七檩 5.6 米，抬梁式木构架，穿枋垫磉。正堂与两寝间嵌以薄板。硬山顶坡屋面。厅前有廊檩，檐高 2.4 米，距墙 1.9 米。正堂灰筒板瓦顶，正脊塑折枝、祥云。东、西厢房皆面阔二间 6.9 米，进深五檩 3.2 米，高 3.6 米。前有廊檩，硬山墙。2006 年 10 月，被公布为三亚市文物保护单位。

林缵统故居 林缵统是清末举人，变法志士。故居位于拱北村。清代建筑，二进院落，坐北朝南。门楼正开，匾额书“贤书第”。一进有门楼、中堂、东厢、围墙，东厢对面立有功名旗杆（已拆）。穿过中厅是二进四合院落，有大厅堂、东厢、西厢，均为一厅两寝三开间。2006 年 10 月，被公布为三亚市文物保护单位。正在修缮。故居东面为林氏宗祠，后改为柏康小学，已拆存址，在建林缵统纪念馆。

林缵统故居（修缮中） 姜宗芝 摄

黎茂瑄故居 黎茂瑄是革命烈士。故居位于遵道二村内，始建于清代。坐北朝南，三合院式布局，砖木结构，硬山顶，占地面积 542 平方米，有门楼、照壁、正屋、厢房等。门楼原面阔 3.3 米，进深 4.8 米，今已不存。东厢房南侧墙上有双喜字，其两边原有对联，现已模糊不清。正屋面阔三间，进深九檩，抬梁木架结构。屋脊灰塑花枝祥云纹，墙楣上彩绘祥云、草龙、山水图案。东、西厢房面阔两间 6.7 米，前有廊，房内墙上彩绘花纹图案。已被公布为三亚市保护历史建筑。

学宫 书院 坊塔

崖城学宫 崖城学宫是古代中国最南的孔庙及官办学府。位于古城内中街，距离城墙南门文明门 41 米，以南山为拱向，坐北朝南。始建于北宋庆历年间（1041—1048），原址在城外东南隅（今崖城中学）。历宋、元、明、清多次重修、迁建和扩建，清道光三年（1823）迁至今址。同治十一年（1872）再次扩建，形成定制。

学宫原为儒学，明嘉靖年间（1522—1566）与文庙（即孔庙）合并，形成庙学合一、左学右庙的格局。左学有明伦堂、学斋、尊经阁等建筑。右庙即文庙（也称“圣庙”“孔庙”），是以南北为中轴线对称、封闭式的建筑群，三进院落。有大成殿、大成门、崇圣祠、东庑、西庑、谒台、泮池泮桥、棂星门、名宦祠、乡贤祠、忠义祠、节孝祠、礼门（东门）、义路（西门）、万仞宫墙和下马碑。今存孔庙部分占地面积 3745.98 平方米。

学宫孔庙建筑群是古崖州规模最大、等级最高、材料和工艺上乘的建筑。其中的大成殿居中居阳，是孔庙的核心建筑。

大成殿为重檐歇山顶建筑，屋顶八坡九脊。面阔五间 18.19 米，进深三间 9.53 米。18 根格木大金柱树立在 18 座俯莲花石柱础上，串联成七架抬梁式穿枋结构。殿外四周回廊，前廊进深 2.35 米，东西廊宽 1.63 米，后廊深 0.45 米。前后廊檐各置 4 根方柱。

崖城学宫　　韩铭新　摄

前廊穿枋上镶置精美木雕花。殿大门两侧设两大立窗，由压模花砖叠砌而成。与前后墙楣横排小花窗，为殿内自然采光通风之用。大成殿前设谒台，宽 15.2 米，进深 11.1 米，是举办重要祭祀活动拜谒的场地。

大成殿（2016 年）　　庞正广　摄

东庑、西庑分列谒台两边，两庑各面阔五间 18.3 米，进深 4.45 米，廊深 1.55 米。硬山屋顶，前坡面上中间三间各置两条半垂脊，其做法极为罕见。

大成门在大成殿正前，与大成殿、东西庑合围成二进四合院。大成门面阔五间 22.53 米，进深 7 米。硬山顶两边有风火山墙。明间开正门，左右梢间开侧门出入。大成门风火山墙外，左右分别设名宦祠、乡贤祠。现改为管理工作室。

泮池泮桥在大成门正前方，挖掘出原池重修。大成殿内院雨水通过地下暗沟排入泮池，再经泮池地漏暗沟排出宫外。

棂星门在泮桥前是四柱三间石牌坊，原址复建。中间石刻题匾为乾隆皇帝手书，仿曲阜孔庙复制。棂星门两侧原有忠义祠和节孝祠，复建时改为东西庑廊。

前面为照壁，四周筑红色万仞宫墙。左右出入宫门，东为“礼门”，西为“义路”。门外两旁各立下马碑一通，告示“文武官员至此下马”。

1989 年 9 月，崖城学宫被三亚市人民政府公布为第一批市级文物保护单位。1994 年，被海南省政府公布为第一批省级文物保护单位。2005—2006 年，重新修缮。2013 年 3 月，被国务院公布为第七批全国重点文物保护单位。

“崖城学宫”文物保护单位标志碑（2013 年）
陈行飞 摄

鳌山书院 位于城外东南角，今崖城中学内。是清代崖州的著名书院，原为文昌庙。清乾隆二十年（1755），知州宋锦改为珠崖书院，捐银两百两成立义学会，延聘教师，招生入学。乾隆二十九年（1764），州人周士义、林石嵛、黄朝璇、陈用劢等，捐银二千二百两重新修缮。余银用以补充义学会，作为师生膏火费。知州金绅立碑为记。有石碑两尊，已先后出土，正碑《重修义学捐置膏火碑记二十九年知州金绅山阴人》，《崖州志》有记；附碑 2019 年出土，记捐资人及数目。清道光八年（1828），州署袁斯熊捐银倡修。知州齐元发改名为鳌山书院。光绪三十三年（1907），合州捐资拓址，改造成为高等小学堂。1913 年，改建县立高等小学校。1926 年春，成立崖县国立初级中学。1949 年，更名为崖县中学，始招高中班。1951 年，更名为崖县第一中学。1955 年，高中部迁往三亚，原校址更名崖城中学。

三姓义学堂 起晨坊四甲尹、卢、林三姓族属捐建，为弟子儒童读书授业的社学。位于城东起元村（原起晨坊）。坐西向东。由门楼、中亭、厅堂、仓厨和围墙组合而成。硬山顶屋面，封闭式院落。占地面积 156.4 平方米。

门楼宽 3.9 米，进深 5.2 米，门楼前廊深 2.15 米。门楼至中亭 10 米，中间过道由青砖铺装。中亭面阔 4.4 米，进深 7.2 米。厅堂三间，正中为明间，面阔 4.4 米，进深 5.1 米，左右两次间分别阔 3.4 米，进深与明间相同。大厅前廊进深 1.7 米。厅堂内为五架抬梁式穿枋垫磉结构。厅堂右侧是后仓房前厨房布局，面阔 3.5 米，共进深 10.1 米。

门楼大门上方题匾额“三姓义学”，大门对联“义集同人上溯本源彰积累；学宗先哲永联枝派荐馨香”。中亭正梁朱底黑字，题写“大清光绪拾贰年岁次丙戌仲秋榖旦东厢四甲三姓会众鼎建”，均由起晨坊拔贡何秉礼题撰并书。

中亭右墙壁上书写诗文，左墙壁书写“十六字训”。左、右壁诗文上方各有一幅展开式画卷壁画，绘有“二斗会棋”“雁塔扬名”“春牛图”“雀鸿桥”“松间遇”“鹿鸣河边”“钓鱼图”等图画。装饰图案有寿字云龙、花枝蔓叶图案，颜色多用红、黄、蓝、黑四色。2006 年，被公布为第二批三亚市级文物保护单位。

少司徒世科坊 明代钟芳父子功德牌坊。位于崖城学宫与故城文明门之间的中轴线上，坐北向南。青灰色玄武岩石造牌坊。四柱三间，圆形莲花石柱础，四柱均设戗石条支撑。坊顶造硬山顶石屋坡面，明间高，两次间低，呈山字形对称。正脊雕刻旺火球，两边雕刻花枝蔓叶纹图案。牌坊三间面阔 13.73 米，进深 4.23 米，通高 7.5 米。明间上方置一块石匾，正面南向阴刻“少司徒”三个大字，每个字约 0.45 米 ×0.4 米，自右向

少司徒世科坊（2016 年） 陈行飞 摄

左横排，三大字右侧阴刻竖6行小字行文“嘉靖十五年四月之吉钦差提督两广军务兵部侍郎兼都察院左都御史潘旦钦差整饬兵备兼分巡海南道广东按察使副司使顾可久为”，左侧阴刻竖5行小字行文“正德戊辰进士翰林院编修浙江提督学政户部侍郎钟芳立大清道光二十九年又四月吉日崖州知州乙酉举人牟洪龄暨阖州士民重修”。

石匾背面（北向）阴刻两大个字“世科”。右侧阴刻6行小字“弘治辛酉亚元正德戊辰进士翰林院编修浙江提学副使广西右参政江西右布政使太常侍卿通议大夫户部右侍郎赠右都御史钟芳”。左侧阴刻5行小字“嘉靖乙酉举人己丑进士刑部主事福建福州知府钟允谦。嘉靖壬午科举人钟允直鼎力道光己酉崖州知州牟洪龄暨阖州士民重修”。

少司徒功德牌坊原于明嘉靖十五年（1536）四月建立在琼州府城马鞍街，毁于“文化大革命”时期。在崖州故里，明万历七年（1579），崖州知州张永昌在州署左为侍郎钟芳之子允谦、允直建立世科坊。清道光二十九年（1849）四月，知州牟洪龄同州人捐资合建。正面书“少司徒”，背书“世科”。1966年被毁。2006年孔庙修缮时，在崖城原址上复原。

迎旺塔 清代风水塔。位于城西小学西南30米，原广度寺左，建于清道光三十年（1850）至咸丰元年（1851）。坐西朝东，青砖砌成，七级八角式砖木结构，每层外壁均用青砖三级平叠挑檐。塔顶塑宝瓶塔刹。塔高15米，壁厚0.52米，首层正面开设一拱券门，二层正面开一券窗，各层分别开设4个小券窗、4个方花窗和9个小圆窗。塔内设置穿枋木楼板，有木楼梯登上。塔身已向南倾斜。一层拱门披灰匾额“南海第一楼”，题签上款“咸丰元年元月元日”，下款“南昌徐咏韶同州人捐建”。二层券窗上部扇形匾额题名“迎旺塔”三个字。左右两边题写对联“蜃气凌霄亹天象，龙光射斗篷剑晖”，上联签小款“道光三十年岁次庚戌”，下联题签落款“知崖州南昌徐咏韶”。

清光绪《崖州志》记载：“迎旺塔，在城西门外广度寺左，咸丰元年知州徐咏韶同州人捐建。”迎旺塔是三亚市唯一保存完整的古塔。1989年，被公布为第一批三亚市文物保护单位。2009年，被公布为第一批海南省文物保护单位。

迎旺塔（2016 年）

游必生　摄

祠庙会馆

裴晋公宗祠（盛德堂） 宗祠位于水南二村。原南宋昌化军守裴闻义故居，胡铨贬吉阳军题赠“盛德”及铭文，坊间俗称“盛德堂”。原址在距州城以东30里的南漏村，元初，五世祖裴豫（字时敏）迁居到水南村，后建裴氏宗祠，名为“裴晋公宗祠”。20世纪70年代，宗祠部分建筑被拆除。1990年1月，被公布为第一批三亚市文物保护单位。2009年，三亚市政府拨款进行复原及遗址保护。保护复原总用地面积3512平方米。其中，复原部分根据考古发掘报告、族谱及社会调查资料复建。由门楼、走廊、中亭、殿堂、耳房和围墙组成，占地面积262平方米。建筑为封闭对称式宗祠，坐东向西，砖木结构，硬山顶。正殿面阔三间11米，进深5.86米，屋高5.45米。两侧耳房。正殿前廊为卷棚顶，宽2米。中亭面阔4.1米，进深4.3米，两边书房3.1米×3.5米。正中卷棚顶走廊宽4.1米。正门楼面阔三间深4.34米，次间两配房各3.6米×3.5米。门楼通高5米。围墙开设两侧小门。

遗址保护部分占地面积250平方米。真迹尚存正殿明间、右次间和右耳房，少量建筑木构件，还有考古发掘的原建筑墙基。采用钢梁构架玻璃罩和护墙，对遗存加以保护，其余墙基覆土保护。遗址后复建盛德亭，扩建园林绿化，占地面积2933平方米。盛德堂今存“义田永照”碑一通，藏于崖城学宫碑廊。

门楼正门匾额书“裴晋公宗祠”，楹联“汉唐家相支分远，孔孟词章讨论长”。

正殿厅堂内中间悬挂胡铨题字刻匾“盛德堂”，又铭“猗欤休耶，偺守裴公。震风凌雨，大厦帡幪。迁客所庐，丞相赵公。后来云谁，庐陵胡铨。三宿衔恩，矧此八年”。落款“绍兴丙子夏五月宋兵部侍郎胡铨”。匾牌两侧木刻对联“珠崖新色象，闻喜旧衣冠”。

盛德堂木匾应为后世族人所刻，毁于“文化大革命”时期。正殿明间抱柱联“史记

盛德堂遗址（2009 年） 梁少波 摄

威名震四夷源流有自，堂颜盛德垂千古继述无疆”。正殿次间山墙正中相向对联“世代衣冠一派儒流源有自，门庭诗礼千年道学永相承”。正殿次间左后壁联“午桥别业源流在，绿野家声绍述长”。次间右后壁联“雪柬元功三略妙，午桥余荫百年芳”。盛德堂对联均为各代拜谒官员名人吟咏题赠。

南宋丞相赵鼎遭贬吉阳军，谪居裴宅 3 年，悲壮绝食辞世。枢密院编修胡铨贬至吉阳，亦居此 8 年。元代谪宦王仕熙等历代名人先后拜谒盛德堂，留下了几十首诗词、楹联，志书和裴氏族谱多有记载。

孙氏宗祠 宗祠位于梅东村梅东小学旁。清代宗族祠堂，孙氏族人捐建。1920 年重修。新中国成立后，建梅东小学，部分建筑拆改。现存正殿，配房及中亭。2006 年，被公布为第二批三亚市文物保护单位。2010 年，遗存部分已得到修缮。2015 年 11 月，被公布为海南省文物保护单位。

祠堂坐北朝南，占地面积 985 平方米。正殿面阔三间 11.65 米，进深 6.3 米，五架台梁式木结构，硬山顶，风火山墙，两侧配房已改为小学教室。正殿大梁朱底墨楷，题

修缮后的孙氏宗祠（2012 年）　　孙世庆　摄

“时中华民国玖年庚申甲申月庚申日甲申时重建”。殿堂前大门上均阴刻青修竹，大门楣额阴刻篆书“食德服畴”四个大字。殿前正中建中亭，为重檐歇山顶，俗称“八角亭”。滴水与瓦当原来用绿色琉璃瓦剪边。中亭内四柱穿枋垫磉，五架抬梁式结构。穿枋处镶精美花卉木刻。中亭面阔三间，明间阔 3.9 米，次间分别阔 2.9 米，进深三间 9.85 米，高 6.4 米。中亭前后无门，内壁着淡黄色，梁眉彩绘卷叶、石榴、仙桃、椒花等吉祥图画，蓝、黄、黑三色。四壁配诗水墨彩画 8 幅，有三筛、山水、荷花、鹤、雄鸡、松柏、瑞凤富花、鹤归来，有《城外山水轻舟图》《鹰牛松柏图》。

中亭东壁、西壁、东北壁、西北壁上，分别以“持躬”“接物”“学问”“存养”为题，引用儒家经典，教育子孙后代要注重品德修养、勤学知行。

另有壁画“漫山瑞凤来仪处，漫眼天香富贵花”“失道久芳即自责，数头闰闲当归来”等。

龙王庙　龙王庙位于保港港西海滨，始建于清顺治年间（1644—1611）。村民乡邻常来进香纳福，祈盼风调雨顺。凡到崖城从事贸易和捕鱼作业人等都到龙王庙祈福拜谒。

龙王庙主祀五龙大王木雕神像，顺治八年（1651）造，高 0.55 米，面阔 0.85 米，

龙王庙（2018 年） 陈行飞 摄

同时，造有铭牌吊案一架。清康熙六十年（1721），当地村民陈耀邦、林宗拓、王恒耀等16人铸赠一口铁钟，高0.6米，钟口沿周长0.14米，至今仍保存在庙中。庙坐东向西，一进庭院式布局，由殿堂、门楼、围墙合成。大殿面阔三间，有前廊。明间为五龙大王殿，两次间为关帝堂和三仙宫。每年农历四月初八，龙王庙举行庙会。初九，“龙公”出游，出游场面锣鼓喧天，鞭炮齐鸣，热闹非凡。五月初五端午节龙舟会，红、黄、绿、黑、白五龙舟竞赛，为崖州一大盛会。

德福祠 福德祠位于拱北村内，属清代祠堂建筑。福德祠原名土地庙，始建于清道光年间（1821—1850），后于清光绪十年（1884）十一月二十三重修。祠堂坐西向东，砖木结构，硬山顶，宽4.22米，进深6.84米。门额上刻“福德祠”三个大字，门两侧有一副对联，上联为“镇基重修福泽万代”，下联为“乡土著衍德耀千秋”。祠堂内额的匾上篆书题写“安民荫福”四个字，且供奉有一尊神像。

神山古庙 古庙位于城西村内，属清代庙宇建筑。庙宇坐北向南，正殿为一进格局，面阔三间9.3米，进深7.8米，砖木结构，抬梁式木架构，硬山顶。庙门额上有“神山古庙”木匾。门两侧各有对联，上联为“堂构重光添秀色”，下联为“庙修再丽显英灵”。殿内设一个神台，高 1.33 米，宽 2.25 米。

崖县农民协会旧址（四邑会馆） 位于东门街内。始建于清同治八年（1869），由广东到崖县经商的四县商人合建。会馆坐南朝北，呈两进式建筑布局，砖木结构，七架抬梁式木构架，歇山顶，占地面积 1191 平方米。一进客堂面阔三间 17.9 米，进深 8.53 米。二进大厅面阔三间 12.3 米，进深 22.19 米。1926 年春，在中共崖县东南支部的领导下，崖县农民协会在四邑会馆成立，组织民众开展反苛捐杂税和减租减息斗争。馆内曾立有“兴建四邑会馆列花名碑”一通，现存于崖城学宫。

古桥池窑

官沟与广济桥 明代州守林资深修筑的河渠，俗称官沟。位于崖州城东南 1000 米，原崖城糖厂东南侧官沟南沟官道上。明嘉靖四十三年（1564），崖州太守林资深开浚河

官沟与广济桥 马任年 摄

渠，引宁远河水灌田，改善民生。官沟分南北段，南沟流经水南村，长 4781 米，宽和深均约 10 米，沟面建广济桥。有明“崖守林侯兴沟安黎碑”一通，存于学宫。广济桥系明代崖州古桥。始建于明景泰年间（1450—1456），原为木桥。清康熙八年（1669），僧人性俊募款捐修单孔砖石桥。驻崖城、感恩城游击（武官名）张德远，崖州知州张擢士立碑记，碑佚文存。广济桥作为崖城遗存的古桥，1989 年 9 月，被公布为三亚市文物保护单位。2009 年，被公布为第二批海南省文物保护单位。2016 年，广济桥重新修缮，仍具备步行的功能。

五孔砖桥　位于崖州故城北护城河上，建桥年代不详。南北走向，长约 40 米，宽 1.2 米。设 5 个拱孔，桥面铺装及栏杆已无存。因不设北城门，五孔砖桥就成为经小门进出城内外的通道。

万代桥　宁远河上首座钢筋水泥桥，俗称“万代桥”。位于崖城大桥以东 300 米的宁远河上，南北走向。1942 年，日本侵略军强迫崖县劳工兴建。万代桥有桥墩 14 个，间距 11 米，高约 7 米，墩底厚 1.4 米，墩围 12 米。桥面宽 6 米，两侧栏杆高 0.9 米，全长 145 米。北端加建木构架附桥联通北岸进城。1943 年，附桥被洪水冲毁，只剩水泥桥。20 世纪 70 年代，万代桥被炸掉 11 节桥面。1990 年 1 月，被公布为第一批三亚市文物保护单位。2010 年，政府拨款修缮万代桥；同时，加建联通南北两岸的附桥，使之成为具有步行和改善河道景观功能。

既济亭热水池　明代温泉池，古崖州八景之一。位于城北约 2 千米热水塘小山丘南面。热水池温泉民间称“热水塘”。有一方一圆两座，圆者常年水沸烫，向上冒气泡，方者半冷半暖。明正德年间（1506—1521），用砖石砌池。清光绪十五年（1889），知州唐镜沅与州人重修，坐北朝南。在同一南北轴线上，建 3 个水池。上池呈半圆形，为沸水烫池。北面设池门五级阶步。烫池北边宽 355 厘米。烫池南边为弧形，池深 92 厘米。池底左直边旁，有一个出水口，常年冒热水。池底右弧边旁有一半径的排水地漏孔。池底中间排列 3 行小圆孔，常年冒水如漱。沿轴向南砌有一个长方形池。

方池南、西边上方各有排水孔。池水半冷半热，可洗可浴。再往南又有一个长方形池，冷热次之。三池右侧砌有一排水渠。再往右侧，南北纵向有一个冷水方池。热水池上方约 10 米居中建有一亭，题名“既济亭”，楹联“风浴春怀贤士撰，咏觞情叙永和年”，何秉礼题并书。亭内左壁知州唐镜沅题诗八首，右壁拔贡何秉礼题壁和韵八首。既济亭上方中轴对称建庙，祭祀热水神像（俗称“热水公”）。既济亭热水池取义《易经》第六十三卦，“既济水火，既济，坎上离下”“坎为水，离为火”“水在火上既济”“凡井之汤、泉之温者，谓之水火既济”。

重修热水池并建既济亭始于清光绪十四年（1888）岁末，成于光绪十五年（1889）春暮，历时3个多月。工程规划设计由拔贡何秉礼主持，州同尹如鹏监修，唐镜澧（唐知州之弟）负责账目管理等。竣工，呈请知州唐镜沅作记勒石，名《既济亭热水池碑记》。2005年，石碑在原址排水沟出土，落款“诰授奉政大夫赏戴花翎制科征用孝廉方正庚午科副元尽先补用知州权崖州事桂林唐镜沅撰敕授修职郎尽先教谕癸酉科选拔州人何秉礼书并篆额大清光绪十五年（1889）岁次己丑春三月下浣穀旦”。

既济亭热水池是海南省最早开发利用天然温泉资源的景点，至今地下温泉仍经年不竭。既济亭热水池2006年被公布为三亚市文物保护单位。2015年11月，被公布为海南省文物保护单位。

既济亭热水池（2015年） 陈行飞 摄

高山窑址 窑址位于崖州区政府东北约 100 米。窑址坐南朝北，周长 84 米，高 2.3 米，马蹄窑形状。窑址四周散布陶片，陶片火候较高，个别带酱褐色釉。采集主要器物口沿，有圆唇、卷唇、折唇、直口、平口等；耳，多见手掐弧状或半圆形。器形以钵、罐、盆、瓮、坛为主；平底，矮圈足。从北侧一处较倾斜的坡地剖面，文化层厚度 1 米以上。窑址四周种植果树。

该窑址整体较为完整，早年已停止烧制。四周地表散落各种器形的残片，文化层十分丰富。该窑址是三亚目前保存较为完整的民间窑址，窑膛未受破坏。2006 年 10 月，被公布为市级文物保护单位。2015 年 11 月，被公布为海南省文物保护单位。

墓葬陵园

八人轿坡伊斯兰教徒古墓场遗址 遗址位于梅东村南面海滨八人轿坡，全国第二次文物普查时被发现。该墓群东西长 1000 米，南北宽 500 米。1983 年 12 月 20 日，在八人轿海坡采集到海珊瑚石墓碑一块，高 0.61 米，宽 0.58 米，厚 0.13 米。碑正面阳刻明月、神鸟和古阿拉伯文，碑文汉译为“万物非主，唯有真主穆罕默德是真主的使者”。

梅山八人轿坡伊斯兰教徒墓碑（1983 年）
何擘国 摄

八人轿坡伊斯兰教徒古墓场遗址（2018 年） 阿良 摄

与三亚沿海发现的珊瑚墓碑的石材、形制、雕刻大致相同。

清光绪《崖州志》记载：回教人宋元间“因乱挈家泛舟而来，散居大疍港、酸梅铺（梅东村）海岸”。整个古墓地自然风貌完整，保护区内未受建筑及挖掘活动的破坏。1990 年 1 月，被公布为三亚市文物保护单位。

历史人物墓

裴崇礼墓 位于大疍村东约 1500 米处，属明代墓葬。墓向西南，占地面积 140 平方米。墓丘为砖砌，墓前立一块石碑，顶呈圭首，高 1.36 米，宽 0.48 米，上刻“文林郎庸庵裴公碑”，明成化十九年（1483）立。

钟彭氏墓 位于崖城坡田洋面北面山坡赤草郎吉村外杧果园内，属明代墓葬。墓坐东北向西南热水塘岭，呈长方形，砖砌墓冢。长 3 米，宽 1.2 米，高 0.8 米，墓前立一通碑碣，呈梯形。碑高 1.66 米，上宽 0.8 米，下宽 0.63 米，厚 0.11 米，碑碣左右及碑首饰阳刻蔓叶纹。碑碣正中阴刻楷书“明诰赠宜人累赠淑彭氏之墓”，上款题刻“嘉靖丙申仲春之吉”，下款题刻“孝子侍郎钟芳立”。钟芳致仕返琼，居琼州府城。明嘉靖十五年（1536）二月，特返崖州故里，重修生母彭氏坟墓。

王信卿墓 位于大疍村东南 4 米处，位于近水尾田较高的坡丘上，属明代墓葬。建于明万历九年（1581），坐南向北，占地面积 80 平方米。墓冢平面呈长方形，用青砖砌筑。墓前原立有一通石碑。1987 年，墓主后裔又重立一通墓碑，上刻墓主姓名及其生平。王信卿是明代崖州水南村人，岁贡生，曾任桂林通判，祀崖城学宫忠孝祠。

孙宗哲墓 位于梅东村西 130 米处，建于清道光六年（1826）。坐北朝南，占地面积 60 平方米，由祭台、墓冢、石碑和后堂等组成。墓冢呈圆丘形封土，墓前立碑 5 通。1986 年重修。孙宗哲是梅山孙姓迁琼始祖孙德秀的孙辈。

驸马坟 位于赤草村西北，牛落水库坝西南坡下。墓葬坐西向东，占地面积 171 平方米，由墓围（罗堂）、墓冢、墓碑、门洞式牌坊等组成。该墓为清咸丰八年（1858）八月重修，立“宋代迁崖开宗始祖五福驸马陈老二太公坟”碑一通，落款为“大清咸丰八年岁次戊午八月”，由“众后裔子孙修立”。今驸马坟已重修。族谱称为南宋驸马陈福仔（号梦龙）之墓，福仔公随南宋末代皇帝漂泊海上而落籍吉阳，成为迁崖始祖。

何秉礼墓 位于崖城落窗村东 100 米处的山丘上。坐南朝北，占地面积 200 多平方米，由望柱、牌楼、墓冢、石碑、石五供和前庭等组成。墓丘砖砌，呈圆形。墓前庭两侧立一对石望柱。墓前有 5 通石碑，墓碑牌楼题额“学海儒林”。正中主碑上阴刻楷书“皇清敕授修职郎尽先教谕、拔贡生、乡谥文正、显考何三太公之墓”。碑额上阴刻祥云托日图案。碑上刻墓主生平事迹。清光绪二十一年（1895）立。另有4通石碑分列两边，刻有福建候补道吉大文、知州陈嵩申、学正冯毓熊所撰墓志铭及学子乡宾143人名单。

林缵统（夫妇）墓 位于郎吉村南约1000米处，属近代名人墓。该墓坐北朝南，原墓前有牌楼、石望柱、墓碑、石五供等，后遭破坏，许多石构件已无存，现仅存墓碑一通。石碑正文楷书阴刻“中华民国显考妣清举人敕选知县乡谥文干、慈淑林二公婆墓”。碑文记述林缵统师从康有为参加“公车上书”及被罢入狱等事，落款为“前清崖州直隶州劝学所总董兼县视学优廪生、民国崖县议会副会长、崖县公署科科长、侍教弟黎炳桂敬撰”“世侄孙黄润婉敬书，继孙开泰，曾孙茂辉、茂松、茂文立”。

郑绍材墓 原位于大疍村东南约1000米的大坡园乌石坡。1922年修建，坐东朝西，由石碑、墓室、石祭台、石香炉等组成。墓前立碑一通，正中楷书阴刻“前崖县知事清举人举孝廉方正乡谥文正郑太公之墓”。碑文主要记述郑绍材的生平事迹及刊行《崖州志》的功绩。该墓已迁至保平公墓。

革命烈士墓

麦宏恩烈士墓 位于崖城镇沙埋村北。烈士墓冢呈圆丘形封土，墓前立一通石碑，正文楷书阴刻“广东省立琼崖中学国民大学毕业生麦大公之坟”，旁阴刻“公讳宏恩，字□佩，启哲公之长男也。为品学兼优，德性温良。生于一九零零年六月初七日子时，卒于一九二八年六月三日申时，葬在山埋坐子向午以垂不朽。胞弟宏辉，堂弟宏旺，胞妹福姬、爱姬敬立”。

陈英才烈士墓 原位于崖城镇独村附近，1996年迁至坡田洋东北面、农场南雅24连山岗上，为夫妇合葬墓。坟堂前牌楼高2.8米，墓碑高2.2米，宽0.8米。碑志由崖县教育局原副局长周振东撰写。牌楼对联为“烈士功勋永垂青史，革命浩气可壮名山”，横批为“永垂青史”。

何绍尧烈士墓 位于崖城镇沙埋村北200米处，烈士墓坐北朝南，由牌楼、墓碑、墓冢、围墙等组成。碑楼呈四柱三门冲天式，墓碑立在牌楼中间，碑上竖刻“烈士何绍尧暨妻张氏之坟”。碑文记述烈士生平，旁署“崖县人民委员会谨识。一九六四年四月二十七日立”。碑首额上刻“浩气长存”四个字，碑左右两侧柱上阴刻一副对联。何绍尧墓冢平面呈长方形，砖砌筑。

黎茂瑄烈士墓 原葬于梅东村后山，后迁回南滨农场红泥塘村东山坡上，坐东向西。墓碑题“黎茂瑄烈士之墓”，志文为“黎茂瑄同志崖县崖城公社崖城大队遵二村人，一九二四年在广州参加中国共产党。一九二六年派回海南任中共崖县县委负责人兼宣传部长。一九四二年在梅东地区开辟革命根据地时被日敌军包围，在突围中光荣牺牲。男黎秀麟、孙黎勇、黎杰、黎伟。一九七八年二月五日立”。右侧同葬大哥黎茂荣、三弟黎茂洪。

孙维青烈士墓 位于梅东村西边园牛头岭南坡，距海榆西线公路200米，坐北向南。坟茔原无碑，1997年10月修墓时，由孙惠公撰碑文。孙维青1936年加入中国共产党，1940年6月任中共崖一区委书记，1941年任中共崖县县委组织部部长。1943年，孙维青牺牲。

烈士陵园

崖城革命烈士纪念园 位于崖城镇崖州大道西侧自来水厂旁。1967年，为纪念崖城地区在第一次国内革命战争、抗日战争、解放战争中牺牲的革命烈士而建纪念碑。2006年迁建纪念园。园区占地面积约2000平方米，是一座集纪念、瞻仰、园林和爱国主义教育于一体的综合性烈士纪念园。纪念园整体由大门、围墙、纪念台、纪念柱组成。纪念台和纪念柱为大理石雕刻，纪念柱前为书形对开式，左边刻录37名英烈姓名，右边为“崖城革命烈士碑志”。纪念碑呈圆柱形直立，上有人物浮雕。1990年1月，被公布为三亚市文物保护单位。

保平革命烈士纪念碑 位于崖城镇保平村内，属近现代烈士纪念设施。为缅怀保港地区在抗日战争、解放战争中牺牲的53名革命烈士，三亚市人民政府于1996年在保平村北郊建设这座纪念碑。纪念碑为混凝土结构，碑身呈长方柱形，高8.85米，上刻“革命烈士永垂不朽”8个字。基座四周有革命烈士事迹简介。

梅山老区烈士陵园 位于崖城镇西线225国道12千米处左侧一座山坡上。陵园内建有八角亭、烈士公墓、纪念碑。陵园为钢筋混凝土结构，面向北。占地面积约3万平方米。陵园葬有梅山地区在抗日战争、解放战争中牺牲的部分烈士遗骸。正门楷书“梅山老区烈士陵园”。纪念碑方柱形，高7米，上刻“革命烈士永垂不朽”。烈士公墓周围设栏杆，纪念碑整体保存完整。2009年，经三亚市人民政府批准，陵园扩建重修，建亭勒石《梅山老区烈士陵园碑志》一方。碑文概述老区人民在共产党领导下，长期坚持武装斗争，英勇顽强为国捐躯的事迹。梅山老区烈士陵园经过重修，纪念碑建筑和周围环境焕然一新，成为红色文化教育基地。1990年1月，被公布为三亚市文物保护单位。

石刻碑刻

大小洞天摩崖石刻 大小洞天摩崖石刻位于崖城大小洞天风景区海滨。主要有：南宋淳熙十三年（1186）吉阳郡守周鄘作洞天摩崖《石船记》，淳祐七年（1247）郡守毛奎楷书阴刻横书“小洞天”，小洞天岩石西壁刻“钓台”，山坳石室阴刻毛奎楷书“海山奇观”及“大小洞天记”，石室左石磴刻“仙梯”，左壁题大小洞天诗和王渚和韵诗，以及题词叙记。1989 年 9 月，被公布为三亚市文物保护单位。2009 年 5 月，被公布为省级文物保护单位。

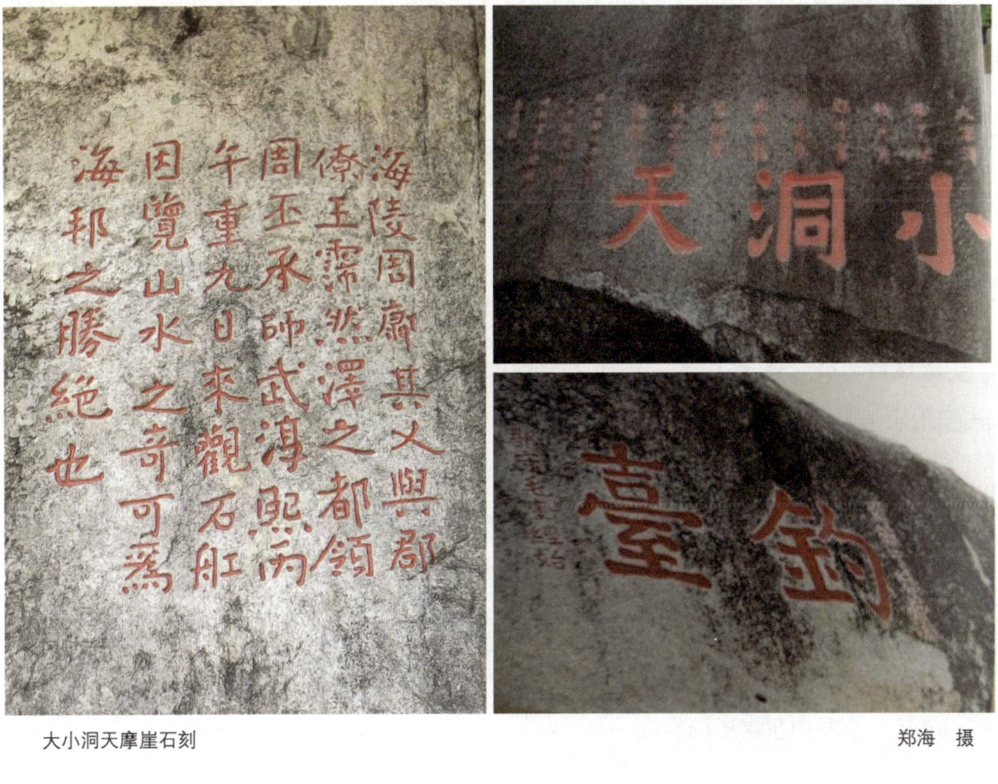

大小洞天摩崖石刻 郑海 摄

碑刻石匾

兴沟安黎碑　现存于崖城学宫，属明代碑刻。碑为青石质，高 1.2 米，宽 0.96 米，厚 0.21 米。碑额篆书阴刻“崖守林侯兴沟安黎碑记”，碑文楷书阴刻 1600 余字。明嘉靖四十三年（1564），南京户部员外郎、万安州人胡文路撰写碑文，记载明代崖州知州林资深开浚河渠、引宁远河南北水灌田及安抚黎族等事略。清光绪《崖州志》收录碑文。

起晨坊捐题迁建学宫姓名碑　清道光六年（1826）立，碑藏于城内仓后街杨氏宅院。2018 年 10 月捐献，藏于学宫。碑首题名“起晨坊捐题迁建学宫姓名碑”，碑记起晨坊该次捐资姓名及款数。落款为“道光六年岁次丙戌仲秋月吉旦”。清道光三年（1823），学宫自城外东南迁建于城内参将署旧址。

义田永照碑　原存于水南裴氏宗祠，1985 年文物普查时收藏于学宫。碑题为“义田永照”四个字，文示“明代水南村裴氏九世祖裴盛，所置冲育里撵车鱼塘两处田，收租以育才之用。日后子孙不得典佃谋占。至清道光年为管理义田，族人禀请州衙署明示，知州高凌汉给准永照，道光二十一年（1841）合族立碑告示，永远遵照”。

秦氏田产捐碑　捐碑收藏于崖城学宫，青灰色火山岩石碑，碑首连两边置阳刻缠叶纹。碑文阴刻“道光二十五年（1845）岁次乙巳季冬月朔十日。起晨坊监生秦有柏暨男大中、大成，长孙德庆。见学宫香灯常住会，新起生息无几。诚心敬送粮田三项，土名坐落蜡田、只样、坟山三处并荒山一带，共计种五十称，载额米七斗，荒米六斗。立在正五都四甲内输纳，永为香灯之需。勒石谨志，以垂不朽。特为记（签刻两方印）”。

钟公牌坊捐碑　1987 年 5 月 26 日在学宫东小学校内发现，现藏于学宫碑廊。碑高 1.83 米，清道光二十九年（1849）五月立，记道光二十九年（1849）修建少司徒世科牌坊时，各商会、庙会、学会、厢坊人等捐资姓名及款项。

新建四邑会馆流芳名碑　清同治八年（1869）立，碑藏于学宫碑廊。青灰砚石碑，记修建四邑会馆捐资姓名及数目。

大修学宫新造文明楼各图捐碑　灰黑色火山岩石碑，高 1.57 米，藏于学宫碑廊。碑题记“同治十一年岁次壬申八月廿八日丑时，大修学宫并建忠义、节孝祠，新造文明楼，名图捐碑”。文述该次大修时，遵道坊城内和西关外、日昇坊、东厢村等捐钱姓名及款项。清同治十一年（1872），崖州绅耆吉大文、林祥士、孟儒定、何秉礼、韦庆冕、卢景哲等倡捐重修。移尊经阁于文明楼上，旧址改建崇圣祠，名宦、乡贤祠在大成门左右，忠义、节孝祠在棂星门左右。

重修学宫碑 现立于崖城学宫大成门前东侧。碑高 1.5 米。1987 年 5 月 26 日，在学宫崇圣祠后出土。清光绪元年（1875），举人吉大文撰文并书，记述清同治十一年（1872）至光绪元年（1875）大修学宫之事。

钟芳故里碑 明代崖州进士钟芳故里碑，原立于古道还金寮旁，民国开公路（今崖州大道北端西侧）移在大路旁。1984 年，第二次全国文物普查时收回孔庙保存。钟芳故里碑为青灰火山石，碑高 1.96 米，石碑正中阴刻竖排楷书大字“明少司徒钟筠溪先生故里”，落款上款“先生为岭海巨儒里居不可不传谨泐石以志向往并使后起者知观感焉”，下款“光绪十五年（1889）岁次己丑孟夏月穀旦权崖州事桂林唐镜沅偕绅士敬立”。拔贡何秉礼四子何运楷书丹。

官谕碑 藏于学宫碑廊，碑高 1.65 米，清光绪十六年（1890）正月初五立于还金寮旁。知州唐镜沅为“表彰前贤，兴隆学校风化事”而创建“钟公还金寮”。为保护名胜，诸乡绅禀官树碑通告，“以此示谕：诸神知悉，此拖车由旁，开新路来往，不准直走寮中，以防破损”“永存胜迹”“以示久远”。文末签署“拔贡何秉礼，附贡林德寿，廪生卢玉墀、赵以濂、何维森等奉立”。

“鼎建钟公还金寮序”碑 原立于崖城镇水南村村口东面。碑文记述明代钟芳父亲钟明曾在路边搭寮开茶水店，拾银三百两不昧一事。清人为表彰先贤、教化后人，建“还金寮”并立碑。今寮毁碑存。碑圆首，高 1.65 米，宽 0.82 米，厚 0.1 米。碑额篆书“鼎建钟公还金寮序”，碑文楷书阴刻，共 21 行 1050 字。清光绪十六年（1890），崖州知州唐镜沅撰文，拔贡何秉礼书丹。碑刻整体完整，碑面略有破损。今被保存在崖城学宫内。1990 年 1 月，被公布为市级文物保护单位。

“鼎建钟公还金寮序”碑拓片　　三亚市博物馆　提供

广府义冢碑　现收藏于崖城孔庙，花岗岩石碑，出土于甘蔗育种场南边山地，已断为两截，收藏于学宫碑廊。碑高 2.44 米，碑面正中阴刻楷书四个大字“广府义冢”，落款阴刻上款“光绪贰拾壹年岁在乙未孟冬月吉旦”，下款“坐甲兼卯广府合邑官士商民同立”。义冢为公葬墓地，明清以后，广州、东莞、顺德、南海、新会等地到崖城的官士、商人殁后由落籍崖州的广府邑人公葬，其墓地称为“广府义冢”。

过渡免钱碑　立于拱北村福德祠旁，20 世纪 70 年代拱北村民在宁远河东河段、铁路桥南西岸坡地上发现，并移至今址竖立。石碑为青灰色火山岩，碑高 1.13 米，正中阴刻楷书“过渡免钱”四个大字，上款为“光绪十八年季秋月吉旦”，下款“东河渡船会众立”。

奉官示禁碑　碑高 1.32 米，现收藏于城内牌坊街吴氏家。清光绪二十九年（1903）五月初七，崖州知州王亘勒石明示：崖州东海上玳瑁洲渔户收租，“永为学宫经费，不准外人争夺”“毋论何地何人，不得任意争占。永归学宫会内经管收租，招垦种植”。该碑原立于学宫内。

慈禧“寿”字碑　碑高 2.76 米，宽 1.08 米，厚 0.3 米，碑座宽 1.1 米。花岗岩石碑，原立于城内崖州署衙门前同善堂御书亭内。碑首正中刻玉玺篆书方印文“慈禧皇太后御笔之宝”。碑文分上下两部分，上部正中阴刻大字草书“寿”字，上款题写“光绪二十

过渡免钱碑　何擎国　摄

慈禧“寿”字碑

年九月二十六日慈禧端祐康颐昭豫庄诚寿恭钦献崇熙皇太后六旬万寿御笔”，下款“赐臣王亘”。碑下部题刻“亘世居湘楚，粗娴绘事。光绪甲午，恭逢皇太后万寿，亘充内廷差遣。蒙皇上谬爱亘技，命代绘寿屏进祝。亘复恭绘画幅、册页、纨扇进呈。均蒙皇太后皇上嘉许赏收。御赐用宝‘寿’字、金绣蟒衣，并如意、袍褂、图章、笔墨等件。辛丑冬，奉摄崖州篆务。敬镌寿字于石以志。天恩之难忘云耳”。

1984 年文物普查时，移于孔庙西的关岳庙遗址内，并建亭竖立。1996 年，三亚市旅游部门搬移至大小洞天景区，以作“寿”比“南山”景点。1990 年 1 月，被公布为三亚市文物保护单位。

崖县公署碑 碑高 1.6 米，在崖城、藤桥两地发现同文两碑，分别收藏于崖城学宫和海棠湾区政府。由崖县知事郑绍材于 1918 年立，明示革积弊、除陋规、减税项、反贪腐，提倡革新图治，促进发展。

文明门石匾 20 世纪 70 年代修城台时出土，石匾宽 1.71 米，高 0.52 米，厚 0.9 米。青灰色火山岩。匾额正中阴刻横写行书“文明门”三个大字。两边落款，上款为“道光二十一年岁次辛丑仲夏月中浣”，下款为“合州官士兵民鼎建”。1993 年和 2016 年两次城门修缮后，均嵌放为城台拱门匾额。

节孝石匾 石匾为青灰色海南火山岩石材，宽 1.22 米，高 0.45 米。2010 年古城街道修缮，清理城内牌坊街路基时出土，收藏于黎氏人家。2017 年 6 月 22 日捐献给政府，现藏于学宫碑廊。石匾中央阴刻“节孝”二字，上方正中阴刻“旨”字，两侧有题词。石匾为光绪三十一年（1905）崖州知州唐镜沅、卢芳林为水南村慕容奋的妻子黎氏立。

木刻匾联　遗址古迹

木刻匾联

国学木匾 为梅东村孙文谦后人收藏，长 1.7 米，宽 0.6 米。正中题字“国学”二字，横写，两侧题款，上款为“钦命广东等处承宣布政史司布使记录三十九次右柱为”，下款为“乾隆十七年恩拔国子监太学生孙文谦立”。朱地金书，匾中“国学”阳刻楷书，两侧题款阴刻竖写宋体。边框阳雕曲线文。

恩进士木匾 为港门村王秀霖家藏，长 1.78 米，宽 0.82 米。匾额中间横写“进士”二字，中间上额写“恩”字。两侧上、下题款分别为“钦命广东等处承宣布政使司布政使记录四次姚成烈为”“乾隆四十一年恩拔国子监太学生王开周立”。

明经首选木匾 匾额悬挂在港门村林竹龙祖屋厅堂神龛之上方。朱底金字。木匾长 2.1 米，宽 0.56 米。中间题字“明经首选”，行书，两侧有题款，为鳌山书院港门贡生林景岳于道光二十二年（1842）题。

耆英祝寿匾 为梅东村孙令芬家藏祝寿匾，清道光年间（1821—1850）探花张岳崧（定安县人）为梅东村孙世伯八十大寿题写的祝寿词“香社耆英”。题首“衍五孙世伯八旬大寿”，落款“赐进士探花及第翰林院编修愚侄张岳崧题并书”，题字均阳刻在木匾上，题首前刻一方印，内为阴刻篆书“张”字。落款后刻两方印，阴刻篆书为“岳崧”，阳刻篆书为“之印”。

阃范遐龄寿匾 水南白蜡根村黎氏家藏。祝寿木匾题刻“阃范遐龄”四个大字，每字阴刻勾边。上款题字“恭祝例授八品孺人黎老太君八帙荣寿”；下款“乡眷赵炳蔚、陈文炳、林祥士、谢德馨、卢景哲、孙元度、何秉礼、郑子麟、何焕、慕容瑞、黎之俊、黎拔卿……（等 114 人）同拜”。签章两方，木匾红底金字，无饰花边。

功德颂匾 城内牌坊街吴氏家藏木匾。上款“恭颂仁侯吴大老爷军政”，中间题刻颂词八个大字“勋隆都阃，威镇黎岐”，下款“崖营水陆官兵同敬”，字阴刻。清咸丰年间（1851—1861），牌坊街吴会麟曾任五品武官都司一职，有功，此为崖州军营官兵敬献的功德匾。

崖州衙门对联木刻板 对联木刻板藏于城内崖城村陈氏水棚上。2006 年，整理水棚物件时发现有刻字，取出即看到木板有阴刻对联。木板共 3 块，一副半对联阴刻木板，为崖州直隶州最后一位知州范云梯题刻的衙门对联。一副上下联完整，另一副只有下联。

第一块对联木刻板“有如此锦绣江山恰称天南极地”；第二块对联木刻板“看将来文明气象居然海上雄州”。两块木刻板通高 2.42 米，宽 0.28 米。落款题字上款“宣统二年秋月”，下款“权崖州直隶州事永安范云梯题并书（阳文签印两枚）”。

第三块对联木刻板（下联）“酷贪两不敢可将心事质神明”，缺上联。木板通高 2.22 米，宽 0.28 米。对联木刻板现收藏于天涯海角风景区史馆。

遗址古迹 在各个历史时期，崖城镇域内有诸多文物古迹或湮没或留存，根据调查资料分类列表记录。

崖城镇遗址古迹一览表

表 3

类别	名称	位置	年代	备注
新石器时代遗址	大茅村遗址	宁远河右岸北大茅村东面	新石器中晚期距今约 4000 年	1957 年 7 月 21 日采集到双肩石斧 1 件、夹砂粗陶片 29 件
	河头村遗址	宁远河东岸（左）村头村（今白河村）	新石器中晚期距今约 4000 年	1957 年 7 月 21 日采集到石锛石斧 5 件、矛 1 件、砺石器 1 件、大型石斧 1 件、陶网坠 2 件、夹砂粗陶片 24 件等
	卡巴岭遗址	宁远河大隆水库南岸卡巴山岗上	新石器中晚期距今约 4000 年	1957 年 7 月 22 日采集到磨制石器 3 件、粗陶及方格纹红陶 7 片
	沟口遗址	宁远河东岸（左）沟口村小山丘	新石器中晚期距今约 4000 年	1957 年 7 月 22 日采集到石锛 2 件、石斧 3 件、残石器 2 件、粗陶片 1 件
	高村遗址	宁远河左岸高村二村园地与立村二村相连	新石器中晚期距今约 4000 年	1957 年 7 月 22 日采集到有肩石斧 1 件、石锛 1 件、夹砂粗陶片 11 件
	大弄村遗址（大隆）	今大隆水库北岸边库区水下	新石器中晚期距今约 4000 年	—
	二弄村遗址（二隆）	与大弄村相邻水下（两村搬至白河村）	新石器中晚期距今约 4000 年	—
	从毛村遗址	宁远河左岸台地	新石器中晚期	采集到砺石石斧石锛 3 件、少量夹砂粗陶片等
	三毛遗址	宁远河左岸台地	新石器中晚期	采集到磨制石锛 1 件、夹砂粗陶片多件
	三间坡遗址	梅东村约 8 千米处岭落水库南侧坡地	新石器中晚期	采集到磨制双肩石斧石凿多件，其中 1 件双肩石斧被定为三级文物
港口	大疍港	在城西南 4 千米，大疍村以南	唐至清	昔为崖之重要口岸和关隘，清代渐浅而废
	保平港	港门出海口	清至今	因大疍港废而兴，近亦浅，新建崖州中心渔港取而代之

续表 3

类别	名称	位置	年代	备注
桥	保平桥	保平村铁炉塘溪	明清	明代原木建，清光绪二十九年（1903）何大彭、符寿山改石筑，长 13 丈
祠庙	大云寺	城西南	唐	唐天宝七年（748）鉴真一行东渡遇风飘至振州，帮助修缮大云寺，传经授戒，传为佳话
	广度寺	在城西门外，迎旺塔旁，城西小学校园内	清	俗称观音阁。内有浮云阁、善井等，州人宴游处，城西小学建新校舍拆毁
	郡主冼夫人庙	城内州治左，今中心小学东	宋至 20 世纪 80 年代	宋建，历代多有修缮，明代改额称郡主冼夫人庙
	城隍庙	城内州治东	清	清康熙十一年（1672）知州张擢士建。知州宋锦、卢凤应重修，民国尚存
	文昌庙	城外东南隅，今崖城中学内	清	原在城外西南隅，清康熙改东南隅，乾隆年间改珠崖书院，道光八年（1828）改鳌山书院，民国改学堂、中学
	关帝庙	在孔庙西侧	清	清康熙十一年（1672）建，乾隆、道光、光绪年间多次重修
	东岳庙	在东门骑楼街北 30 米	清	清初建，道光、光绪重修，新中国成立后改为日昇村小学，今存址
	真武庙	在城北谯楼上，后改为粮所办公室	清	多次重修
	华光庙	城内牌坊街西南隅	明清	今毁，仅存遗址
	玉皇庙	城东南崖城糖厂西	明、清、民国	今毁
	先农祠	城东南 1.5 千米崖城糖厂	清	清雍正四年（1726）建，已毁
	五贤祠	原州城西门外，后城外东南隅即今城中学内	明、清、民国	祀唐李德裕，宋赵鼎、胡铨，元王仕熙、明王倬。今毁
	毛公祠	南山村前铁路处	明、清、民国	祀宋知军毛奎，日军建铁路拆毁
	同善堂	城内衙署（今崖城小学）前	清	后建御书亭，立“寿”字碑
	还金寮	城南一里	清	表彰钟芳父钟明还金善事
	氏族宗祠	各村	明清	大氏族均有宗祠，至新中国成立后多数拆建为学校
	南海会馆	东门街北东岳庙前右	清至民国	到崖城经商的广东南海商会建
	东莞会馆	崖城中学	清	广东东莞到崖城经商的商人建，曾作崖城中学图书馆。已毁
学堂书院	明伦堂	孔庙东侧	清	秀才读书学堂，与孔庙合称学宫，前有灵官祠。毁于民国时期
	鳌山书院	城外东南隅崖城中学内	清	民国改为高等学堂，后改崖县中学、崖城中学
	保平书院	保平村口	清	今毁
	时雍学堂	城内西北崖城粮所	清	知州冯如衡建，以教育黎童

续表 3

类别	名称	位置	年代	备注
塔	文峰塔	州东三十里深沟营岭山	清	乾隆四十三年（1778）建。今毁，存基
亭	望阙亭	城南二里许	唐	纪念李德裕司户建
	洗兵亭	州西南二里	宋	胡铨与郡人陈迪功建，题匾“洗兵”
	江亭	城西一里	元	王仕熙谪崖时建
	盛德亭	水南村盛德堂	明	纪念唐相裴度
	永思亭	儒学街旧儒学	明成化初	学政许端惠任满离去，弟子建亭思念
	既济亭	城北四里热水池上	清光绪十五年（1889）	唐镜沅与州绅建，有碑
仓储	军储仓	州治东	明清	储粮以军需
	常平仓	州治左	明清	储粮以赈灾
	社仓	各厢坊东西里	清	储粮以备荒歉
坊表	经元坊	州治右	明	为举人萧成立
	丹桂传芳坊	水南村	明	为举人黎士葵立
	登俊坊	州治右	明	为举人余继举立
	殉孝坊	城内	明清	为生员张腾鸾立
	贞烈坊	城内	明清	为马氏、刘氏立
	贞节坊	州治右街	清	为生员萧士彦妻慕容氏立
	节孝坊	在水南村	清	为慕容奋妻黎氏立，今坊毁，“节孝”匾存

非物质文化遗产

在长期的社会生产和生活实践中，崖城地区民众创造和传承多姿多彩的非物质文化遗产，成为琼崖历史文化的重要组成部分。

崖州民歌　崖州民歌系明代以来，汉族移民用汉语闽南方言崖州“客话”咏唱或改编创作，并以手抄本方式记录而流传至今的民间歌谣。民歌题材内容丰富，歌词生动有趣，雅俗共赏，曲调悠扬流畅，优秀作品深得民众喜爱和传唱。2004 年 8 月，三亚市崖州民歌协会成立。2006 年，崖州民歌入选第一批国家级非物质文化遗产名录。张远来、陈桂鸾被评选为省级传承人，麦宣斌、周启城、张远源为市级传承人。

崖州民歌起源于人民群众的生产生活，是歌者抒发感情、娱乐邻里的土韵乡音。歌迷在欣赏传唱的过程深受感染，也自发参与创作或加工润色。清代乃至民国时期，民间文人雅士或本地书生秀才选择经典名篇中的将相贤士、才子佳人的传奇故事，或直接将大陆地方已流行的长篇弹词曲艺作品改编成本地土歌唱本，人物故事情节曲折生动，命运遭遇引人入胜，大家互相传抄、传唱，提升了传统土歌的思想性、文学性、艺术性，扩大了长篇民歌的影响力，推动了民歌的发展。

崖州民歌可分为劳作歌、生活歌（俗称“歌仔”）、情歌（俗称“风流歌”）、“摇侬歌”（摇篮曲）、时政歌、“歌封”（又称“歌簿”）、贺礼歌、哭怨歌等，还有近年来在互联网上传播的表现城乡生活和乡愁乡情的新媒体作品等。

国家级非物质文化遗产——崖州民歌牌匾（2006 年）

崖州民歌长歌手抄本（2012 年）　　张远来　摄

崖州民歌常以七字四句为一段落，或八句为一首。歌词采用赋、比、兴等多种艺术表现手法，修辞讲究崖州“客语”押韵，遣词造句通俗幽默，比喻形容形象生动。近年来，在创作中也采用“三七句”“长藤句”等新的句式结构，或加上乐器过门伴奏，使演唱内容、旋律、形式多样化，在传承创新中适应时尚潮流。

数百年来，流传的崖州民歌经典作品有《摇侬歌系列》《织女怨》《十送情郎》《薛仁贵歌》《张生歌》《梁生歌》《昭君歌》《抗日救亡歌》等。情歌对唱作品甚多，精品不少。民众对民歌由衷喜爱，近代以来，甚至传播到黎族村落及崖州境外。

崖州民歌具有浓郁的乡土气息和地方特色，音乐元素自然简朴、曲调柔和。音调与汉语闽方言崖州“客话”发音结合紧密，能配唱不同题材及内容的唱词，适应各种演唱情景与场所。乐句基本以每句歌词分句，乐句的构成一般由具有起承转合功能的乐段重复再现。其旋律线普遍呈现一种连绵起伏的形态，节奏灵活，速度舒缓，音乐声线有中和之美。歌者发声唱法生活化，歌唱时用真嗓（矮腔）演唱，不追求大音量，不强调旋

崖州民歌传唱（2016 年） 陈行飞 摄

律的节拍重音，营造一种轻声细语、娓娓道来的叙述氛围。从崖州民歌的音乐元素中，可听出其曲调旋律与同属闽南粤东及雷州半岛沿海的闽方言地区传统民歌，有一定传承的关系。演唱形式有歌者触景生情即兴演唱，演唱时间地点不限；节日或农闲时，由乡贤发起组织的有比赛性质的对歌；歌迷约定时间地点，在某处集中听书生文人咏唱长篇的歌簿唱本。

崖州民歌源远流长，蕴含当地社会民情、经济生活、文学艺术等诸多信息，是了解和研究古崖州社会历史发展的“活化石”。近年来，崖州民歌在保护、传承与创新方面初见成效，已形成“政府部门重视、传承人带动、群众自愿、歌迷参与、小学生喜爱”的局面。

黎族打柴舞　打柴舞是黎族古老的舞蹈之一，黎语称“转刹”。原是黎族群众在丧仪中表演的一种祭祀舞蹈，流行于海南岛西南部黎族哈黎方言分布区。清代《崖州志》卷十三《黎防志一·黎情》记载了古代黎族的丧仪：“贫曰吃茶，富曰作八”“作八必分花木，跳击杵”。“跳击杵”即跳打柴舞。2006 年，打柴舞入选第一批国家级非物质文化遗产名录。

黎族打柴舞（朗典村）（2017 年）　郑海　摄

黄家近被评为打柴舞国家级代表性传承人，黄桂明、黄其华、黄乐强为省级传承人，黄仁瑞、黄理辉、黄仁抗、黄亚梅为市级传承人。

黎族社会十分敬重老人。老人谢世被看作大事，全村人要停止一切活动到死者家中悼唁，并带上米、酒、鸡等食物，与死者家人共同操办葬礼。停棺期间，村民一起为死者“守灵”，时间短则两三天，长则半个月。每天通宵达旦唱悼歌，追述死者的功德，寄托对死者的哀思。同时，还“分花木，跳击杵”。

打柴舞有一套约定俗成的跳法。跳舞时将两条垫木隔开，平行摆放在地面上，垫木上架数对小木棍。木棍两端分别由数人执握，两两相对，作上下、左右、交叉分合击拍，舞者在其中来回跳跃起舞。打柴舞中的磨石步、筛米步、砍柴步、爬山步等都与日常生产、生活中的动作有关。青蛙步、鹿步、黄猄步、猴子步、乌鸦步等动作则是模仿其行动的特点，妙趣横生。

打柴舞在长期的流传过程中，有的黎族方言区群众也用在喜庆场合表演，舞蹈动作逐渐成型。除主要以击木作为舞蹈节奏外，有时也配以唎咧、口弓、铜锣、独木鼓等黎族乐器一起演奏。新中国成立后，经过文艺工作者的努力，道具由木棍改为竹竿，故称

打柴舞传承人黄家近（2017 年）　郑海　摄

“竹竿舞”。打柴舞将舞蹈的节奏与打击乐、歌唱结合在一起，舞步变化多样，民族风格鲜明，适合在各种场合互动表演。

黎族传统纺染织绣技艺 黎族传统纺染织绣技艺是古代黎族先民在制作衣被时创造的一种手工织染技艺，主要流传于海南岛中南部黎族聚居区。这种技艺是中国乃至世界上较为古老的棉纺技艺之一。2006 年，入选第一批国家级非物质文化遗产名录。2009 年，入选联合国教科文组织急需保护的非物质文化遗产名录。2012 年，入选第四批海南省级非物质文化遗产名录。

崖州黎族纺织业历史悠久，工艺精湛。沿用古老的民间传统纺织方式，绣花图案多为直折线式和方、角、犬牙等几何状的对称组合和连续形式，少曲线或自然形，花纹保留血缘族群习惯采用的图案纹样，反映黎族人民的精神信仰和审美追求。崖州龙被、黎幕、黎单、衣服、筒裙等以黑色或深蓝为底，从汉族地区购买彩线丝绒，精心织作成色彩艳丽的彩纹。纹样多以直线、平行线、方形、三角形、菱形等组成几何形纹，造型抽象可辨，所织出的图案纹形中，人物、青蛙、蝴蝶、蜜蜂、树木、日月、水火、龙凤等用得最多。

黎族织绣技艺传习（三更村） 陈琳 摄

从筒裙织锦上的万字纹图案、龙被织锦上的八卦太极图、龙凤纹、麒麟图、狮子图、八仙过海图等，可看出黎族和汉族文化的交流与融合。黎绣拙朴大方，独出心裁，具有浓郁的黎族风情。

黎族纺织所用的原料有苎麻、吉贝棉等。其制作过程分为纺、染、织、绣。工具有手捻纺轮和脚踏纺车，染纱（布）原料有野生植物汁、动物血液和矿物等，织机有腰机和脚踏机。绣是在已加工好的布料服饰上绣出各种彩色花纹图案，针法多样，图案生动传神，工艺精致。“崖州龙被”堪称黎族纺织技艺的代表作。

黎族原始制陶技艺　原始制陶技艺，是黎族人民用古老的泥条盘筑法制作烧制陶器的手工技艺。2010年，入选第三批海南省级非物质文化遗产名录。制陶一般由妇女承担，先选用黏土为制陶的原料，经晒干捣碎、筛粉加水和泥，后以泥条盘筑方法，制成器物形状，用贝壳、竹片等工具修整加工，经晾晒自然干燥。再选择平地堆放树枝稻草，把陶坯倒置，最后由妇女围着木柴堆举行点火仪式，烧制成陶器。为了增加陶器的硬度，在烧成的陶器上又洒一种叫“紫涯”的植物树皮汁。产品大多为煲钵、碗盆、罐甑等日常生活用具，除自给自足外，还在墟市上交易。

迈歌　明正德《琼台志》记载：“崖州‘迈人’，乃唐宋以来仕宦谪寓之裔。”由此可知，迈话方言人口分布在城东、拱北、镇北、起晨、上头坊、水南、大疍等坊厢乡村，在崖城落籍已有千余年。迈歌是崖城迈话方言人群在日常生活中抒发情感，表达喜怨，娱乐邻里，以迈话发音咏唱的民间歌谣。

迈歌有短歌、长歌之分。短歌多为哄婴幼儿入睡时在家里吟唱的摇篮曲，或在田间地头劳作及社交场所男女青年交往时即兴创作的对歌。题材有表达母子慈爱的，如《一条手帕长又长》《阿依莫哭静静听》《一对线鸡尾拖拖》等；描写勤劳发家的如《牛仔歌》《杵米卖得二十钱》等；有倾诉爱情的情歌，如《一个槟榔破九口》《闲人闲话且放开》等；有反映家庭婚姻生活的咏唱，如《金打戒指黄金金》《做人媳妇难》《三个姐姐嫁三乡》等；有抒发兄弟姐妹亲情的，如《十个哥哥养一侬》《一棵椰子高同天》《女侬要嫁人难留》等；有怀念父母养育恩情的，如《望回家门鸡又啼》《坐在母前笑眯眯》等。短歌短小精干，多为四句至八句，偶见十几句。长歌多为民间艺人根据民间故事或外地流传的歌本改编而成，叙述人物的命运遭遇，歌本篇目句节较长，如《杜世真》《车龙歌》等。

迈歌用词朴实，比喻生动，直抒心扉，情感真挚，多为口头语。曲调缓和，节奏灵活，利用迈话的发音吟唱，如倾如诉。崖城历来有“军有戏无歌，迈有歌无戏”之说，意思是讲军话的人会演戏，说迈话的人会唱歌。由于迈话方言人口不多，一般不会说迈话者就不会唱迈歌，也听不明白其所表达的内涵，影响迈歌的传播。崖城“讲军（话）讲迈（话）”的居民毗邻相处，交往密切，故近代军话童谣中出现含两种方言的念唱，生动有趣。

古镇保护

名镇、名村、故城、老宅和崖州民歌、打柴舞等众多文化遗产，是历史赋予崖城的宝贵财富。三亚市政府、崖城镇政府重视对古镇文物古迹的保护。2008—2015 年，累计投资 3.95 亿元用于古镇保护开发。崖城镇修缮了一批重点历史建筑，包括崖城学宫、故城、盛德堂、既济池、宗祠名宅、古桥官沟、传统街巷等。古镇村落的历史风貌得到逐步恢复，名镇保护工作初见成效。

遗址考古

古城修建 崖州古城在宋代以前是土城，南宋庆元四年（1198），始砌砖兴建，创女墙。清《崖州志》记载："绍定六年（1233）拓其址。自东门起，至海南道止，周二百四十二丈，高丈有六尺。开东、西、南三门。"元元统元年（1333），创建谯楼。明代加筑瓮城，开浚护城河，设立吊桥。后经历代多次重修扩建，城郭与墙楼的形制基本完备，东门曰"阳春"，西门曰"镇海"，南门曰"文明"，城外有护城河、月城，城内设谯楼、御敌楼。

崖州古城经元、明、清多次修建扩拓，至晚清时，原貌依旧。1920 年，修公路贯通城上，城墙东门、西门被拆除。1928 年，又拆毁城北谯楼旁的一段城墙建设公路。延至"文化大革命"时期，古城墙被拆占。历经 800 年风雨岁月，墙垣垮塌，砖石失落，仅有崖城学宫前一段数百米长的南城门墙垣留存。因写有"文明门"三个字的城门修筑成砖石拱券式，俗称"城门拱"。1992—1994 年，三亚市政府出资修复南门（文明门）存留长约 140 米的城墙；同时，修建了南城门上的重檐歇山顶城楼。

古城建筑历史悠久，地位显要。城池据高顺势兴建，选址独到，沿河滨海，交通便利。城内官署学宫民居毗邻而建，城外置坊厢，设街市，建寺庙，建筑分布合理，方便居民生活。为考证古城墙的历史年代、结构走向、遗址文物等证据资料，三亚市历史文化名镇保护管理委员会报国家文物局批准，聘请专业考古队对古城墙址进行考古发掘，为故城修复提供科学依据。

三次考古发掘

2009 年 5 月至 2010 年 9 月，受海南省文物局、三亚市文体局委托，报请国家文物局批准，中山大学南中国海考古研究中心在名镇保护管理委员会的协作下，对崖州古城遗址进行 3 次考古发掘。

崖州古城遗址考古发掘（2010 年）　　崖城历史文化名镇管理委员会　提供

第一次考古发掘　时间为 2009 年 5—6 月。中山大学考古队在文明门东、西、南侧发掘总面积 303 平方米，还对崖州古城城门城墙进行针对性的考古发掘，发现古代崖州夯土城墙墙基和城门墙基遗迹，以及与崖州古城相关的建筑遗存，出土遗物约百件。

城门东西两侧均发现有城墙夯土，结合掌握的材料，夯土墙基残宽约 13 米，残余厚度 1.4 ~ 3 米。根据城墙夯土上残留的痕迹，推测夯筑方法应为平夯。据《崖州志》及相关历史文献记载，崖州古城城墙最初为土城，并经过多次加宽和修补，发掘亦发现城墙墙基所用夯土的土质土色有所区别，说明城墙内外均进行过多次的加宽和修缮，与文献记载相互印证。另外，发掘发现大量与崖州古城相关的建筑遗存，包括瓦当、板瓦、铺砖等，也发现了大量生活用具，如瓷碗、瓷罐、陶罐、铜钱等。

第二次考古发掘　时间为 2009 年 8—9 月。中山大学考古队重点针对崖州古城南部城墙进行发掘，发掘总面积 400 平方米。在第一次发掘的基础上，清理出东西向夯土城墙一条，城墙墙基包砖一列、灰坑 3 座；出土陶器、瓷器、石器、铁器百余件；遗存分属宋代、明清、近现代。发掘揭露出城墙遗迹夯土长达 50 米，分 4 次夯筑而成，整体结构和夯筑的方法一致，城墙北部边缘以及后期居民取砖所留下的坑道清晰可见，南部边缘被后期修路取砖等人为活动完全破坏。

宋代瓷器与建筑构件装饰以花草叶为主，也有少量人面纹饰。瓷器有碗、盆、罐、杯、盏、壶等，可分为青瓷、白瓷和釉陶，其中以青瓷、釉陶器为多，白瓷最少。建筑构件则是寺庙一类建筑的残件，有模压罗汉砖、人面瓦当、莲花纹瓦当、板瓦、筒瓦等，模压罗汉砖与三亚博物馆馆藏品相似，人面阳塑瓦当与崖城官沟窑址所出同类器物形制相同。另发掘出城砖一列。

明清遗存的遗迹则均为灰坑，遗物有瓷器、铁器、陶器等，散见于地层之中。瓷器主要为青花瓷和釉陶等。青花瓷器主要器形为碗、盘等，主题多为花草叶纹，也有双狮纹饰等。釉陶器多为钵、罐、盆、坛等，与宁远河畔高山窑址所烧制釉陶器形制相同。

第三次考古发掘 时间为 2010 年 8—9 月，重点对文明门西侧城墙的墙基和早期城门遗迹进行考古发掘。

该次考古发现城墙自文明门向西偏北方向延伸，该段城墙的结构、夯层的土质土色与前两次发掘的城墙有所不同，但城墙的夯筑方式与前两次发掘所知接近。该次发掘发现有城墙加宽加厚的痕迹，与《崖州志》关于历代修缮城墙的记载相吻合。在发掘中发现有门洞遗迹，门洞废弃后被夯土填补。该次发现的城门与崖州城北门的连线恰可与作为崖州古城南北中轴线的北楼街重合。城门门洞存有城砖，以其形制和尺寸与海南岛相关遗存比较，可推知其为明砖；城墙墙基上部地层中出土遗物有瓦当、花纹砖、墙砖等，共 20 余件，该次发掘所发现的瓦当、花纹砖等建筑构件可能与原南门门楼，或附近的学宫、衙署一类建筑有关。城砖砖体厚实宽大，与本地儒学堂窑址、窑塘窑址等地所出的城砖相似。

崖州古城遗址 3 次考古发掘弥补了文献资料记载崖州城垣建筑过于简略的不足，为修复古城南城门及城墙提供考古学的科学依据。从城墙的夯筑方式和出土器物的形制特点，研究崖城作为古代州县治所的地位和意义，探讨一定历史时期海南政治、军事、经济、文化的联系与变化，了解古代崖城居民的生产生活状况。

古城文明门遗址考古发掘现场（2010 年） 崖城历史文化名镇管理委员会 提供

保护机构

历史文化名镇保护管理委员会　2007 年 5 月 31 日，由建设部和国家文物局评定，崖城镇被公布为第三批“中国历史文化名镇”，是海南省第一个“中国历史文化名镇”。

2008 年 4 月，三亚市人民政府召开研讨会专门研究名镇保护工作，决定成立历史文化名镇保护管理委员会。任命领导成员，配备专职人员，开展崖城历史文化遗产保护规划的编制、评审工作，落实各项修缮保护的措施。聘请北京清华城市规划设计研究院专家主持编制《三亚崖城国家历史文化名镇保护规划》。

2011 年 9 月，该保护规划正式获海南省人民政府批准实施，成为崖州区名镇名村保护的基本依据。规划根据名镇特色及保护对象，结合历史文化遗产的空间分布特征，确

中国历史文化名镇（崖城）牌匾（2007 年）

定名镇保护范围与重点，提出一系列实施保护的具体措施。

名镇保护机构的成立，对加强崖城镇生态环境、历史建筑、文物古迹等文化遗产的调查研究，坚持实事求是的原则，实施科学有效的保护工作，发挥了重要的作用。

保护规划

规划编制 2008 年 9 月，由三亚市历史文化名镇保护管理委员会委托北京清华城市规划设计研究院，开始修制崖城国家历史文化名镇保护规划。通过反复研究论证，于 2010 年 3 月底完成。2011 年 9 月 9 日,《三亚市崖城国家历史文化名镇保护规划》正式获海南省人民政府批复实施。

保护范围 规划保护范围为崖城镇镇域范围，总面积约 400 平方千米。其中，重点规划范围为崖城镇区（建成区），面积约 2.1 平方千米。

崖城历史镇区、水南古村、保平古村、保港地区历史建筑遗存集中，传统格局与风貌较完整，历史街巷保存较好，在崖城历史文化名镇空间结构中具有重要意义。规划在 4 个片区内划定核心保护范围、风貌保护区和建设控制地带。

保护内容 规划坚持整体保护为主、合理利用、改善环境、有效管理的指导思想，科学理性地评估崖城各类历史文化遗产的文化内涵、价值与特色；确立完整的保护体系，保护崖城镇域范围内的各项物质和非物质文化遗产；在有效保护历史文化遗产的基础上，系统提出合理利用遗产资源的措施，改善城镇环境，促进文化、经济、社会的协调发展。

规划根据崖城历史文化名镇特色及保护主题，结合历史文化遗产的空间分布特征，确定崖城镇域整体特色保护结构为“山、河、港、城、传统村落、九个主题区域”。其中，以古城为核心，山、河、港是不可或缺的自然环境烘托元素，传统村落和主题区域则是镇域范围内的遗产集聚区。

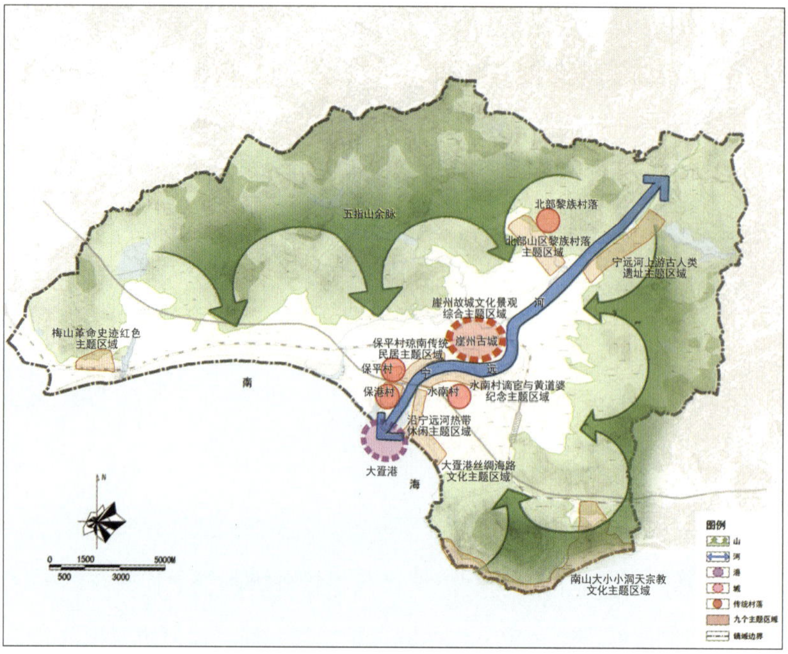

崖城镇域特色结构保护要素图

崖城镇名镇保护内容一览表

表 4

要素			内容
物质文化遗产要素	自然环境要素	山体山脉	南山、五指山余脉（天子岭、马鞍山、双峰岭、笔架岭、龙栖岭等）
		河湖水系	宁远河、护城河遗址、官沟、大疍港、保平港、崖州湾等
		坡田园地	坡田洋、槟榔园地、杧果园地、椰林等
		物产特产	热带水果、反季节瓜菜、珍珠、玳瑁、花梨、沉香
	人工要素	崖州古城	古城山水文化景观、城墙及遗址、城门、谯楼、护城河遗址
		历史村落	水南村、保平村、港门村、梅东村、黎族村落群等
		传统街区	崖州古城街区、东关市骑楼街、保港骑楼街、城西区、起晨坊街区、官塘村街区
		传统街巷	牌坊街、轿夫街、北门街、遵道街、仓后街、东门街、臭油街、打铁街、西门街等
		文物古迹	崖城学宫、大小洞天摩崖石刻、盛德堂、八人轿坡伊斯兰教徒古墓场遗址、广济桥、迎旺塔、还金寮序碑、慈禧“寿”字碑、崖城革命烈士纪念碑、万代桥、梅山老区烈士陵园、高山窑址、官沟、既济亭热水池、林缵统故居、何秉礼故居、三姓义学堂、孙氏祠堂
		历史建筑	黎茂瑄宅、廖家宅、张家宅、儒林第、明经第、黎家宅等

续表 4

要素			内容
物质文化遗产要素	人工要素	历史遗址	卡巴岭遗址、大弄遗址、二弄遗址、沟口遗址、大茅遗址、高村遗址、河头遗址、大疍港遗址、大云寺遗址、高山窑址、儒学塘窑址
		革命史迹	崖城革命烈士纪念碑、梅山老区烈士陵园、保平革命烈士陵园
		墓葬坟冢	水南三村番人坟古墓群、郑绍材墓、麦宏恩烈士墓、李茂文烈士墓、陈英才烈士墓、何绍尧烈士墓、孙维青烈士墓
非物质文化遗产要素		历史人物	冼夫人、鉴真、黄道婆、卢多逊、赵鼎、胡铨、王仕熙、周鄘、毛奎、钟芳、钟元棣、林缵统等
		思想文化	崖州文化、农耕文化、黎族文化、儒教文化、疍民渔民文化等
		岁时节庆	春节、正月初三禁口、正月初八“妆军”、端午龙舟赛、七月十四寒衣节、八月十五中秋节、元宵迎灯等
		宗教文化	佛教、道教、伊斯兰教
		文化艺术	崖州民歌、打柴舞
		传统工艺	棉纺织技艺、竹木编织等
		崖州八景	旧八景：鳌山白云、鲸海西风、边城斜照、水南暮雨、稻陇眠鸥、竹篱啼鸟、南山秋蟾、牧原芳草 新八景：鳌山叠翠、抱郭双流、洞天幽胜、落笔凌空、镜湖秋月、玉井温泉、灵山腾云、峻岭回风

规划建立包括镇域总体层面、历史镇区、保护范围、文物保护单位与历史建筑、非物质文化遗产 5 个层次的保护体系。保护的重点是历史镇区和保护范围（包括风貌保护区）。

历史镇区保护　针对崖城历史镇区内文化遗产的空间分布特征与历史文化特色，结合历史与现状研究，提出“一核、一环、两轴、五片”的保护结构。

“一核”指以崖城学宫为中心的古城核心区。崖城古城的传统风貌与历史格局是古城内各级文物古迹、特色街巷等历史要素的重要载体，是古城历史与文化传承的物质环境。

“一环”指以崖州古城墙及护城河遗址构建的环城开放空间带，是崖州古城的历史边界，也是追忆与识别中国最南古城的重要空间要素，构成古城与周边山水田园景观相呼应的自然环境。

“两轴”指城北龙脉山—凝秀门—崖城学宫—文明门—南山构成的南北向山水城镇景观轴，以及西关市—镇海门—学宫—衙署—冼太夫人庙—阳春门—东关骑楼街构

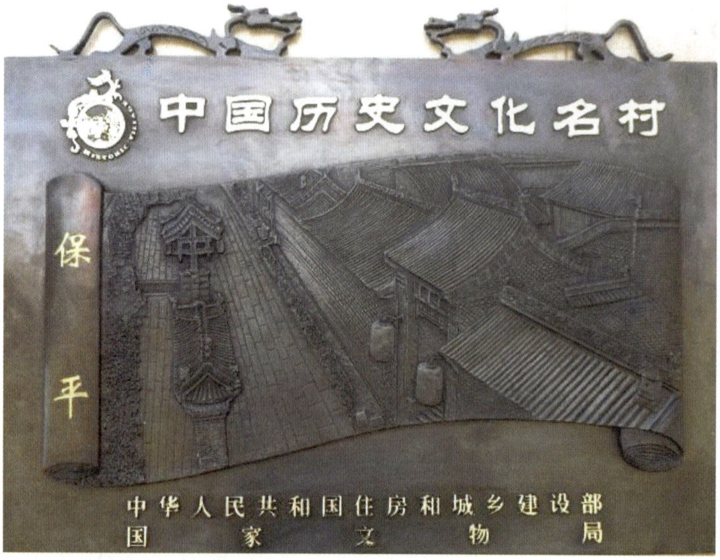

中国历史文化名村（保平）牌匾（2010 年）

成的东西向城镇经济文化轴。

“五片”指镇海门外传统民居风貌片、日昇坊传统商业街区片、官塘村传统民居风貌片、起晨坊传统学堂民居风貌片和迎旺怀古风貌片。这是历史镇区内现存文物古迹或传统建筑较为集中的地区，历史信息量十分丰富，具有较高的历史、文化与科学价值。

崖城历史镇区保护范围包括崖州故城护城河、城墙及其以内的地区和崖州故城周边的日昇坊、遵道坊、起晨坊以及外围需进行风貌重点控制的区域，总面积约 1.94 平方千米。

规划根据崖城历史镇区的保护结构，提出对城垣形制、历史街巷格局、整体风貌、传统水系及滨水空间、建筑高度、空间视廊的保护措施。在崖州故城的保护范围内，按照文物保护规划的要求进行严格保护，加强对城墙遗址的考古勘探。

保护崖州故城内“三通、四漏、七转、八角”的历史街巷格局；重点保护东门街、打铁街、牌坊街，对其街巷立面及铺装、断面尺度等进行严格保护与保护性修缮，注重街巷特色非物质文化遗产的保护与展示；保护与整治臭油街、仓后街、北楼街、遵道街、西门街。

控制历史镇区内建筑的性质、高度、体量、色彩与形式，突出文明门、城墙、崖城学宫、迎旺塔等重要古建筑在整体风貌中的统领地位，重点整治文物保护单位周边地区的建筑风貌。

在历史镇区内保护护城河遗址，结合城墙公园的建设，适度恢复部分区段的护城河水系及对片区意义重大的坑塘。

按照“整体控制、重点保护”的原则，对历史镇区内的建筑高度进行分区控制，重点控制影响城市历史与自然风貌地区的建筑高度，以保护历史镇区的整体风貌特色。

保护山—河—城的景观视廊，保障文明门与南山、文明门与北部山体的互视关系。

传统村落保护 2010 年 7 月 22 日，保平村经住房和城乡建设部、国家文物局评定，被公布为“中国历史文化名村”。2012 年 12 月 20 日，保平村又被住房和城乡建设部、文化部、财政部公布为第一批“中国传统村落”。

崖城名镇保护规划划定崖城镇域保平村、水南村的保护范围，明确核心区、建设控制地带和环境协调区的各项保护措施。对梅山和北部黎族村落等传统村落的保护措施：重点强调村落传统风貌与周边自然山水环境的结合，将与历史村落联系密切的自然山水划入建设控制地带，控制新建建筑，保护自然山水背景与视线通廊；保护历史村落的整体风貌，整治破坏传统风貌的建构筑物，传承民居建筑特色，进行新民居示范工程建设，引导村民对自有住宅进行有机更新；在维持传统风貌的前提下，增加和完善市政设施和公共服务设施，改善居民生活环境；坚持保护与利用相结合的原则，在不破坏历史建筑或传统民居的前提下，发展旅游业，为保护历史村落筹集资金；继承和发扬历史村落独具特色的风俗习惯、传统工艺、文化艺术等非物质文化遗产。

保平村（2016 年） 陈文 摄

规划实施

文物保护单位 崖城镇域内文物保护单位共 23 处，其中全国重点文物保护单位 1 处、省级文物保护单位 12 处、市级文物保护单位 10 处。

崖城镇 23 处文物保护单位一览表

表 5

序号	单位名称	公布时间	地址	年代	保护级别
1	崖城学宫（孔庙）	2013 年 3 月 5 日	崖城小学右侧	清	全国重点文物保护单位
2	崖州故城	2009 年 5 月 18 日	崖州学宫前	明	海南省文物保护单位
3	小洞天石刻	2009 年 5 月 18 日	南山村小洞天景区	宋	海南省文物保护单位
4	迎旺塔	2009 年 5 月 18 日	城西小学西侧	清	海南省文物保护单位
5	官沟与广济桥	2009 年 5 月 18 日	水南村东 2 千米	清	海南省文物保护单位
6	高山窑址	2015 年 11 月 24 日	水南村东北 200 米	明至民国	海南省文物保护单位
7	既济亭热水池	2015 年 11 月 24 日	南繁蔬菜基地大楼东侧	清	海南省文物保护单位
8	崖城古民居建筑群	2006 年 10 月 1 日	城东、城西、拱北、水南村	清	海南省文物保护单位
9	孙氏宗祠	2015 年 11 月 24 日	梅东村内	清	海南省文物保护单位
10	三亚民国骑楼建筑群	2015 年 11 月 24 日	东门街、铺仔街等	民国	海南省文物保护单位
11	保平村明经第	2015 年 11 月 24 日	保平村	清	海南省文物保护单位
12	大云寺遗址	2015 年 11 月 24 日	麒麟坡大疍港	唐	海南省文物保护单位
13	保平村张家宅	2015 年 11 月 24 日	保平村	清	海南省文物保护单位
14	伊斯兰教徒古墓场遗址	1990 年 1 月 17 日	梅东村八人轿坡	唐至宋	三亚市文物保护单位
15	“鼎建钟公还金寮序”碑	1990 年 1 月 17 日	崖城学宫内	清	三亚市文物保护单位
16	慈禧“寿”字碑	1990 年 1 月 17 日	小洞天景区	清	三亚市文物保护单位
17	崖城革命烈士纪念碑	1990 年 1 月 17 日	西线高速出口 200 米	现代	三亚市文物保护单位

续表 5

序号	单位名称	公布时间	地址	年代	保护级别
18	梅山老区烈士陵园	1990 年 1 月 17 日	梅东村东边岭仔	现代	三亚市文物保护单位
19	盛德堂	1990 年 1 月 17 日	水南二村东南 50 米	清	三亚市文物保护单位
20	万代桥	1990 年 1 月 17 日	崖城大桥东 100 米	民国	三亚市文物保护单位
21	林缵统故居	2006 年 10 月 1 日	拱北官塘村	清	三亚市文物保护单位
22	何秉礼故居	2006 年 10 月 1 日	城东起元村	清	三亚市文物保护单位
23	三姓义学堂	2006 年 10 月 1 日	城东起元村	清	三亚市文物保护单位

保护工程建设项目　三亚市政府利用两年时间编制《崖城国家历史文化名镇保护规划》和《保平国家历史文化名村保护规划》。2011 年 9 月 9 日，经海南省人民政府批准正式实施。至 2015 年年底，完成崖城学宫（孔庙）、少司徒牌坊、崖城革命烈士陵园、梅山老区烈士陵园、崖州故城文明门、水南盛德堂、梅山孙氏宗祠、万代桥、官沟与广济桥、保平村 11 处一类历史建筑（民宅）和文明门尊经阁、南门前建筑立面改造以及东关传统街巷道路改造、南门前道路改造。崖保一期道路改造、保平村入口道路改造等项工程。

计划启动项目包括：东关骑楼街 30 处铺面、迎旺塔、何秉礼故居、林缵统故居、三姓义学堂修缮，保平村河道景观与道路改造、保平村 20 处（二期）历史建筑修缮、临高骑楼街 15 处历史建筑修缮、古镇区与水南村 21 处历史建筑（民宅）修缮等，经三亚市发改委批准立项并基本完成前期筹建工作。以上项目的资金，主要由三亚市财政安排，其中，部分为国家开发银行贷款。另外，海南省从国家下达经费中安排一部分建设资金。

保护工程项目进度表

表 6　　单位：万元

项目情况	项目名称	项目内容	项目投资	总投资（概算）
已完成建设项目	道路基础设施改造项目	古城文化街区道路改造工程（含牌坊街、轿夫街、东门街、打铁街等）总长 1469 米	2347	12372.29
		历史建筑修缮（古城南门前广场建筑立面改造部分）工程项目	667.29	
		古城南门前广场（一期）工程，长 597 米	2890	
		古城至保港骑楼街道路（一期）工程，长 1220 米	3329	
		保平村入口道路改造工程，长 1329 米	3139	

续表 6

项目情况	项目名称	项目内容	项目投资	总投资（概算）
已完成建设项目	文物保护及历史建筑修缮项目	崖州古城门城墙古城文化街区道路改造工程（省级文保单位）	2561	7084.02
		水南盛德堂（市级文保单位）	1062.2	
		梅山孙氏宗祠（省级文保单位）	255.76	
		保平村陈宅修缮工程项目（历史建筑保护修缮示范点）	66.06	
		保平村入口道路改造工程，长 1329 米	3139	
正在建设项目	文物保护及历史建筑修缮项目	崖城古城墙修缮（一期）工程	2561	6490.97
		万代桥修复工程项目	1917	
		盛德堂遗址保护、三姓义学堂修缮	1062	
		林缵统故居	203.69	
		保平历史文化名村历史建筑维修改造（一期）工程	747.28	
正在推进项目	道路基础设施改造	保平国家传统村落村巷道路保护改造项目	2180	5460.5
		保平村基础设施和自然景观整治项目	3280.5	
	文物保护及历史建筑修缮项目	崖城古城墙修缮（一期）工程（未含尊经阁部分）	2561.22	8077.17
		迎旺塔等文物保护单位修缮项目	430.65	
		保平村历史建筑修缮（二期）项目	1209.41	
		临高骑楼街区修缮（一期）项目	950.92	
		水南村等地历史建筑修缮项目	1541.24	
		东关骑楼街修缮（一期）工程（已完成招投标，正筹备开工）	1205	
		迎旺塔等文物保护单位修缮 何秉礼故居修缮项目	178.73	
投资合计				39484.95

非物质文化遗产保护

保护项目 崖城非物质文化保护遗产包括：已列级非物质文化遗产 8 项，其中，国家级 3 项，为崖州民歌、黎族传统染织技艺、黎族打柴舞；省级 2 项，为保平村何氏明经第、张家宅民居建造技艺，黎族原始制陶技艺；市级 3 项，为崖城扁豆酱制作技艺、崖州酸粉制作技艺、端午节龙舟赛。还有诸多尚未列级的非物质文化遗产资源，包括与地方名人相关的口头传说、方言、民间歌谣、传统民居建造技艺等，以及与上述非物质文化遗产资源相关的传统村落、街巷等文化空间。

保护措施 崖城非物质文化遗产保护按要求做好建档和挂牌工作，征集并妥善保管非物质文化遗产实物与资料，建立保平村崖州民歌传习所、郎典村黎族打柴舞传习所，制定保护规划，明确有关保护的责任主体。各级政府部门对列入非物质文化遗产名录的指定代表性传承人提供资助，传习所经常开展传习活动，在文化遗产保护、传承、创新等方面的工作，初见成效。

崖州民歌演唱（保平村） 莫翠忠 摄

黎族纺织传承（2017 年） 蔡林正 摄

打柴舞表演（朗典村）

风土民情

崖城风俗淳美，民众自古“习礼义之教，有邹鲁之风”“农务种植，士兼耕读，妇女纺织吉贝”“安土重迁，不事远贩”“士多业儒，人重廉耻”“民风朴茂，不喜华靡”“礼尚往来”“俗重槟榔”。衣食住行，顺应自然。岁时节俗，世代传承。人生礼仪，历久弥新。

历代迁徙崖城的汉族居民，或出身书香门第、循吏世家，或是军籍后裔和农工渔商子孙。坊间村里的汉族居民各讲“迈话”“军话”“客话”，而周边村落的族群各讲黎话、疍家话、回族话、临高话、儋州话等，反映了崖城历史文化的多元化和包容性。

崖城农耕稻作文化源远流长，黎族传统习俗特色鲜明，渔民与海结缘的风俗习惯彰显海洋风情。随着经济社会的发展，崖城地区居民的风俗习惯也在不断发生变化，一些流行时尚的外来文化，也逐渐为民众所接受。

衣食住行

服装衣布 古籍有“岛夷卉服，厥篚织贝”（《尚书·禹贡》）的记载。黎族生产的“吉贝”织品多是以棉麻为经纬，配以彩色纱线混纺而成。哈方言族群的纺织品构图繁复，绚丽精美，经久耐用，妇女穿着的衣服筒裙成为体现黎族传统文化特色的精品。

新中国成立前，崖城地区富绅文人穿斜襟长衫或中山装，汉族平民百姓多穿对襟衬衫，裤子则男女一样，深裆宽脚无门襟，用布条加铜钱作裤带，颜色多为黑灰色。农民大多穿短衫，渔民多穿短裤，妇女穿有领斜襟扣纽长袖的服装，着过膝长裤。渔村妇女在海滩上劳作时，胸前常系一条缀花边的深色兜布，又称“挡幅”“瞒身”。

新中国成立前，少数富户人家缝制丝绸香云纱衣服，官员和学生穿用洋布缝制的服装。农民、渔夫日常衣着多以当地纺织的土布手工裁缝，布料俗称“侬屋布”，客商称为“崖州布”。

黎族妇女穿的筒裙（凤岭村）（2019 年） 张忠义 摄

汉族妇女衣服 崖州布博物馆 收藏

儿童的帽子 陈行飞 摄

崖州布通过台式脚踏提综高架斜织机在作坊纺织，布幅宽 32 ～ 39 厘米，品种有单布、双布、花布、格子布、高丽布、头巾、手帕等。染整工艺有浸染法和煮染法。乡间农户一般采用浸染法，俗称“捏缸叠”。先将采割来的蓝靛科植物茎叶置木桶或缸内，用水浸泡 3 ～ 4 天，等叶腐烂捞出枝条，加入适量石灰充分搅拌，蓝靛自然沉淀，把上层的水倒出，收获有草腥酸味的纯蓝靛。重新加水调配后，将白色棉纱或布匹徐徐浸入染缸中，边抓边捏，取出阴干再放进染缸抓捏，重复多次，直到颜色均匀饱满为止。有的布料染色后还要再用牛皮煮水或薯粉米汤上浆固色。用蓝靛染色的崖州土布缝制的衣服，美观耐脏，不易褪色。煮染法由专业师傅在墟日市场边搭灶架锅，烧柴煮水加染料，再放入顾客带来的布匹衣服，浸染、搅拌、晾晒而成，一般以蓝色、黑色为主。

崖城民间纺织的侬屋布花纹美观布质耐用，适合普通老百姓缝制衣服。新娘出嫁时要备数匹侬屋布为嫁妆，终生珍藏，或备用缝制“定老”服装以送终。旧时，男子上衣为七钮四袋或二袋无花纹的长袖衣，妇女穿偏襟低领或高领的长短布衣，配色缝襟边及袖领；裤着则男女同样，宽筒深档，折叠腰围，多用布条加铜钱或光洋作裤带，颜色多为黑蓝色与藏青色。

新中国成立后，中山装较为普及，在校学生穿学生装，平民百姓仍以土布服装为主。20 世纪 60—70 年代，青壮年以穿草绿军装为时髦。1980 年后，西装、牛仔裤普及，连衣裙、喇叭裙等流行，花色款式多样化，讲求品牌时尚。

旧时，居民在家多穿木屐，妇女穿自制椰子布拖鞋。民国晚期，时兴橡胶鞋，公职人员和富商子弟也穿皮鞋，妇女流行穿圆口布鞋。新中国成立后，胶底解放鞋、皮革或塑料凉鞋逐渐普及。1980 年后，年轻人购置各式皮鞋、球鞋，年长者穿塑料凉鞋、拖鞋为多。

崖州地区居住的黎族民众逢节日活动、婚嫁礼仪场合，穿戴黎族传统服饰。

饮食美味 崖城居民以稻米为主食，一日三餐，暑热时早上、中午煮粥，晚餐吃米饭。旧时，贫困农户则以薯粮稀粥素菜为主，农忙渔汛时才见有鱼肉上桌。普通人家逢年过节或招待客人多以米饭为主，菜肴辅有鱼肉烹饪，过年以鸡、鹅、鸭、马鲛鱼、鱼虾为丰。农民平时有自家种植收获的豆角瓜菜、酿制扁豆酱、虾酱佐饭，有滋有味。渔民有捕捞的海鲜鱼干下锅，自给自足。

崖城地区成年男性爱喝酒助兴，富裕人家自酿米酒享用，贫苦人家多以番薯酿酒，黎人自酿酒酐（山兰糯米酒）。20 世纪 50 年代，散装“五加皮”米酒、番薯酒、甘蔗酒盛行。1980 年以来，瓶装米酒、白酒、葡萄酒、啤酒、洋酒等逐渐进入城乡的餐桌酒席。

招待客人俗以敬槟榔为礼。1980 年后，以茶叶入壶冲泡捧杯招待客人为时尚。旧时，渔夫农人用竹制烟筒点燃土产熟烟丝吸用，称“食烟筒”。后来，烟民购用烟厂出品的包装卷烟，竹制烟筒遂弃用。

风味美食

黑豆糯米饭 以黑豆、糯米、花生按一定比例混合，经淘洗浸泡之后放到陶瓮里，再搁置在铁锅加水烧柴蒸制而成。黑豆糯米饭的地道吃法是装碗食时再加老椰子肉丝及蒜油提香。黑豆糯米饭营养丰富，口感筋道，且暖胃耐饱，方便携带，尤其适合上山下海劳作和出门远足时食用，是崖城居民普遍喜爱的传统美食。

扁豆酱 又称“识字酱”，是具有崖城特色的传统风味食品。扁豆酱从扁豆种植、

扁豆酱煮鱼

采摘、加工至制作技术流程具有崖州地区的原创性、独特性。其制作过程为先将从山区采购来的扁豆反复淘洗，晾晒两天后放入大锅，加水，用柴火烧煮至豆子微裂开，捞出晾干，再放到石臼中用杵捣成泥状，取出后摊竹箕上，按一定配比加入盐、蒜蓉、姜汁等调料，这道工序是祖传秘方，决定了扁豆酱的品质。混合调制好后，将扁豆泥放置在坛瓮里密封发酵，3 ~ 5 天后就可以食用，发酵时间越久，扁豆酱的酸味越香醇。

崖州气候炎热，居民偏好酸味。扁豆酱酸咸适中，略带甘甜，口感丰富，生津开胃。扁豆酱煮鲜鱼既解鱼腥味，又显鱼鲜之美，是百姓喜爱的菜肴。

清补凉 炎炎夏日里，清补凉是崖城人喜爱的一道传统小吃。苏东坡品尝椰奶清补凉后赋诗称赞：“椰树之上采琼浆，捧来一碗白玉香。”崖城居民制作清补凉特别讲究，精选红枣、绿豆、薏米、莲子、百合、怀山药、党参、枸杞等煮熟置凉，食时再加椰子汁或糖水汤圆调成一碗，既甘甜消暑，又清肝明目，补益身体。

港门粉 港门人靠海吃海，擅长用海鲜加工烹饪美食。将用传统方法加工制作成的米粉，切成细嫩的粉条，过滚水捞起，配上用新鲜海鱼做成的鱼饼片、炸虾皮、花生、黄豆芽、白花菜或酸菜，最后加入用猪大骨和海白螺精心熬成的高汤，再撒上一点粗胡椒粉和葱花，美味可口的港门粉就可以上桌品尝了。

崖州酸粉 城里居民称“猪肠馍”，乡下人则习惯称“港门酸粉”，历来是崖州地区居民为适应暑热天气而制作的风味美食。正宗的崖州酸粉以细嫩的粉条、薯凉粉、水糕馍配上炸虾片、炒花生、香油、葱花等，加腌制的白花菜添酸提香，再配上本地土产特制的红糖煮酸梅汤汁拌匀。

港门粉

崖州酸粉

崖州酸粉用料地道，配方考究，加工制作过程费工费时，烹调技术精致，食时酸甜可口，虾仁、花生、糕馍配料，口感丰富，风味独特，喜辣者可以加些黄灯笼辣椒，尤为绝配。

崖州粥 俗称“鲜鱼片粥”。挑选新鲜的海产如马鲛鱼、鲳鱼、鲍鱼等优质鱼类，切成薄片，加姜丝、葱花、芫荽及少许熟盐，放到翻滚的米粥里调制片刻，即可上桌。崖州粥鱼片嫩滑，香气飘逸，暖胃补益，历来被民众推崇为崖城美食精品。

酸豆煮海鲜 酸豆树遍布崖州城乡，每年开花，果形如豆荚，采摘后用来烹饪海鲜成为本地的风味美食。先挑选新鲜的海鱼洗净切块，将酸豆放进锅里加生姜片用清水煮开，加适量花生油、黄酒，放进鱼块入锅煮滚片刻，配上熟盐、姜、葱，即可上桌享用。酸豆煮海鲜去除海鱼的腥味，又将鱼虾之鲜味呈现至极致。鱼虾蟹蛤，酸浆调味，鱼鲜汤美，堪称崖州一绝。

青蟹糯米饭 相传渔民出海捕鱼时带去的粽子吃多了会腻，收网捕获的青蟹很多，做饭时为了方便，就将剥开的青蟹和糯米粽一起蒸熟，拌上姜、葱、蒜，香气四溢，上桌时呈现红黄白绿色彩。食用时蟹鲜糯香，别具风味，青蟹糯米饭遂成为百姓公认的美食。

糖糕粿（馍） 也称“红糖年糕”。崖城人过年都有吃糖糕馍的习惯，寓意“年年高（糕）”。每逢大年初二到正月十五，出嫁的女儿都会精心制作糖糕馍作为礼品回娘家拜年，届时，将圆盘包装的糖糕馍和香烛一起摆上供桌。待礼成，家人就可以分享品尝。

制作糖糕馍时，先将糯米洗净，用清水浸泡一夜，第二天米粒可捏成粉状即上磨盘

青蟹糯米饭

糖糕馍

出浆，加上煮好的红糖浆拌匀，缓缓倒入蕉叶垫底的蒸盆，置大锅蒸熟。冷却后，把糕馍蒸盘倒扣在芭蕉叶上，掀开蒸盆，甜腻糯香的糖糕馍就可切块食用。若将存放的糖糕馍切成片，加花生油煎热，外酥内软，别具风味。

米糖贡　俗称“明糖封”，因米酥甜脆，贮存、携带方便，可自享、馈赠，老少咸宜，成为崖城民众日常生活的点心类食品，或作为汉族商贩货郎担中常备“博黎、博渔”（跟黎人、渔民博易）的特色货品。

加工米糖贡时，首先挑选圆润饱满的糯米，清水泡浸一夜，用饭甑高温蒸熟，放在竹匾上摊平冷却，日晒夜晾直至干燥。再筛选粗沙粒在铁锅里加热，将晒干的糯米倒进翻炒，在高温下绽开呈黄白色的米花。将米花中的沙渣筛除剔净后，用已调配好的砂糖、饴糖和清水按一定比例倒入大锅中，加热几分钟，待出现牛眼泡时，倒入米花（可加配适量芝麻、花生），用锅铲迅速翻炒搅拌均匀，趁热把米花铲至案板的模架里，操作滚筒压实，掀开模架用利刀将米糖划条切成方块。米糖贡嚼吃时，松脆爽口，唇齿甜香。

白粿（馍）仔　崖城历来有一个习俗：农历正月十五，已出嫁的女儿都要送白馍回娘家，恭请父母亲和舅公品尝。若父母亲和舅公吃时脸上露出笑容，称赞好吃，说明出嫁的女儿跟娘家感情融洽、和谐。

制作白馍仔时，首先将炒好的花生去皮，再拌上芝麻捣碎，然后将炒香的椰蓉加黄砂糖搅拌成馅，手上沾些花生油拿起备好的白馍，捏成椭圆凹状，填上馅料包好即可食用，满嘴甜蜜，唇齿留香。

虾馍　又叫“虾饼”，崖城传统小吃。街市边支一口油锅，备几份海虾、熟盐、葱花、韭菜、面糊，先用一把专用的圆形小勺，沾些许面糊放到油锅里加热成型，放入切

白馍仔

虾馍

崖州粽

煎堆（珍爹）

碎的韭菜馅后再用面糊“封顶”，再缀上新鲜虾仁，就可以放入油锅中炸透，色呈金黄，香酥鲜美，风味特别。

糕饼 是崖城百姓喜爱的传统食品，甜脆的糕饼嚼时满口糯香，主要材料有糯米和白糖等。崖州居民盖新房举行升梁仪式时，塔式糕饼是必不可少的食品，以祈求祖先庇佑，新居吉利，出入平安。

崖州粽 以糯米、五花肉、咸蛋、虾米为主料，加五香粉调味配制，口味还有红豆花生味等。以黎村出产的山兰米包裹的粽子尤其满口糯香，风味美妙。崖城人家多用槟榔花苞或野菠萝叶包裹粽子，形状有菱角形、椭圆形、宝塔形等，剥开食用时还能闻到槟榔花和菠萝叶的清香。

煎堆 俗称“珍爹”，外皮用糯米做成，根据口味包裹不同的馅料，表面撒满芝麻，再经油炸变黄，形成一个球状。煎堆味酥脆爽口，清香软糯，馅料因人而异。普遍受到群众的喜爱，成为崖城地区流行的特色小吃。

番薯粿（馍） 俗称“三角饼”，用番薯和糯米粉制作成外皮，摘树上成熟的老椰子破开，刨肉成丝，拌白糖作馅，包制而成。馍金黄小巧，甜香诱人。

豆仁番薯羹 以当地种植的八月豆晒干取仁，番薯刨成片晒干后杵碎，加水煮熟，用椰勺顺势在铁锅里搅拌成羹，加入老椰子刨成的椰丝，加盐或蔗糖，即可食用。为梅山一带居民独创的传统小食，薯豆相配，羹滑香甜。

豆腐脑 先将黄豆磨成浆，煮沸后加上少许石膏粉，冷却后凝固成绵软可舀的片状，入碗食用，崖城人称“豆腐脑”。食用时添加糖浆和姜汁，清甜中带点姜香，入口即化，别有风味，老少喜爱。

虾酱炖腩肉 将黑猪五花腩肉下开水煮熟后切片，用生油、蒜头、姜丝起锅，将虾酱倒入爆香，放肉片拌匀，再加热水炖煮片刻，撒葱头，起锅装盘上桌。腩肉肥而不腻，虾酱鲜美咸香。以角头虾酱烹调，品质最佳。

建屋居住 崖城居民勤俭积蓄，以建造新屋、安居乐业为人生大事，认为居住环境与家业兴旺、子孙繁衍息息相关。汉人建造房屋之前，要请人看风水、定坐向，确定房屋的坐向和动土奠基的吉日。宅屋大多坐北朝南，筑墙立柱后，升梁是建新屋最为庄重的仪式。升梁当日，直系亲属都要准备红布、糯米贡、果品、鸡禽前来庆祝。良辰一到，专人指导家族内兄弟抬起正梁，在居中位置挂上五尺喜红布，红布上系一个葫芦，寓意“福禄”，葫芦装满谷米。红布两边各挂成熟的公榴一对、稻穗一束。升梁时刻到，由两名贺梁先生行礼，屋主拜叩祖宗。接着，举行庆贺升梁礼成的“抛贡”仪式：将备好的明糖煎堆、金橘红封等从屋墙高处朝前来贺梁的人群抛送，大人小孩纷纷举手争抢，抢到“头贡”者尤其高兴。升梁大吉日，主人要酬谢泥工木匠，亲戚朋友都来捧场助兴。

城乡居民顺应自然环境及气候特点，住宅建筑布局别具一格，建造宅屋“不尚楼阁，唯取完固”。传统民居普遍偏矮，适应当地台风多的气候条件。《崖州志》记载：“崖处滨海，时有飓风所虞，故公私宫室，不为高敞。贫民庐舍，织柴为壁，涂之以泥，盖以茅茨。常为家营一室两房，栋柱四行。中两行嵌以薄板，余甃以砖。所构材料，选用

宅屋外墙 郑海 摄

梁桁 郑海 摄

砖墙（2017 年） 郑海 摄

门楼（2017 年） 郑海 摄

格木，坚重细腻，最为耐久。”

崖城地区民居建筑为砖木结构，内部大多采用梁柱式结构体系，以柱梁承受重力，有较强的抗震和抗风性能，具“墙塌屋不倒”功效。厅房多由四行抬梁金柱牵引支撑，中间两行“嵌以薄板”。斗拱、梁架、板材接榫精致。墙体由青砖横扑叠压、灰浆实砌而成，屋顶灰瓦接叠，灰浆勾连，瓦当紧压。外墙以灰浆批荡，利于防风雨、防渗漏、防潮湿，内墙壁用作承重及安装门窗。屋顶铺砌灰色瓦片、瓦筒，檐口装配瓦当滴水，室内地面铺砌方砖。一般为单进布局，面阔三间，中为正室，左右为旁室，前两侧厢房对向，正前方为照壁，照壁左边为门楼，有的民居外砌围墙。大户人家还有二进、三进形制和三合、四合庭院，正中有厅堂、庭院，侧有左右厢房、门楼楣匾。正厅栋梁、屏门神龛选材做工尤其精美。

建筑材料主要使用砖瓦、木料、灰浆。砖瓦制作生坯定型晒干后搬进窑炉烧制，桁梁柱桷等材料选用格木（心材），灰浆由石灰、草纸、糯米、稻草等原料精心加工合成。

崖城古民居屋面大多是“接檐”形式。“接檐”一般在前坡厅房屋面下降低御接，形成“一剪三坡三檐”的风格。崖城传统民居建筑独有的“接檐”形式，是中国传统民居建筑结构形式的传承和创新。

民国初期，崖城地区有的大户人家在建造宅屋时吸收南洋建筑艺术风格与岭南骑楼建筑的优点，建成具有骑楼风格的楼房。这种楼房室内宽敞通风，外立面装饰繁缛雅致，宅屋造型美观实用。

旧时，崖城居住村落里的汉族百姓，大多住泥巴墙木架茅草屋或三格式砖墙瓦屋。不论茅草屋还是砖瓦屋，一般都建成一厅两厢房，正厅（俗称“厅阶”）设神龛、摆八仙桌，供奉的神主牌上大多书写“迁崖始祖”尊名及祖公沿袭世系。

屋面接檐（保平村）（2016 年） 陈文 摄

普通民居（2012 年） 孟志军 摄

骑楼风格建筑（水南村）（2020 年） 黎月光 摄

1950 年后，乡村中的茅草屋逐渐消失。改革开放以来，传统砖瓦屋陆续改建为钢筋水泥混合结构楼房，安装铝合金玻璃门窗。农村建楼一般为三层，新楼宽敞、明亮、通风，注重装修厅堂、房间、厨厕，家具齐全，阳台建有铝合金护栏。

1980 年以来，建造新楼时，楼面虽不使用梁檩瓦筒，在楼面封顶时要请人择吉日在首层大厅举行象征传统的升梁仪式，烧香点烛，张灯结彩，宴请来宾。新建房屋落成后，屋主择吉日迁新居入住。乔迁之日，主人备办酒菜，宴请亲朋好友及左邻右舍。

黎族民众因地制宜，就地取材，建造的茅草屋（干栏屋）主要有船形屋和金字形屋两种形制，以船形屋茅屋最具代表性。船形屋以格木（心材）、竹子、红白藤和茅草为建筑材料，房屋的骨架用竹木构制，属传统竹木结构建筑。船形屋外观像拱状船篷，用红白藤扎架，屋顶以茅草或葵叶编扎覆盖。金字形屋以木材为支架，竹竿编扎成行，用稻草与泥土混合抹灰制成墙壁。

船形茅屋是顺应天时地利的产

黎族船形茅屋

物，体现居民对所处热带地理环境的认识与生存智慧，成为黎族人民创造的具有鲜明地域特色和民族风情的文化遗产。

居民出行　古代崖城地区的人行路是居民生产生活开拓的村路、园路、山路。黎人多居住在山岭之间，崖城人习惯将进山区采伐木材藤竹或跟黎人交易时行走的山路称作“黎路”。在田野村落之间，百姓日常劳作或运输货物要骑牛拖车，长年累月，居民经常行走的乡村田园邻舍形成一条条牛车辙路。

旧时，民众出行大多靠步行，俗称“行路”，也骑牛或乘坐牛车出行。崖城天气炎热，为防止阳光暴晒，农民出行时戴一种用竹篾葵叶编制成的顶尖边圆的“西界笠”，渔民出海时戴凸顶圆形的“锅盖笠”，在海上作业时可以遮晒蔽风雨。

旧时，富绅大户坐轿出行，农人出行骑牛或坐牛车。抬轿有轿行专营，迎宾接亲可

牛车（2015 年）　　陈行飞　摄

租用。花轿弓顶，两侧开小窗，前门有帘，内有扶手，制双杠供轿夫肩抬。新中国成立后，居民骑单车出行，公路上经常见到改装的脚踏三轮车载客行驶。1980年后，拖拉机、摩托车、电动车、公交车逐渐普及。

清代中后期，宁远河下游仍有舟楫送人载货过渡两岸。旧时，居民可沿环岛驿道出行，大疍港和保平港可停泊大船，官员出差、卫兵调防、商贩运货及百姓出行可乘船经海上往来各处港埠。新中国成立后，随着公路、铁路贯通城乡，居民选择乘坐客运汽车、火车、出租车、公交车、高铁等交通工具出行。

岁时节俗

春节　春节是崖城民间最重要的传统节日。崖城居民称“除夕”为“年三十”，称正月初一为“春节”。过年，即从除夕（大年三十）开始一直延续到正月十五，包括一系列辞旧迎新的仪式和拜年祈福活动。春节将至，出门在外的游子日夜赶路回家团聚，邻里亲戚互相招呼筹办年货，父母带着小孩缝制新衣购买鞋帽，男子忙着宰牲宰禽、加工鱼虾，妇女张罗买菜做饭等。

除夕日，家家户户以竹枝清扫房屋墙檩的灰尘蛛网，家长要派男孩到海边或河边沙滩寻找洁净沙土盛捧回家，以置换神龛和供桌点燃香烛的炉灰。除夕夜食团圆饭前，要在所有的厅房灶门张贴对联、门神和红纸利是，然后点烛献飨供奉祖先。

除夕日，城乡妇女有绞脸修眉的习俗，以粗棉线沾石膏粉交叉绞除脸庞、耳廓的汗毛，使妇女皮肤变得白皙光滑。因美容业兴起，绞脸习俗日渐式微，仅有新娘出嫁时梳妆或妇女春节前打扮时请熟人绞脸修眉。

大年三十夜晚，家家户户在厅堂点烛烧香，将熟食、糖糕、橘果、茶酒摆上供桌。零点，家长叩拜祖先神位后燃放爆竹，俗称“开年”。以槟榔敬长辈时说“恭喜发财”，给小孩发红包称“大吉利是”，亲戚朋友赠槟榔、香烟互相拜年。清早，家长在厅堂祖先神主牌前点烛、烧香、酌酒，行子嗣叩拜祖公仪式，礼成后，全家人一起享用丰盛的开年饭。

《崖州志》记载："初三日，书帖，钉赤口于门，谓之禁口。""钉赤口"，是用一张红纸条写上图吉利的话，贴在前后门的门楣上。该习俗使人心理上觉得能够消灾避祸，期望出入平安。

旧时，崖城于正月初八举办"城中迎神赛会，谓之妆军"。该"妆军"与琼东北地区民众模仿冼夫人领兵出征仪式的"装军"有差别。"妆"指装扮表演，排场热闹；"装"显得严肃，仪式庄重。显现"军"在琼崖民间祭祀神祇活动中的地位，并演变为扮演军队仪仗出游的迎神赛会。《崖州志》记载：城中举办"妆军"时"远近男妇入城聚观，三日方止。东西村落间或行之"。该项活动主要在城内讲军话的居民街坊举行，反映明清时期军籍后裔聚居在崖城厢坊的军属情结。

元宵节 旧时，崖城地区元宵节活动热闹好玩，有张灯结彩、扮演人物故事的"迎灯"活动，还有"昼打秋千，夜放天灯"和舞狮、舞麒麟演出的热闹场景。《崖州志》记载：元宵节美食"以糯米搓丸，小者截浸糖水，大者裹以蔗糖，名元宵丸"。打秋千"用四木两分相叉为架，高而下垂者为女秋，二木如柱两孔横架，短而翻转者为男秋"。放天灯多选在海边河畔沙滩，先用竹子削片扎成椭圆形，以布包围，中间点上油灯，顺风托送，彩色天灯飘着飞向夜空，灯主和观众齐声喝彩，成为元宵节晚上一道亮丽的风景。

清明节 在清明节前后踏青扫墓、祭祀祖先是崖城地区群众最为重视并自觉参与的习俗。每逢清明节，各家各户都要备好烤猪、家禽、糖糕、酒水、香烛、纸钱、爆竹等放到藤筐里，用扁担挑到郊野家族墓碑前一一摆放。同时，动手清理墓地周围的树枝杂草，接着由家长主持拜祖仪式。礼成，男女老少在祖墓附近的岭园海坡河岸采集野果分享。

端午节 五月初五端午节，崖城民众俗称"五月节"。《崖州志》记载："五月端午，保平里有赛龙船之举。为角粽，祀祖先，以相馈赠。又采芦花、香草、菖艾，浸水供神，浴体。或折艾悬门，以辟疫。是日，士女皆出港门观竞渡。儿童放各种纸鸢，角高下。"

崖城地区在端午节举办龙舟赛已有 300 多年的历史。港门居民聚居的村落分成青龙落、红龙落、白龙落、黑龙落、黄龙落。因青龙颜色如同农作物，若赛会上青龙舟获胜，寓意当年风调雨顺，农业丰收。农民兄弟欢呼雀跃，黎族群众也兴高采烈。纷纷将带来交易的杧果、龙眼等农产品送上青龙舟，犒劳鼓师、桨手。

端午节前后，家家户户忙碌着操持备料、裹粽、煲粽。一般家庭要包裹数十个甚至上百个粽子，放到灶锅里蒸煮通宵达旦。人口多的家庭要忙碌 2 ~ 3 天，裹粽数百个方能满足自家食用和送礼的需要。节前，人们支几口大锅在庭院或街巷边煮粽，灶锅前火光闪烁，庭院巷里粽香散漫，人们品尝美食，分享亲情。

旧时，端午节当日，居民到岭脚田畴或海边树丛采摘香草菖艾，回家挂在门口，或煮水洗浴，用雄黄涂抹在儿童的脸、额、耳、鼻，以为“避邪”。是日，青少年还制作

龙舟赛（2019 年） 符彬 摄

各式风筝，比试高下。渔村的风筝多是以竹篾制作成“王”字形，体形较大，用网线放飞，也有制成鸟、鱼、蝴蝶、花卉形状，有的还别出心裁，用藤皮加工制作弓状发声器装在风筝的顶端，风筝迎风飘扬时，发出悠扬悦耳的哨声。

寒衣节　崖城民众将农历七月十四称为“寒衣节”或“烧纸（衣）节”。凡有新丧的人家要上新坟，一般民众则在路口宅墙边点香烛、烧纸衣。七月十五中元节又称“盂兰会”，民间的主要活动是祭祀祖先，故俗称“鬼节”。旧时，崖城道观、寺庙在中元节设斋醮，办法会。寒衣节历来受到城乡民众的重视。

中秋节　《崖州志》记载：“中秋、冬至，不以为重。”而今庆贺中秋节的活动也在崖城流行起来。每逢八月十五，各家各户都要购买月饼，亲朋好友互相赠送月饼。中秋之夜亲朋好友相约品茶酌酒，聊天赏月。

婚嫁习俗

崖城居民婚嫁习俗　结婚嫁娶有一套约定俗成的仪式。城内原三坊四厢讲军话、迈话方言的居民婚礼一般包含“六礼”，即押命、出新妇、送日子、拜堂、出拜、回门，与乡下讲客话方言的居民婚礼大同小异，与黎族有别。相比旧式婚俗“六礼”，近代崖城汉族居民结婚程序比较简约，但依然遵循传统婚俗要求的礼仪规制，如礼敬槟榔、新房安床、搭棚（出室）、迎亲、拜堂、宴请、和门。

西里农村婚嫁习俗　男女双方情投意合则谈婚论嫁，男方请媒人带礼品到女方家说亲，记卜女方的生辰，男方家长将双方的生辰八字用红纸写好，请人算命及定婚期，俗称“红纸合命”或“押命”。其后，男方就请一名女性亲戚提着装槟榔、礼金和写好婚期的藤箧送到女方家。女方家长开箧接纳，即为订婚礼成，称“接槟榔”。女方家长亲戚收到分送的槟榔果品，称作“吃某某槟榔”。一般槟榔订婚后，男女双方即可以去办理结婚登记。

闺女待嫁（2016 年） 陈行飞 摄

结婚前，男方特别讲究新房安床，先要请人看好吉利时辰，再聘请族内德高望重的长者抱着一对健康的男童在婚床上嬉闹娱乐，寓意新人早生贵子。旧时，新娘嫁妆多是箱柜、碗盘、布匹等生活用品。1980 年以来，购置流行日用品、高档电器家具为嫁妆。

结婚前一天，男方亲戚朋友相约到庭院周围搭建遮阳的棚架，布置婚宴场地，帮助垒灶架锅宰牲，还要书写张贴对联，营造婚庆热闹气氛。当晚的招待餐叫“食夜晖”或“搭棚酒”。

新娘出嫁前，要请一位贤惠的妇女在她的脸庞额头敷粉并操作纱线，将其脸上的汗毛绞除干净，俗称“开脸”。此举既为新娘妆扮美容，也寓意新娘从此清白干净嫁人为媳，开始新的生活。开脸时，新娘的母亲要在旁边陪伴。闺女出嫁，女方家长要备槟榔、香烟、糖果，迎接亲戚朋友前来祝贺。

新郎和参加迎亲的伴郎依照先生定下的良辰出发。到达新娘家时，媒人先引领盛装打扮的新娘进入轿子或轿车，陪伴新娘的还有一帮俗称“姨母”的姐妹同行。新郎将新娘接回婚房后举行拜堂仪式，分别为拜天地、拜高堂、夫妻对拜。拜堂过后，男方家摆酒席宴请亲戚朋友。新郎新娘要向来宾献槟榔、递香烟。来宾的礼金一般在现场交付男方亲属。结婚当晚有闹洞房的习俗，但西界乡村不兴闹新娘，而是伴郎闹“姨母”，伴郎伴娘进出婚房互相开玩笑。

新人婚后第三天，新婚夫妇备厚礼前往女方家看望岳父母和兄嫂亲戚，俗称“回门”。《崖州志》称“三日女婿旋车，谓之回门”。回门是新婚夫妻首次回娘家省亲，岳父母要设家宴款待女婿和亲友，新婚夫妇回门当日要返回男方家。至此，三日婚礼告成。随着经济社会发展和流行文化的影响，许多自由恋爱的青年人登记结婚后选吉日在酒店举办结婚宴请，婚礼仪式趋向城市流行方式，讲究排场，酒席丰盛。

黎族婚嫁习俗　黎族青年男女自由恋爱至有意结婚，男子便约相好朋友，带槟榔、烟酒登门拜见女方家长。女方父母满意，会接下槟榔并摆酒席热情款待；若不接槟榔、不给凳子坐，说明女方家长不同意此门婚事。

槟榔定亲　　孟志军　摄

当得知女方家长同意，男方父母择吉日到女方家提亲。礼物一般为生猪一头、槟榔、糯米饭和烟酒。双方见面后，男方择吉日派媒人去询问成亲日期和彩礼数目（俗称“问日”“问东西”）。随后，由同宗未婚的青年男子将彩礼抬送到女方家里。结婚日大多选在秋收后至春节之前，要回避“虫日”“火日”“狗日”等不吉利的日子，婚礼选择在“牛日”“龙日”“羊日”“鸡日”“猪日”“兔日”举行。

新娘出嫁前行“开面礼”，即用两根棉线绞去脸部汗毛，以示姑娘将要出屋嫁人。出嫁之日，女方摆酒席宴请宾客。新娘则坐在自己父母床上哭嫁，叙述父母的养育之恩，并象征性地责怪媒人和接亲人，话意恳切，曲调委婉。

出嫁日，女方家先请“老人”举行告知祖先有女出嫁仪式。接着，新娘在家嫂的陪伴下，在后门柱的地面置一些槟榔，顺序向父母长辈及兄嫂姐夫敬槟榔。日头偏西，新娘被催促出门，此刻新娘不愿离开，须由其弟推拉出门。待新娘出门，伴娘即撑开布伞，簇拥着走向村口。

男方家的接亲队伍由媒人带领，接亲者多为新郎的同姓弟妹。抵达男方村舍后，先到新娘的亲戚家歇息。新娘即穿戴传统服饰，盛装打扮。日落时分，新郎家举行祭告祖先有儿子结婚的仪式。礼毕，新娘在伴娘簇拥下，赤脚从亲戚家走到男方家。入屋后，新郎的嫂子带领新娘去摸水缸和米缸，然后新娘走到灶前舀水下米入锅煮饭，煮熟要捏饭团祭灶神。次日清晨，新媳妇要到河边或井台挑水，将婆家和叔伯家的水缸装满。

男方婚宴酒席一般在中午时摆在自家门前的空地上，要用椰子叶编成席状盖棚遮阳。开筵之后点燃鞭炮，亲家队伍送来嫁妆，让来宾参观。旧时，嫁妆多为日常生活用品或牛只等。1980 年后，嫁妆有电器及抽水机一类的生产工具。

宴席上，新郎新娘给宾客敬槟榔、点烟。席间，男方长辈要给亲家敬酒夹肉。婚宴上青年男女对歌斗酒。婚礼后，新娘家长带礼物到女儿来时歇脚的亲戚家致谢。新媳妇要择吉日回娘家一趟，并在娘家住些时日。新媳妇重返婆家时，丈夫要择吉日亲自接回。

生育　寿诞

生育　旧时，婴儿都是在家里诞生。婴儿出生 12 日后母子平安，家长抱着婴儿到厅堂烧香上供，拜谒祖宗。婴儿出生一个月，称“满月”，父母办满月酒款待亲友，以示庆贺。届时，至亲长辈备鞋帽、衣服、玩具、饰物赠送婴儿。婴儿满月后第一次理发，要将剃下的胎发用红布包好，存挂在摇篮旁。婴儿满周岁要穿新衣、戴新帽，家长要拜祖先，设宴庆贺，俗称食“对岁酒”。

做寿　晚辈为年长父母、公婆摆酒贺寿，俗称“做寿”。旧时，崖城地区重视祝寿者多为大户人家或乡绅门第，亲友前来祝寿要送寿礼、寿联、礼金等。百姓“做寿”较少，偶尔有祝寿的是因年老多病，想通过祝寿的方式祈求安康。1980 年以来，崖城地区祝寿风俗渐兴，儿女自发为父母操持举办寿宴酒席，制作传统糖糕或订制“寿”字蛋糕。亲朋好友也前来祝寿，现场气氛活跃，长者高兴。

丧葬习俗

汉族的丧葬习俗　旧时，城里办丧事依照佛教道规以“超度”的形式举行，乡村则因循传统习俗祭悼安葬。崖城地区但凡有人家中有不幸发生，亲戚邻里之间都会主动赠送财物，以助治丧，安慰患难家庭。

“孝子买水”是崖城居民世代沿袭的丧礼习俗。先人辞世后，家中长子即时披麻戴孝，持刀把，扛着陶罐，沿途哭泣走到宁远河边，将硬币或纸钱扔入河水，再提罐装水回家，捧白布沾水为逝者洗脸、换衣、穿鞋，入殓。随后，孝子设灵堂，在寿棺前烧香守灵。

凡治丧期间，亲朋好友要到灵堂脱鞋烧香，鞠躬吊唁。礼毕，捻纸钱烧于灵堂门槛两旁。头七日，举行庄重的祭奠仪式，直系子孙要披麻戴孝、赤足，祭奠时由德高望重的长者依次诵读祭文。祭奠过后，设酒席招待来宾。

西里乡村有亲人逝世后即请“先父公”到家里布置灵堂，为逝者洗脸、更衣、穿鞋，举行入殓仪式，随后确定出殡安葬时辰。家属当日要用白纸写讣告、挂挽联，两三天内出殡，在预备的墓地下葬。即日起至头七，嫡系子孙要披麻戴孝、赤足，围坐在灵堂两侧焚香、烧纸、守灵。头七日，“先父公”在灵堂主持庄重的祭奠仪式，诵读祭文、点香敬酒、烧纸献飧。凡有血缘关系的子孙，要围绕灵堂遗像起跪叩拜。“七七”未满忌到别人家串门。旧时，丧事须做“七七”，近代简约为做完“头七”即收期，但仍保留供案百日置饭、周年家祭、三年“过孝”的习俗。“过孝”之后，就可以为先人坟墓立碑，神龛上的神主牌可登录逝者的世系称谓。

崖城地区丧仪还有一个招魂习俗，如有猝死在异地的亲人，其亲属须将亡魂引回家中以祭祀，终而认祖归宗。

黎族的丧葬习俗

报丧 黎族村里有亲人病危时，家人先派人去告诉外嫁的女儿。弥留之际，家人集聚屋内，当老人气绝后，叔叔或长子即朝天鸣枪（粉枪）3声。听到枪声后，凡有血缘关系的亲戚即来蹲在逝者床前吊唁，并由家族长者安排葬礼事宜。

报丧者一般由逝者家族男性成员担任，报丧顺序：首先是舅父家族，其次为外嫁女儿的婆家，最后是分居的本家族成员。报丧人手中执一根木棍，村民见状即明白有丧事报告。

入殓 翌日下午入殓，棺材大多为独木棺。入殓前，要给死者沐浴、梳头、画脸（妇女）、更衣等。入殓时，由舅父掀开逝者被盖确认后方准入殓。后由“老人”（指专做超度的长老）引领，由族人将露兜叶席裹尸抬入棺材，盖上亲朋好友赠送的被褥衣服白布等，盖上棺盖，用竹篾缠紧，并用调制好的泥浆黏合接口处。接着，将灵柩移至房屋中央，盖上草席或被单。灵柩前设祭坛，供祭品，上方撑着纸伞，两侧摆有酒坛、糕饼和逝者生前使用过的一些物品。

守灵“作八” 停棺守灵时间多为3日，长的有十天半个月。“拿日人”（死者长子）日夜守候在灵柩旁，家族中的兄弟姐妹晚上要来守灵。

出殡前举行庄重的祭祀仪式，俗称“作八”。是日上午，“拿日人”系着腰篓山刀，手拿铁锹，离开灵柩后有人敲锣引路，家族兄弟跟随其后向家族墓地走去。举行“问地”仪式后即开挖墓穴，用砖头封好，摆上祭品，点香烛、燃鞭炮，返回村里。

从外村赶来参加“作八”仪式的人，各自带着鸡、猪牛肉、米食及祭品，一进入村口就朝天开枪（粉枪，现以鞭炮代替），走进逝者屋后绕灵柩三圈，摆上纸马、纸伞、纸衣和祭品。在“老人”主持下，孤儿“讨饭”仪式开始，“拿日人”在祭坛前下蹲哭泣，跟着“老人”念念有词。

夜幕降临，由“老人”念唱讲述逝者及其祖先的经历（也称“祖先歌”）。在棚架桌凳上放置一个陶缸，缸中盛有酒酐，“老人”每唱念一段就用一支小竹管往缸里汲啜。入夜，来参加“作八”活动的青年男女在死者家附近的空旷地上摆上木条或竹竿，跳起打柴舞，或互相对歌，安抚死者家人。

出殡安葬 出殡时，“拿日人”从腰篓里取出山刀，在前门的中柱上砍一下，再放进腰篓里。灵柩移位出门时，舅家的人把门关上，以示舍不得死者离去，经过一番争执后将门打开，抬出灵柩放在预先制作的木架上，再抬起前行。逝者的女儿或儿媳手持纸伞坐在灵柩上哭泣。到墓地后，在“老人”主持下，逝者家族成员绕墓穴3圈，蹲下面对墓穴，当粉枪声和鞭炮声响起时，将灵柩缓缓放入墓穴，逝者的女儿及至亲立即趴到棺木上拍胸哭泣，接着家族兄弟填土筑墓。墓筑成半圆状，墓上置水坛、土锅，两边放椰子、香蕉、牛下颌骨、纸马和逝者生前用过的物品。随后，“拿日人”扛一支竹竿挂上盖灵柩的被席回村。

招魂守孝 葬礼后第三天，黎族群众认为亡灵要回家探望。当晚要摆些酒菜，家人相伴在屋里恭候，在“老人”主持下举行招魂仪式。

黎族治丧期旧时为3年，现改为一年（或3个月、1个月）。守孝期间，配偶及孝男孝女衣服要反穿，家庭成员的名字称谓也要改变。若父亲或母亲去世，年纪小的子女要改名为“应帕”或“应美”（没爸或没妈的孩子）。若长子长女去世，次子次女的名字分别改为“伦劳”“伦凯”（没哥没姐的人）。治丧期满，举行简单仪式后才可以正穿衣服。

海神信仰

崖州湾渔业资源丰富，明清以来，来自闽潮粤西的移民中有一部分渔民，他们织网造船，随潮往来，捕捞为业。分布居住在港门、角头、镇海等渔村的渔民，耕海为生，信奉龙公、关帝、妈祖，生产生活习俗体现了海洋文化特色。

民国以后，崖城港湾世居疍民或涵化为本地汉族渔农或迁徙到三亚、榆林、藤桥等港湾，从事渔业和海上运输业。疍民以船为宅，浮生江海，崇拜海神，喜爱唱咸水歌，生活习俗别有海洋风情。

海神祭祀 港门渔村出海口的龙王庙里供奉着青、红、白、黑、黄五位龙公和天后圣母（妈祖）的塑像，另外，观音、关公、地母、三江娘娘、三仙娘娘、皇父母太子公的神位也供奉其中。龙王庙有一座清康熙年间由信众捐铸的古钟，铸有“风调雨顺国泰

龙王庙古钟 陈行飞 摄

祭海仪式（崖州中心渔港）（2017 年） 陈立 摄

民安”铭文。庙堂安置的神祇众多，但是渔民信众参拜的神主是海神龙公和妈祖。有的渔民将自己的姓名写在一张红纸上，放在妈祖的神位前；有的船主专门制作渔船的小模型置于龙公庙内，祈祷海神为他们消灾避难，渔获丰产。渔民出海期间，家人也到龙公庙烧香敬拜，祈盼诸神保佑渔船平安归来。

抬公游神 每逢端午节龙舟赛，渔村港埠热闹非凡。五龙公和妈祖的塑像被请入大轿，然后抬出庙宇沿港岸街道巡游，接受民众的夹道迎接。寓意神明降落民间，巡视乡里，保境平安。民间祭祀关公活动由港门关帝庙组织，每年逢关帝圣诞即农历五月十二至十三举行巡游。是日，港门关帝庙会请出关帝圣驾，组织数百人的銮驾队伍在村道上游行。彰显关帝忠义英勇的形象，保护鱼米人家出入平安，祈盼乡村百姓万事胜意。

祭拜船头 每逢新船建成、欢度新年或汛期出海，渔民都要给船头挂红彩、燃香烛、鸣鞭炮，以求风调海顺、渔业丰收。

渔民禁忌 渔民性格开朗，热情好客，一旦捕获到鲨鱼、大龟，或汛期丰产，都要开锅煮餸，喝酒庆兴。此时，凡有路过或上船来的人都会得到船老大的邀请：“加双箸（筷），来呷酒！”渔民在家宴酒桌上有许多禁忌，如盆、碗、匙、勺不能倒置，倒置会使渔民联想到翻船，兆头不好；筷子不能横放在碗沿边，因其状仿佛渔民在海上遇到风浪时束手无策，但将橹桨横放船舷听天由命；吃鱼时，吃完上面鱼肉要吃下面时不能说“翻过来”，因“翻”字有“翻船”之嫌，不吉利。

抬公迎神（2016年） 王叶丽 摄

开渔节 崖州湾是海南重要的渔业生产基地，每当休渔期结束，崖州中心渔港举行中国南海开渔节。仪式开始前，五龙庙、关帝庙、妈祖庙共500人的方阵队伍先例行渔家传统的“龙王出游”。接着，举行隆重的“祭海仪式”。礼成，数百艘渔船在热烈的鞭炮锣鼓声中驶向南海渔区作业。

方言俗语

方言

崖城地区居民所操方言多种多样，“方言岛”现象明显。汉语方言主要记述闽南语（客话）、军话、迈话，少数民族方言主要记述黎语（哈方言）。

黎语 崖城地区黎族所讲的语言属汉藏语系壮侗语族黎语支哈方言“抱显土语”（“抱显”是村名）。历史上黎族与汉族交往日趋频密，居住在南山和北岭一带的黎族群众可以用汉语方言客话、军话、迈话和普通话进行交流。黎语的词汇中，单音节的词要比多音节的词略多一些，基本词汇大多数为单音词，有一部分古代汉语借词。黎语的常用基本词与其他同语族语言同源的大约占37%，汉语借词约有10%，尤其是新中国成立后吸收的有关政治、经济、文教诸方面的新词汇较多，从中可以了解黎族与汉族历史上相互交往和联系的信息。

闽南语 又称海南话、客话，属汉藏语系汉语族闽语方言。崖城汉族民众所讲客话的语音调声与海口、文昌等地的海南话略有差异，但不影响交流。

迈话 明正德《琼台志》记载：“崖州‘迈人’，乃唐宋以来仕宦谪寓之裔。”他们来自不同的地方和不同的时代，迁移定居前的仕途经历也各不相同，故而崖城“迈话”具有明显的汉语方言混合性质。

军话 属汉语北方方言西南官话系统，是明朝初期在崖州设立“卫”“所”军制的士兵在交际时所使用的“通语”。其家属及后裔定居在州城三厢及城门外延地带。崖城军话的语音声调与儋州、东方、昌江等地的军话在发音腔调上略有差别。

方言人口与分布 《崖州志》记载：旧时，崖州有6种语言，即军话、迈话、客话、番话、儋话、黎话，其中，“军话在城内外三坊言之”“迈话附城四厢言之”。古代崖州闽语方言人群散居于东西里乡村。近代崖城镇闽语方言人口聚居于宁远河平原和保港、梅山一带（民国后划为崖县“中一区”）。黎语人口散居于崖城的周边山区，不少黎村邻近汉族村落和农场作业区。其中，闽语方言人口分布最广，军话、迈话人口较为集中，黎语人口比较分散。崖城镇共有24个行政村和居委会，各方言人口分布状况如下：

闽语（客话）分布在港门、保平、乾隆、临高、盐灶、镇海、长山、梅东、梅西、梅联等地，使用人口约3.5万人。军话主要分布在崖城、城西、城东、拱北，使用人口约1.1万人。迈话主要分布在城东、拱北、镇北、起晨、上头坊、水南、大疍等，使用人口约1.3万人。黎语主要分布在抱古、赤草、三公里、雅安、凤岭、海棠、南山、北岭、三更村等，使用人口约2.65万人。

汉语方言常用词一览表

表7

例字	闽语方言	迈话	军话	备注
天	thi33	then13	thin33	
太阳	zi43thau11	ŋet33thau55	Ǿi213thəu21	
雨	heu43	vau33	Ǿi31	
水	tui21	sui55	sui31	
火	huə21	hua33	xuo31	
山	ɵuə33	san13	sɛn33	
田	saŋ11	then55	thin21	
年	hi11	nen55	nin21	
月份	vuə43; keu21	ŋet33	ziɛ213	
牛	ma33	ŋau55	niəu21	
猪	ʔdu33	ʦi13	ʨi33	
羊	io11	ziŋ55	zɛ̃21	
狗	kau21	kau33	kau31	
鸡	koi33	kɐi13	ki33	
鸭	a45	aʔ33	za213	
鸟（雀）	ʦiau21	ʦi13ʦiaʔ11	ʦhɔ213	
鱼	hu11	ŋui55	zi21	
树	siu33	muk33kɐn13	si55khɔ33	
稻谷	sia45	kuk33; mɛʔ21	tau55	

续表 7

例字	闽语方言	迈话	军话	备注
玉米	ʔbau33ve43	van13mɛʔ33	vɛn33mi31	迈话作“番麦”，军话作“番米”
番薯	aŋ11tu11	van13si55	ti55kha33	
甘蔗	kaŋ33tsiə13	kɐn13ta55	kɛn33tsiɛ55	
种子	tsiaŋ21	tɔŋ33tsi33	tsɔŋ31tsɿ31	
眼睛	ma43	ŋan33	Øin31	
鼻子	phi33	phɐiʔ11	pi213	
耳朵	hi43kia21	ŋi33	Øɯ31tɔ33	
嘴巴	sui13	tui33	tsɐi31	
牙齿	ŋe11	ŋa55	za21tshi31	
舌头	tsi43	lɛ33sɛʔ11	lɛ31siɛ213	
脚	kha33	kiaʔ33	kiɔ213	
皮	phuə11	phi55	phi21	
人	naŋ11	nɐn55	zen21	
父亲	ʔbe43; ʔba45	aʔ13ɓa55	kia33ziɛ21	
母亲	mai21; ma45	aʔ13mau33	kia33mu31	
房屋	su13	ʔuk33	kia33	
村	sui33	tshun13	tshən33	
饭	muə11	vɐn 21	vɛn55	
酒	tsiu21	tau33	tɕiau31	
糖	tho11	thuɔŋ55	tɛ̃21	
斧头	ʔbeu21	thau55vu33	vu31	
刀	ʔdo33	ɗɔ13	tau33	
绳子	to45	sɛŋ55	sɔ213	
碗	ua21	uɐn33	vun31	
书	tu33	si13	si33	
东西	mi43	ɗɔŋ13sɐi13	tɔŋ33si33	
喝	suə45	hiaʔ33	khi213	军话、迈话“喝”均为“吃”
看	mo33; thoi21	hɔn13	kɛn55	
说	koŋ21	kɛŋ33	kiaŋ31	
读	tha43	thɔʔ11	tu213	
走	kia11	hɛŋ55	tsəu31	迈话“走”为“行”
坐	to45	tshua21	tsɔ55	
买	voi21	mai33	mai31	
穿（衣）	siaŋ33	tsiaʔ11	tshun33	迈话“穿”为“着”
笑	siə13	siu55	siau55	
哭	thi11; khau13	huk33	khu213	
有	u43	jau33	Øiəu31	

续表 7

例字	闽语方言	迈话	军话	备注
不	vo11	miau33	miəu55	
大	ʔduə33	thai21	ta55	
小	niau45; ɵoi13	sai33	nɛʔ5	
高	kuai11	kou13	kau33	
矮	oi21	ɗai13	ŋai31	迈话“矮”为“低”
长	ʔdo11	ʦhiŋ55	ʦhɛ̃21	
短	ʔde21	ɗuɐn33	tun31	
远	hui43	vin33	zun31	
近	kiŋ43	khɐn21	ken55	
多	toi33	ɗɔ13	tɔ33	
少	ʦiə21	siu33	sau31	
红	aŋ11	hɔŋ55	xɔŋ21	
黄	ui11	vaŋ55	xuaŋ21	
白	ʔbe43	phɛʔ11	pɐi213	
好	ho21	hau33	xua31	
坏	huai33; ʔbai33	huai21	xuai55	
冷	kua11	lɛŋ33	ləŋ31	
热	zuə43	ŋet33	Ǿiɛ213	
甜	ʔdeŋ11	then55	thin21	
苦	kheu21	hu33	khu31	
一	zia43; i45	aʔ55	Ǿi213	
二	no43; zi33	ŋi21	Ǿɯ55	
三	ɵa33	san13	sɛn33	
四	ɵi13	si33	si55	
五	ŋeu43	ŋu33	vu31	
六	la43	lɔʔ55	lu213	
七	si45	ʦɐiʔ55	ʨhi213	
八	ʔboi45	ɓaʔ33	pa213	
九	kau21	kau33	kiəu31	
十	tai43	sæiʔ11	si213	
我	vuə21	ŋɔ33	ŋɔ31	
你	tu21	ni33	ni31	
他	i33	ki55	xɛ33	
这里	ʦi45leu33	kɔ55lu21	kɔ55lu55	
那里	a45leu33	lɔ55lu21	na55lu55	
什么	mi45	mi55ɗi33	mi33ni33	
个	kai11; ʦia45	kɔ21	kɔ55	
棵	taŋ11	kɐn13	khuɔ33	

续表 7

例字	闽语方言	迈话	军话	备注
只	ʦia45	ʦia33	ʦʅ33	
很	na33lu13; ke43	kɐn21	xən31	
最	ʦui13	khɛʔ11	zui55	
别	mai13; vo11zoŋ43	mɔʔ11	pɔŋ21	迈话“别”为“莫”
和	kaŋ33; sau13	thɔŋ11	ʦhəu55	
从	haŋ13; soŋ11	lau13; ʦhɔŋ55	pa31	

俗语

客话（闽南话）

海守汛期，人守信义。

室宽不比心宽，积财不如积德。

自小看大，三岁看老。

刀不磨不利，子不教不乖。

打工三年不见工，生仔三年成个人。

树大树分枝，子大子各家。

见过不如做过，做过不如做多多。

有样学样，无样学世上。

浇树要浇根，交人要交心。

人勤地生宝，人懒地生草。

鱼沿流水，人跟社会。

鱼归鱼群，蟹归蟹穴。

肥田不及瘦生意（或瘦辅子）。

没牛拖车以马替，没风驶船以浪推。

百姓最怕九月风，做人只怕老来穷。

富在山中人看见，穷在路边人看欺。

海内鱼，海内钱。

劈山勿劈海。

押得牛低头，毋押得牛食水。

挑糠亦重挑米重，要挑灯笼又飞风。

稻熟雨下，饭熟火着。

救得蛇生蛤又死。

路上打船多先父。

插秧不拔草，挑箩四处走。

一日西风三日雨，三日西风无有雨。

插田过白露，生仔做人奴。

早造插秧芽，晚造插秧伯。

三月火烧坡，四月嗡蛙塘。

三月劈园四月点，半点山栏半坡占。

三月三，西刀鲳鱼无人担。

迈话

金钱同粪土，人情值千金。

穷家多孝子。

没儿系女，通天道理。

一日集一分，百日得千金。

屋里有万金，不比一日讨一升。

坐享千金，不如日日进一分。

做谷做米防止九月风，做人防止老来穷。

饿年不饿冬，饿冬米缸空。

马善善，摸马面。

天旱三年，饿不着火头。

小不帮补，大来坝吐。

天上鱼鳞斑，地下晒稻不用翻。

日头倒照，风雨不少。

山水上山水下，来也快去也快。

一日西风三日雨，三日西风没水洗手。

北边雨不过水南河。

天红地要烂。

海面雪雨不歇，日头路雪雨无滴（迈话称闪电为“雪”）。

雷打秋，有做无收。

名人与名镇

崖城，人杰地灵，贤才荟萃，泽被后世。既有各个朝代由王朝委派任职的文武官吏，也有古代遭贬谪流寓崖城的仕宦名流，还有古代崖城地区生员科举出仕，或近代考取大专院校后在外地创业的莘莘学子。他们学有所长，业有专攻，在政治、经济、科教、文化诸领域成绩显著。更有为中国人民解放事业前赴后继、英勇献身的革命烈士，其感人事迹，可歌可泣，英名永存。

人物传略

韩瑗（606—659） 字伯玉，京兆三原（今陕西三原）人。唐高宗时期宰相。出身贵族名门，博学多才。唐永徽四年（653），拜同中书门下三品，进侍中兼太子宾客。时唐高宗欲废黜王皇后，改立武昭仪（则天），遭到长孙无忌、褚遂良等佐命大臣极力反对。韩瑗进谏劝阻，为被贬的褚遂良辩护，惹怒唐高宗和武则天。显庆二年（657），韩瑗被罢相，贬谪振州刺史，寓治所崖城。显庆四年（659）初，染瘴身亡。韩瑗为谪琼宰相第一人。

阿史那献（生卒年不详） 祖父阿史那弥射，于唐贞观十三年（639）降唐，被册封“兴昔亡可汗”爵号。唐龙朔二年（662），受诬告被杀。武则天临朝后，册封其子阿史那元庆为第二代“兴昔亡可汗”，加封为镇国大将军。如意元年（692），阿史那元庆被酷吏来俊臣诬杀，其子阿史那献，时20余岁，因受株连，被从西域流放振州，在崖城度过10年羁旅生涯。长安三年（703），自振州诏还，被册封为第三代“兴昔亡可汗”，晋爵昆陵都护、北庭大都护等。在平定西突厥反唐叛乱、抗击后突厥犯疆侵扰、维护西北边境安定等方面，功劳显著。

李德裕（787—849） 字文饶，赵郡赞皇（今河北省石家庄市赞皇县）人，中书侍郎李吉甫次子。以门荫入仕，历宪宗、穆宗、敬宗、文宗四朝，一度入朝为相，但因党争倾轧，多次被排挤出京。武宗继位后，李德裕又拜相，封卫国公。宣宗继位后，遭受政敌构陷。大中二年（848），李德裕被贬为潮州司马，最后再以“投荒服”流放崖州，次年卒于贬所。大中六年（852）三月，朝廷诏归葬于洛阳。

清康熙七年（1668），知州张擢士修纂的《崖州志》“遗事”记载：“李德裕谪崖，居于毕兰村。后故，归葬。其弟德禧寓崖，因水冲毕兰，徙抱班。后又见抱劝田地肥饶，移居焉。今其村李姓百余家，俱化于黎。见收德裕遗物尚存，副使李德至崖，招出验之，再三叹息。”清光绪十四至十六年（1888—1890），广西人唐镜沅（芷庵）任崖州知州，受两广总督张之洞委托，调查李德裕子孙化黎的情况。唐镜沅将该项任务交由吉大文。吉大文在《上唐芷庵刺史书》中指出：“唐时琼山地，半为崖州，半为琼州。唐李德裕贬为崖州司户参军，是琼山之崖州，而非今宁远县之崖州也”；其后人情况，吉大文认为“公弟德禧，初住毕兰村，次徙居抱班，后利抱劝田美，移居焉。今多港良田甲于西峒，与志书符合”。

李德裕雕像

丁谓（966—1037） 字谓之，苏州长洲（今苏州吴中区）人，北宋真宗时期宰相。淳化三年（992）进士，历工、刑、兵三部尚书，封晋国公，居相位7年。乾兴元年（1022）二月被罢相，贬崖州司户参军。丁谓在崖州教民读书著文，写下百余首咏崖州、海南的风物诗，结集为《青衿集》《知命集》。还撰写有《天香传》存世。天圣三年（1025）十二月，迁雷州司户参军。

周鄘（生卒年不详） 字其乂，南宋泰州海陵（今江苏省泰州市海陵区）人，淳熙年间（1174—1189），知吉阳军（治所崖城）。周鄘任上“宽平御下，重修学宫，谕生黎归化者五十余峒”。赵汝适《诸蕃志》记：周鄘到任后，见熟黎峒稀少，踞城外五七里，即生黎所居。而黎峒之间的贸易不便，顷刻即散。周鄘即派黎族头人告诉他们，约定寅酉二日为墟市，黎人皆肩担背负，或乘桴而来，与民贸易，黎人和悦，民得安息。

淳熙十三年（1186）重阳日，周鄘前往南山登高览胜，发现石室、石船，后撰写游记，留下摩崖石刻。寻访及题刻之南山奇观成为崖州最早开发的旅游景点。

裴闻义（生卒年不详） 字子正，南宋吉阳军北水南村人，唐代名相裴度第十五世孙。父裴瑑，祖籍山西闻喜县，北宋末年任雷州守，南宋初知吉阳军，任满后因中原动乱不能北返，举家落籍崖城水南村，为裴氏迁崖始祖。绍兴年间（1131—1162），裴闻义荫补知昌化军。任职9年，卒于任上。

绍兴十四年（1144），南宋名相赵鼎因力主抗金，被秦桧构陷罢相，被贬谪吉阳军。

裴闻义不惧株连，将赵鼎接到水南村“裴宅”安置。赵鼎寓居3年，绝食殉节报国，裴闻义为他举殡厚葬。绍兴十八年（1148），南宋名臣胡铨被贬谪吉阳军，裴闻义又将胡铨安置在“裴宅”。绍兴二十六年（1156）六月，胡铨获赦，北归前取“君子盛德”之意，题“裴宅”为“盛德堂”，并亲笔撰写楹联，作《盛德堂铭》。

洪亮（生卒年不详） 安徽贵池（今安徽省池州市）人。原名马儿，受军武出身的父亲洪怀卿影响从小习武，青年时带兵打仗，与朱元璋同期起兵伐元，称为马军，后归附朱元璋部。洪武四年（1371）四月，“赴京拔金吾右卫充中所马军”。六年（1373）七月，“除昭信校尉，广东卫百户”。洪武七年（1374）正月，“调海南卫守万州后所，三月授流官敕命”。洪武十一年（1378）五月，“奉旨敕命为世袭崖州副千户”。洪亮在万州、崖州戍边安疆业绩显著。其父洪怀卿随儿子到崖城定居，为洪氏迁崖始祖。洪亮逝世时葬于六盘，后迁回崖城西郊建墓。据《洪氏族谱》记载：洪亮及其后世共有11位敕命为世袭千户，6位为副千户、5位为千户。

陈尧恩（生卒年不详） 字汝济，号荻洲，江苏吴县（今苏州吴中区）人，明正德五年（1510）举人，正德中期，知崖州。正德十四年（1519），渤泥番（今加里曼丹北部文莱国一带）海寇窜入榆林港劫掠。陈尧恩亲自督军上阵，斩获罗朝田等24人。又择城外高阜地，甃以砖石，修筑郎勇城，募兵防守，州城得以安定。

附城南北田园干旱，农业失收。陈尧恩继开挖大官沟、中亭、马丹之后，发动黎汉百姓兴工开挖南北两沟，引宁远河水分流灌溉农田。钟芳回崖城探亲时相助此项工程，并作《崖南北二沟记》。崖城民众俗称南北沟渠为“官沟”，历数百年至今仍发挥灌溉效益。陈尧恩崖州任上修水渠，兴教育，还筑桥修路，以利通行。离任后，士民植碑颂德。

林资深（生卒年不详） 字学静，福建福清（今福建省福清市）人。明嘉靖二十五年（1546）举人，初授罗定知州，后调任崖州知州。嘉靖四十三年（1564），他勘察宁远河流向，发动黎汉民众在城南开工重浚南沟，掘平山岗巨石，拓延七百余丈，纵横通达，灌溉数千亩田地。同时，捐出俸金购买砖料，在南沟上建一座大桥，方便行人车辆通行。林资深查明黎乱案情后即招来肇事首恶，提议按风俗出牛锣以和解，但首恶者莫从。林资深独召多港峒酋长，率熟黎两千人擒捉，再增义勇狼目四千前往威慑，至七里许，逆黎前来自首。林资深指示黎酋要筹备木料茅草，及时修建被毁坏的房屋。此举为历来抚黎和解的范例。时任户部员外郎胡文路撰《崖守林侯兴沟安黎碑记》，刻碑镌记。

林资深以兴沟安黎政绩擢高州府同知。

邬若虚（生卒年不详）　字君受，号梅石，浙江海宁（今浙江省海宁市）举人，明万历十九年（1591），授崖州知州。时发生黎民治安事件，邬若虚亲与总镇协力，50天戒备，“贼宵遁”。明隆庆至万历年间（1567—1620），崖州沿海遭海盗倭寇侵犯，形势严峻。有一次，海寇引倭寇蹂躏崖州，邬若虚召集民兵，告诉妻子洪氏：“身与城共存亡，尔等须自以为计。”洪氏听罢，预先将城内一口枯井洁净，以备城陷时投井殉节。邬若虚带领将士登城备战，出奇计疑惑海寇，海寇船惊恐起帆转舵逃遁，州境晏然。邬若虚任内致力于“正风俗，培士气”。

瞿罕（生卒年不详）　字日有，湖北黄梅县（今湖北省黄冈市黄梅县）人，明代著名理学家瞿九思次子。明崇祯十二年（1639），征授知崖州。到任伊始，肃整吏治，革除不合理规定。其时，有故例要求黎人无偿供给知州大米三十石，称为“黎供”。瞿罕不同意，废除后黎民拍手称赞。崇祯十三年（1640）九月，崖州暴雨成灾，冲毁农田房屋，百姓流离失所。瞿罕亲自打开官仓取出米粮，在乡村设点煮粥救济灾民，饥荒得以纾解。海寇林八经常出没崖州沿海，侵掠无常。为御寇保境，崇祯十四年（1641），瞿罕发动民众施工重修城池，增高三尺，常备无懈。崇祯十五年（1642）三月，海寇林八趁瞿罕送诸生赴考之机侵犯崖境，抢劫沿海番人塘诸村，纠集土贼作乱，并在瞿罕返城必经之路设伏。四厢告急之际，瞿罕返城，设疑兵之计，率部将突袭贼巢，将寇贼擒拿归案，平定寇患。

瞿罕任上以兴学育才为己任，时常微服出行，体察民情，慰问守卒，一路步行，粗菜米粥充饥，士民为之动容。莅崖三年，积劳成疾。崇祯十五年（1642）冬，以病告归。归行前，瞿罕将随身所带的箱子打开，让崖城父老检查，说：“如果里面有一物是出自崖州的，你们尽管拿去，我不足惜。”出城门时，士民依依送行百余里。

张擢士（生卒年不详）　字异资，江苏通州（今江苏省南通市）人，清顺治五年（1648）举人。康熙七年（1668），知崖州。到任伊始，见康熙六年（1667）复迁城郊的崖州学宫未竣，遂加捐官俸，主持续修，学宫规制为之一新。后来，又重建西城楼，创建南城楼，肇建城隍庙、关帝庙、景贤祠等。崖州盛产沉香，致滥采无度，资源濒临枯竭。康熙七年（1668），张擢士执笔上书朝廷，吁请豁免贡香。此外，他请豁免禁海后的渔课及开除荒田荒户的税额，以纾民困。

崖州城南二里许南沟（又称“南沟河”）系官道要津，张擢士见桥梁废毁，与游击张德远商议，同捐岁俸，筹划修桥。此举感动僧人性俊，自愿募捐资助。逾年，砖石单孔拱桥告竣。张擢士遂取“济人利物”之意，命为“广济桥”，并作《广济桥记》，表彰性俊的功德。明代撰修的崖州地方志，至清初已中断。张擢士主持修纂《崖州志》，后经李如柏增补付梓，为康熙《崖州志》，原印本已无存，幸有手抄本两卷存世，现存中国科学院图书馆，为国家一级古籍善本。张擢士离任后士民立《张太爷去思碑》。光绪《崖州志》“艺文志”录其书牍诗词传世。

黄友瓒（生卒年不详） 字盛文，广东顺德（今广东省佛山市顺德区）人。20岁时随军征云南，升夔州都司。清康熙四十二年（1703），以积功累授崖州营游击。康熙年间（1662—1722），海上时常有海盗登岸劫掠，崖州湾形势尤为严峻。康熙四十二年十二月，7只贼船泊三亚港。初七，上村掳民财。十一日，至大疍港。十二日，贼从南山岭后登岸，掠民财富。十九日，贼进东厢，民皆惊散。黄友瓒临危受命，从府城率领数十名骑兵赶赴崖城增援。海贼闻讯后往西界撤退，黄友瓒率兵追至岭头营（今崖城镇梅联村与乐东黎族自治县交界地），歼其寇首，余贼遁逃。此役大捷威震琼南。时任广东右翼总兵范时捷赠以“儒将风流”匾额表彰黄友瓒御寇之功。

陶元淳（1646—1698） 字子师，号南崖，江苏常熟（今江苏常州）人。清康熙二十三年（1684），举顺天乡试。二十七年（1688），中进士。三十三年（1694），知琼州府昌化县。翌年（1695），署理崖州。

其时，驻崖州营游击余虎胆大妄为，纵容部属犯法，守备黄镇中以非刑杀人，献纳无厌。陶元淳亲自调查，搜集证据，向朝廷上《请严职守详文》，得到朝廷重视和整饬。陶元淳准备依法审讯余虎与黄镇中，以匡正纲纪。余虎闻讯私下以百金贿赂不成，造蜚语诬告陶元淳至总督，下令琼州总兵威慑。升堂之日，黄镇中命百余名甲士持刀突入公堂。面对突其如来的胁迫，陶元淳拍案而起，严词斥责。黄镇中被陶元淳的凛然正气所震慑，挥手令甲士撤退。余虎、黄镇中终被治罪。后来，崖州坊间传一俚语“虽有余虎，不敌陶公一怒”。

陶元淳重农宣教，爱惜人才，喜欢结交诸生，讲论至夜分不倦。他为官勤勉，造福百姓，却勤俭节约。崖州在陶元淳的治理下，政通人和，经济发展。后积劳成疾，卒于任上。著有《南崖集》传世。

宋锦（1706—1772） 字在中，河南武陟（今河南省焦作市）人，清雍正十一年（1733）进士。清乾隆十八年（1753）任崖州知州。宋锦到任后，见地方志“片板只字无复存"，随后他广咨博访，得残篇于本州儒士家，随后复取省府各志参互考订，经两载，纂成《崖州志》十卷，于乾隆二十年（1755）制版印制。其志书体例简明，记述真实，条目创新，当年即获献征，成为今故宫方志珍藏本。宋锦主编的《崖州志》设兵防志、海黎志二门，记载当时崖州对外交往的资料，是研究清代对外关系史的重要文献。

乾隆二十年（1755），宋锦又将州城东隅文昌祠（今崖城中学校址内）修葺一新，创办珠崖书院，并捐出养廉银二百两，设立义学会，用于延师训课和接济学子。任职五年，礼士爱民，政声斐然。秩满，升琼州府同知。逝后，士民设长生禄位于珠崖书院。清光绪《崖州志》"艺文志"录其《重建五贤祠落成》《回风岭》等诗文。

唐镜沅（生卒年不详） 字芷庵，广西灌阳（今广西壮族自治区灌阳县）人。光绪十四年（1888），以军功擢知崖州。唐镜沅勤政爱民，见城河经年未疏，河水将倾城址，即禀请将州囤积陈米变价，以济修河工食，城址复固。其时，崖州屯户的坡田水塘被台风山洪冲毁，但税课不减，屯民不堪重负，纷纷逃亡。光绪十五年（1889）九月，唐镜沅亲自勘查九所、乐罗、望楼、黄流等地的荒田实况，详细查点屯民户口，据实禀复查核在案，写《请豁免屯田荒米详文》，使崖西屯田荒米得以豁免，促进农业发展。

崖城北四里许原有一处掘于明正德年间的热水池，其池"一方一圆，圆者常沸，方者半冷半暖"，后湮没不知所踪。光绪十五年（1889），唐镜沅偕乡绅何秉礼等前往探寻，召集工匠维修，使热水池重现于世。并增其式廊，构筑一座亭阁，命名为既济亭，方便民众游览洗浴。

明代钟芳父母在路边搭寮卖浆谋生，曾拾金不昧传为佳话。光绪十五年，唐镜沅在城南寻访旧址，重建一座砖瓦寮亭，题为"还金寮"，作《鼎建钟公还金寮序》，并立碑。唐镜沅以知州名义建亭立碑撰联，树立钟公为道德模范。

钟元棣（生卒年不详） 字景愉，浙江海宁县（今浙江省海宁市）人，清末附贡，入选候补知县。光绪二十五年（1899）秋，升任崖州知州。自光绪二十二年（1896）起，崖州西部地方动乱愈演愈烈，城坊乡里人心惶惶，且官兵久屯无功。光绪二十六年（1900）二月上任，深入各村峒"谕以威，责以义"。经钟元棣的耐心劝解，肇事村寨接受和解，对峙官军随即回营，动乱得以平息。

自宋锦之后，《崖州志》百余年未予重修，光绪二十六年（1900）夏，首捐养廉银百缗为启动经费，主持重修《崖州志》，聘张嶲、邢定纶、赵以濂等乡贤为主笔，合州绅士倾力相助。半年后，钟元棣离任。光绪二十九年（1903），志稿告成，钟元棣闻讯，再捐三百养廉金资助制版，并欣然作《重修〈崖州志〉序》。由于清末时局动荡，该志延至1914年才得以付印100套。1983年，被列入"广东地方文献丛书"，由广东人民出版社出版。

赵以濂（生卒年不详） 字溪南，官塘村人。清光绪年间贡生。《崖州志》自宋锦增辑以来，140余年未重修。光绪二十五年（1899）夏，知州钟元棣召张嶲、邢定纶、赵以濂等商议，重修《崖州志》。二十六年（1900）五月开局纂修，赵以濂尽心竭力，广为采拾，不惮繁难，反复修订，是年冬，书始纂就。分门别类，共22卷。赵以濂自始至终参与修纂《崖州志》，使这部志书得以传世。

郑绍材（1876—1921） 字华幹，号贞山，临高村人。郑绍材出身书香世家，20岁时以州试第一、府试第二进入州庠。光绪二十七年（1901），补行恩正并科中举，为清末崖州最后一位举人。当年参加广东乡试朱卷文《规矩，方圆之至也》，堪称科举范文。宣统元年（1909），郑绍材以举人功名与绅士身份获琼南五县各界推举，当选广东咨议局议员。宣统三年（1911），获清廷内阁选为州判。辛亥革命后，郑绍材图革新，自觉接受民主共和思想，积极参与琼崖地方治理。

郑绍材

民国初期，郑绍材获崖县各界推举，担任县议事会首任议长、团练局局长。在军阀混战、社会动荡的时局中，联合各界民众，组建地方民团，声援琼崖义军，发动讨伐盘踞崖县军阀和驱逐反动知县的斗争，并受崖县各界和琼崖义军推举，两度受命代理崖县知事、县长。任上，立碑示禁，革除公署"十房陋规"流弊，豁免苛捐杂税，置学田兴教育，凡一切地方公益，见义勇为，政绩斐然。清光绪二十六年（1900）重修的《崖州志》，因主修知州钟元棣卸任、经费拮据，逾20年仍未能出版。1914年，郑绍材倡议乡绅捐款资助，并加捐八十金，筹措出版资金，亲自赴广州排版校勘，费时数月，印刷成100套，使《崖州志》书稿得以付梓存世。1921年去世，享年45岁。

陈英才（1894—1940） 又名陈起贤，遵导村人。少年时入读县立第一高级小学。民国初年，响应民军讨伐龙济光的斗争，宣传五四运动。1922年，日本人设立的所谓"实业公司"擅自在西沙群岛开采海洋资源，陈英才与24名青年学生联合发表《琼崖公民对西沙群岛沦亡宣传书》，揭露日本帝国主义侵略我国领土、掠夺我国资源的罪行。参与发动崖县民众游行示威，成立崖县测勘西沙群岛委员会，派员前往西沙实地调查，并将详情上诉。1922年秋，考入广东公路工程专科学校。1923年，在广州加入中国共产党。

1924年冬，陈英才从广州返回崖城。与从广州返乡的陈世训、麦宏恩、黎茂瑄等成立共产党小组，任组长。在崖城地区创办平民夜校，开展反苛捐杂税活动；年底，以崖县教育科长的身份在崖城地区传播马列主义，成立农民协会，发动群众开展反帝、反封建运动。1926年7月，在崖城第一高级小学建立中共崖城东南支部。随后，成立崖县农会，在县长陈善的支持下，在乡村开展农民运动。1927年冬，陈英才策划林庆墀等地下党员购置武器，准备配合东路工农革命军进攻崖城。1928年年初，因东区（藤桥地区）武装斗争失利，陈英才在三亚某公司任职。1935年秋，从三亚市区返回崖城，恢复中共崖城东南支部，任党支部书记。1937年，陈英才在崖县中学任教。七七事变后，成立以崖县中学党支部为核心的抗日救国后援会，开展抗日宣传活动。1938年秋，重建中共崖县县委，陈英才任组织委员、部长，发展党员，开展统战工作，团结各族人民进行抗日斗争。1940年8月，陈英才在乐东县志孟村执行任务时殉职，时年47岁。

黎茂瑄（1898—1942）　出生于崖城镇遵导村。自幼勤奋好学，7岁进私塾，先后到崖城县立一高小学、广州市第二中学、广东省工艺专科学校读书。1922年，黎茂瑄与24名爱国青年学生联名发表《琼崖公民对西沙群岛沦亡宣言书》。1924年7月，加入中国共产党。

1925年秋，从广州返回崖城，与陈英才等一起成立共产党小组。1926年春，崖县农民协会成立，任委员，协助各乡村筹办农民协会，开办学习班，培养农民运动骨干。1929年，到上海大夏大学教育系读书，后返回故乡，先后在崖县第七高小学、崖城遵导小学任教，通过进步书刊向学生传播革命思想。1936年春，崖城地区建立5个中共党支部，黎茂瑄任城内党支部书记期间，介绍黎秀基等一批青年入党。七七事变后，与陈英才等成立抗日救国后援会，在遵导小学组织青年抗敌同志会。1939年，黎茂瑄到梅山以县委宣传部长的身份走村串户，宣传抗日救国。先后建立梅山党支部，成立青抗会、妇救会，

黎茂瑄

创办平民夜校等，开辟梅山抗日根据地。1942 年，梅东村被日伪军包围，正在村里找医生治病的黎茂瑄在组织群众突围时牺牲，时年 44 岁。

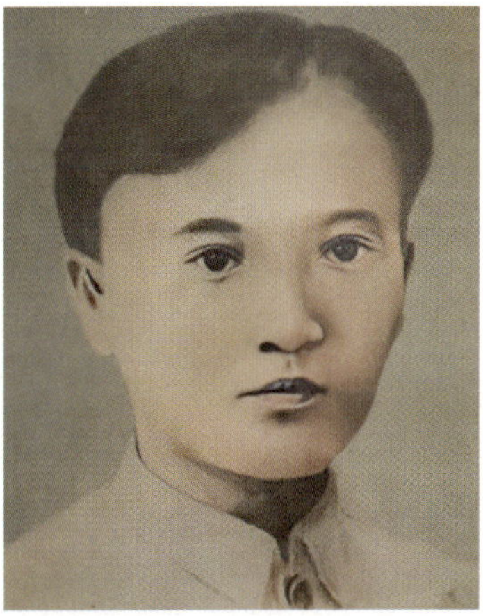
麦宏恩

麦宏恩（1899—1927） 保平村人。少年时在保平初级小学就读。从琼崖中学毕业后，考入广州国民大学。在大学期间，接受马列主义教育，加入中国共产党，担任学生会主席。大学二年级时，因家庭经济困难，回港门五高小学、崖城一高任教。1926 年 7 月，在崖城第一高小建立中共东南支部。创办平民学校，组织农民协会，任崖县农民协会主任，开展反封建迷信、反压迫剥削、反苛捐杂税的斗争。组织农会会员开荒生产，筹措农会活动经费。培养何绍尧、何赤等一批进步青年加入中共党组织。

1927 年年初，麦宏恩返回广州国民大学就读。4 月 15 日，国民党反动派开始在广州大肆捕杀共产党员和工人积极分子。麦宏恩被捕入狱，在狱中经受 2 个月的折磨，最后被害，时年 28 岁。

麦宏恩被捕入狱后，得知敌人要对他下毒手，在狱中写下最后一封家书，缝在衣服里带出监狱，后辗转送到父母手中。家书见“艺文”篇“散文家书”《麦宏恩烈士遗书》。

林庆墀（1907—1989） 又名林立，字崇楷，遵导村人。1926 年春，入读崖城第一高级小学，创立学生自治会，参加农民运动。同年，加入中国共产党。1928 年，考入崖县中学，任党小组长。1935 年秋，中共崖城东南支部恢复，被选为宣传委员。七七事变后，林庆墀参加抗日救国后援会和学生宣传队，到各地开展抗日宣传活动。1938 年 8 月，赴陕北公学学习。翌年 11 月，受党派遣参加崖县抗日指挥部工作，任党小组长。1940 年“保善事件”后，返回崖城白超一带进行抗日活动。

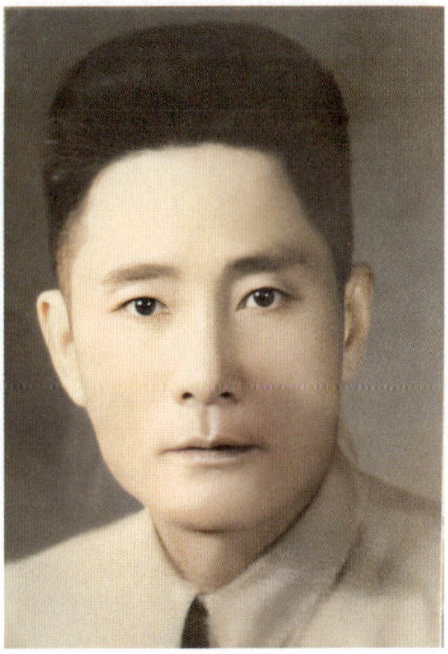
林庆墀

1941 年 2 月，林庆墀带领 20 多名青年加入琼总第三支队，被委任为政治干事，随军行动。部队在黑眉岭与日军战斗五昼夜后几乎粮尽弹绝，转移到抱冲岭时，林庆墀说服父亲，打开在郎典的自家粮仓，将5000多斤谷米和20多头牛接济部队。日伪军获知后实施报复，杀害林庆墀的父亲，迫害其母亲和妻子致死，房屋家产被拆毁。1942年春，林庆墀任崖县县委委员、宣传部长。1943年5月，任崖（县）感（恩）县办事处主任兼党组书记。组织震南队攻打老郑村国民党第五区署时遭敌伏击，负伤。1944年年底，林庆墀调昌感崖联合县政府，任副县长。1945年，调琼府任参议员和儋县白沙边区督导团团长。1947年1月，任南区临时常委兼行政部长。1948年2月23日，继任南区地委常委兼崖县县委书记、县长。是年5月，为了营救狱中战友，带领崖县南进队配合琼纵五总部队攻打崖城监狱，救出100多人。其后又袭击九所据点，消灭国民党自卫中队80多人，缴获一批武器弹药。1949年年底，为迎接解放大军渡琼，成立支前委员会，兼任主任。发动各区乡200多人组成运粮队伍，筹粮100多石，认购解放公债21500元。

1950年4月30日崖县解放，林庆墀带领崖县党政机关迁驻崖城，开展清匪反霸与土改运动。1952年1月，林庆墀任海南农林处副处长。在土改整顿中被诬告，下放基层。1956年1月复职，任海南交通处处长。1961年1月，任海南公路运输局副局长。1963年5月，调任广东佛山专区公路分局副局长。1989年逝世，享年82岁。

何绍尧（1908—1941） 又名何强，保平村人。1926年，发动会员在铁土塘左侧开荒种地，为创办平民学校和救济会员筹集经费。1927年1月，加入中国共产党。随后接任中共保平支部书记。1929年9月，考入嘉积省立十三中学。1931年秋考入师范班，后回保平村初级小学任教。在此期间，配合区委营救关押在崖城监狱的十多名进步人士。1936年秋，何绍尧调任港门五高小学校长。1940年，任中共崖县县委委员、组织部部长，成立青年抗日会。与梅山抗日游击队配合，破坏日军公路、桥梁。同时，动员青壮年参加琼崖抗日独立总队第三支队。

何绍尧

1941年秋，抗日支队决定袭击日军据点边的军需仓库，何绍尧带领两名战士执行侦察任务，在甘蔗园匿处被捕，在战斗中中弹牺牲，时年33岁。

孙惠公（1911—2005） 原名家姚，梅东村人。1940年，加入中国共产党。1942年6月，被选为梅山乡乡长。1943年5月，任崖感联县办事处秘书。1944年，任琼崖南区军政委员会秘书科长，琼崖独立总队第二支队副官兼书记。1946 年春，任琼东定安联合县政府秘书科长。1946 年 11 月，任中共崖县县委书记。1948 年 4 月任乐东县县长，6 月任南区地委秘书室主任。1950 年 7 月，任崖县副县长兼人民法院院长。1951 年后，历任乐东县委常委、县长，海南民族事务委员会副主任，黎族苗族自治州交通局局长，崖县县委常委、副县长，黎族苗族自治州人民委员会副秘书长、统战部副部长等职。1983 年离休后，被聘为三亚市地方志编纂委员会顾问组长。梅山革命老区田地长期干旱、农业失收，孙惠公向省、市领导反映，得到主管部门重视，投资兴建岭落水库。1992 年，被国家教委等单位表彰为“全国优秀校外辅导员”。2005 年病故，享年 94 岁。著有《梅山吟草》《梅山吟草续集》。

黎宗彦（1916—1940） 又名黎琼安，水南村人。青少年时聪明好学，体格健壮。1936 年，考入燕塘军校。1937 年，被中央航空军官学校录取，学习驾驶战机。抗日战争爆发后，黎宗彦随航校迁武汉、昆明，被编入中央航空军官学校飞行科驱逐组，驾驶美式“霍克”型驱逐战斗机进行作战训练。1938 年 9 月 28 日，黎宗彦在昆明上空进行实弹飞行演习，突然遭遇 9 架入侵空袭的日军重型轰炸机。黎宗彦临危不惧，改演习为战斗，击落日本飞机 1 架，成为航战史上第一个击落日军战机的在校生，轰动全国。

昆明空战大捷后，云南省政府授予黎宗彦“空军勇士”称号。翌年，国民政府特追晋他为“空军中尉”。1940 年 7 月 4 日，黎宗彦在反击日军轰炸的空战中，战机因留空时间过长，油料耗尽，在四川达县坠毁，时年 23 岁。南京抗日航空烈士纪念馆将他列为“中国抗日航空英烈”。2010 年，重庆空军抗战纪念园铭刻黎宗彦碑志。

郑联达（1916—2010） 临高村人，崖州末代举人郑绍材之子。北京理工大学物理系教授。1932 年从崖县中学毕业，考入广州金陵中学（后转入广州私立培桂中学）。1937 年，考入广西大学物理系。1939 年，转入西南联合大学物理系，1942 年毕业。1952 年，调入北京工业学院（今北京理工大学）物理系任教，历任物理系教研室主任，部门工会主席，北京市政协第五届、第六届委员，中国物理学会会

郑联达（2004 年） 郑哲 摄

员，中国兵工学会会员，兵器工业部学位委员会委员，《物理通报》编委，北京理工大学学术委员会委员，出版专著《大地震规律研究》《唐山地震研究》《唐山地震研究（续）》等，发表科研论文 14 篇。

郑联达因受唐山大地震触动，深入探讨地震发生的原因和预测技术方法，主持研究的课题有“地震预报的理论与实践”“地震发光的机理”“地震电磁波产生的机理”“人体电磁波辐射现象”等，科研成果受到地震学界的关注和好评。

孙维青（1917—1943） 又名孙家维，梅东村人，梅山抗日根据地的开创者之一。1936 年，加入中国共产党。1937 年，建立梅东党支部，任书记。在崖县中学读书期间，组织学生到街头乡村宣传抗日救国。1939 年 2 月 14 日，日本侵略军占领三亚，崖城、梅山随之沦陷。孙维青誓言“誓为抗日死，不为己偷生”。1940 年 5 月，组织青年抗日救国会，建立一支武装抗日游击队，烧毁抱套溪桥，砍电杆，剪电线，破坏并阻止日本侵略军行动。抗日游击队被国民党军队整编后，孙维青又重新组建抗日常备队（自卫队）。同年，任中共崖一区委书记。1941 年 7 月，任中共崖县县委委员、组织部部长。1943 年 5 月，梅东村被日伪军包围，孙维青突围时被刀劈中，牺牲，时年 26 岁。

黎秀基（1920—1943） 遵道村人。就读于崖县中学。天资聪颖，勤奋好学，课余时间喜欢读革命书籍。七七事变后，参加在崖城成立的抗日救国后援会，成立抗日宣传队，举办平民夜校。1937 年冬，加入中国共产党。1939 年后，跟随叔父黎茂瑄到梅山、保港、崖城周边山区进行抗日活动。1943 年夏，在白超村发动青年参军时被告密，驻崖城日军派兵包围村庄，突围时牺牲，时年 24 岁。

黎秀基

陈虞（1917—1996） 又名治昭，梅联村人。1936 年参加革命，任中共梅联村党支部书记。1940 年，陈虞和孙有林、林永球等人被汉奸出卖遭日军逮捕，关押在三亚湾一间日式高脚屋内。陈虞发现一根铁钉，与狱友在松木地板边划出一个缺口，深夜越狱脱险。后历任梅山乡民主青年抗日联合会主任、崖一区党总支委书记、崖感办事处稽征处主任、梅山党总支书记、崖四五联区区委书记、罗所乡党总支委书记兼乡长。新中国成立后，历任崖县税务局局长、崖县代县长、榆亚盐场场长。

1957 年，陈虞捐资在家乡梅联村建造两口钢筋水泥制成的大井，解决渔村群众的饮水难题。他筹资兴建梅东小学教学楼，组织渔民种植黄麻，以加工渔网缆绳发展渔业生产。梅山革命老区缺水干旱，农作物连年歉收，生活困难。陈虞退休后反复登门向自治州、崖县水利局申请筹建芒棚水库，筹集100多万元专项资金，亲自带领工程技术人员上山勘察坝基选址，安排工人建坝修渠，解决梅西农村田地长期干旱的困难，百姓因此脱贫致富。逝世时，灵柩运回家乡安葬。

孙亚九（1921—1950） 女，梅东村人。1937年春，在其堂哥孙维青的教育和影响下，走上了革命道路。1939年，参加妇女抗日救国会，经常以唱山歌的形式向群众宣传抗日救国。1940年秋，任乡妇女主任。1941年年底，加入中国共产党。1944年，孙亚九上调县常备队，参加开辟新区工作。1947年5月，在抱本村被捕，关在崖城监狱，任凭敌人严刑拷打，始终保守党组织机密。1948年5月14日，被营救出狱。因腿骨折，治疗半年后重返队伍工作。1949年年底，随何赤出发到东孔、赤龙、翁公头一带开展工作，再次被敌军抓捕，关押在黄流监狱。1950年牺牲，年仅29岁。

孙家浩（1927—2007） 梅东村人。1943年，任崖县抗日救国会委员。1948年，任崖县四五联区工作队队员。1949年，任中共崖县仁义乡总支委员、书记。1953年后，历任中共崖一区区委书记、土改队队长、崖县合作总社第一副主任。1955年，任海南黎族苗族自治州合作总社副主任、民贸公司副经理。1958年后，历任海南黎族苗族自治州商业局副局长、崖县鱼雷公社书记。1964年，任羊栏公社书记。1965年，任崖县人民政府副县长。1979—1982年，任中共崖县县委常委兼革委会副主任。1982—1984年，任中共崖县县委书记兼武装部政委。1987年离休。梅山革命老区田地长期干旱、农业失收，孙家浩亲自向省、市领导反映，得到主管部门重视，投资兴建岭落水库。

苏云峰（1933—2008） 港门村人，台湾历史学家。1953年从台湾新竹师范学校毕业后任小学教师，后考入台湾师范大学国文专修科，再转社会教育系。1970年，到美国哥伦比亚大学哲学与社会学系主修历史与教育，获硕士学位。返台湾后发表《康有为主持下的万木草堂》《张之洞与湖北教育改革》等论文，引起海峡两岸学术界的关注。1980年，晋升为研究员。1994年6月，台北国际法学会举办"两岸及海外华人南海学术研讨会"，苏云峰在会上作《从海南与南海的史地关系论南海主权之归属》主旨演讲，后被新华社《参考消息》转载。1970年后，陆续发表有关海南历史研究的论文，专著《海南历史论文集》收录苏云峰研究海南历史的系列成果，选题涉及海南历史时期的社会、经济、文化、教育、移民等，有学术论文13篇、附录5篇。

陈启洲（1935—2011） 盐灶村人，中山大学教授。1952—1955年，在崖县中学读书。1955年，考入中山大学。1959年，从中山大学物理系毕业后留校任教。1962—1964年，到北京大学物理系进修。长期在中山大学物理系从事理论物理学的教学科研工作，历任物理系副主任、研究生导师、教授。对理论物理学有浓厚的兴趣和较高的造诣，钻研国内外最新研究成果，在国内外重要学术刊物上发表60多篇论文，多项科研成果获国家级和省级科研成果奖。

崖城名贤

巾帼英雄冼夫人 冼夫人（？—602），又称冼太夫人，名英，南北朝高凉郡（今广东高州市）俚人，世为南越首领，部落十余万家。冼夫人幼贤明，能行军用师。梁大同初年（约536），罗州刺史冯融闻冼夫人有志行，便为自己的儿子高凉太守冯宝聘以为妻。冼夫人当上太守夫人后，诫约本宗，使从民礼，自此政令有序，岭西南地区民族和解，社会安定。

梁武帝时期，冯宝和冼夫人为了合辑海南岛上的土著，于是向朝廷请命，置崖州。他们派员渡海入境说服土著族老，还亲自考察部分首领并授权任职，通过实施郡县制治理，改变数百年来海南岛施政的乱局，使中央王朝政令通行，推动海南岛开发初见成效。

隋开皇十一年（591），番州（即广州）总管赵讷贪虐，诸俚僚多有亡叛，冼夫人上告赵讷罪状，主张安抚政策。隋文帝派员将赵讷治罪，并委托冼夫人招慰亡叛。冼夫人不辱使命，亲载诏书，自称使者，历十余州。文帝赐冼夫人临振县汤沐邑1500户，赠仆为崖州总管、平原郡公。

“汤沐邑”是皇帝专赐给皇家贵族及重大功臣管理及收取赋税之地的皇家封地，也称“封邑”。隋文帝赐临振县作冼夫人“汤沐邑”，自此，冼夫人及其家族在宁远河畔得

冼太夫人雕像（天涯海角景区）(2018 年) 游必生 摄

享物华天宝，致力于为封邑民众传播中原文化，倡导民族和解，发展农耕技术，促进经济社会发展。

隋大业三年（607），升临振县为临振郡，郡治沿设在崖城。延至唐代，冯冼家族继承冼太祖的遗志，致力于开发和治理海南。从文献史籍记载可知，从冯冼请命于朝建置崖州开始，到其孙冯盎治理海南三州 12 个县近百年间，经济社会较为稳定，民族关系日趋和谐，百姓安居乐业，农业收成令人刮目相看。唐天宝七年（748），鉴真一行东渡遇险寓振州时，得到冼夫人后裔振州别驾冯崇债的接待安顿，并重新修缮大云寺。

冼夫人历经南朝、梁、陈至隋初，其时，封建王朝更迭频仍，岭南大地各路酋豪争权夺利，政治形势错综复杂，民族关系时好时坏。乱世出豪杰，时势造英雄，冼夫人以国家利益为重，归附中央，反对割据分裂，视民族和解为大义，学习吸纳汉族先进文化，促进民族融合，立下汗马功劳。冼夫人被称为“中国巾帼英雄第一人”。

千百年来，冼夫人的丰功伟绩备受琼崖民众敬仰崇拜。宋代，崖州士民在州治左建冼太夫人庙，四时祭祀。明洪武九年（1376）重修。因崖城是冼夫人“汤沐邑”封地，临振县（郡）之后又成为历代崖州治所，故明成化十四年（1478），州吏将庙额冠加“郡主”，尊称郡主冼太夫人庙，复修。正德二年（1507），知州何冈再修。清咸丰三年（1853），知州卢凤应、副将钟国瑞重建。冼夫人泽被岭南大地，纪念庙宇遍布海内外，而以“郡主”冠名者唯崖州仅有，可见冼夫人在崖州的至尊地位。明代之后，崖州地区民众对冼夫人的纪念活动，演变成“妆军”“赛神”等传统习俗，既表达对冼太夫人的深情缅怀，也延续冼夫人精神文化的千秋记忆。

鉴真雕像（崖城学宫）（2016 年）
郑海 摄

唐大和尚鉴真 鉴真（688—763），俗姓淳于，唐代广陵江阳（今江苏省扬州市）人，中国佛教律宗传人，日本佛教律宗开山祖师。鉴真自少立志弘扬佛法，以高深造诣和高尚佛德获尊淮南佛教长老，蜚声海内外。为了实现赴日本弘法的志愿，鉴真自唐天宝元年（742）至天宝十二年（753），历时 11 年先后 6 次东渡，前 4 次受挫失败。

唐天宝七年（748），日本遣唐学问僧荣叡、普照再次到扬州大明寺恳请鉴真第五次东渡。鉴真慨然允诺，与荣叡、普照和僧人祥彦、思托等 14 人，工匠水手 18 人，另有随从 3 人，共 35 人，于农历六月二十七从崇福寺启程出发，再次东行。为等顺风，出长江后，鉴真一行在舟山群岛一带停留数月，直至“是时冬十一月”扬帆出海。航船在海上遭遇强大季风吹袭，在海上漂流 14 日才望见陆地海陬。又辗转数日，“经三日乃到振州江口泊舟。经纪人往报郡，其别驾冯崇债遣兵四百余人来迎”。

鉴真一行到州府时，振州别驾冯崇债亲自迎接，将鉴真一行迎入宅内，设斋供养。又在太守厅内，设会受戒。随后，引入大云寺安置。大云寺位于州治西宁远河畔风水佳地，于唐天授元年（690）奉诏始建，是唐代最南端的佛教寺院。鉴真入住大云寺后，见佛殿坏废，道场不振，便与众僧舍衣物造佛殿，添置道场设施。重修告竣后，鉴真设会布场，与随行弟子为当地士民讲授戒律，启化民风，佛泽众生。

鉴真携中日僧侣在振州居住期间，弘扬佛教文化，传播中原文明。天宝九年（750）初，鉴真一行辞别振州，别驾冯崇债自备甲兵 800 余人，送经 40 余日至万安州，州大首领冯若芳请住其家，三日供养。荣叡、普照等僧人从海路经 40 余日抵达崖州（琼山一带）。州游奕大使张云出迎，引入，住开元寺。是时，彼州遭火，寺被烧，大和尚受大使请造寺。振州别驾冯崇债听说鉴真要造寺，即“遣诸奴，各令进一椽”，建成佛殿、讲堂、砖塔和造释迦丈六佛像。礼成，鉴真亲自登坛授戒讲律。随后，澄迈县令受大使之托将鉴真一行送上渡船，从雷州登岸重返扬州。

鉴真在振州、崖州弘扬佛业的事迹由弟子记录，载入日本文学家真人元开于大历十四年（779）撰写的《唐大和上东征记》，得以传世。鉴真一行在振州、万安州、崖州沿途了解当地风土人情，其中有关海南物产农作的记述，成为了解唐代海南经济社会文化的珍贵史料。

天宝十年（751），鉴真回到扬州。十二年（753）十二月，鉴真第六次东渡日本终获成功，实现赴日本弘扬大唐佛法的宏愿。

鉴真在崖城留下的千古佛缘，成为宣扬佛教文化的佳话。1993年，纪念鉴真第五次东渡登岸的雕塑矗立在南山小洞天景区。

北宋宰相卢多逊 卢多逊（934—985），怀州河内（今河南省沁阳市）人。为后周遗臣，入宋后，追随赵匡胤南征北战，讨叛平乱，安定边疆，收复江南，成为开创北宋江山的勋臣。开宝六年（973）至太平兴国七年（982）间，官拜参知政事、同平章事。曾出使江南，并奉诏参与《五代史》等的编撰工作。卢多逊和当朝宰相赵普不和，两人一直处于明争暗斗的状况。太平兴国七年（982）四月，卢多逊被罢相削职流放，一家亲属株连坐罪，并配隶崖州。卢多逊携妻子苏氏，儿子卢雍、卢宽及女儿辗转到达崖城后，不准在城内居住，落籍于州城二里开外的水南村。卢多逊钟情于宁远河畔的风土人情。在崖州3年间，他穿行乡野，感悟民生，寄情风物，渐而淡忘宠辱，回归自然。

水南村有一位饱读诗书的乡贤黎伯淳，隐居故里，追求淡泊的生活，卢多逊称其为“幽人学士”，两人经常杖藜往来，酬唱自娱。他为黎伯淳题赠赞美水南村风情的诗篇《水南村》，数百年来在崖城民众中世代传诵。从此，“珠崖风景水南村”成为闻名遐迩的琼崖胜景，卢多逊的名字融入崖城这一历史文化名村，对琼崖文化教育的发展产生深远的影响。

卢多逊雕像（水南村）（2018年）
卢成昊 摄

雍熙二年（985）六月，卢多逊病逝于水南村，终年52岁。其后，出生于水南村的儿子卢察于景德二年（1005）中进士，任职为州簿尉。大中祥符三年（1010），宋真宗旨准卢察赴崖城，将卢多逊灵柩护归襄阳厚葬。

2006年，海南卢氏宗亲共襄盛举，在水南村卢多逊寓居遗址修建卢多逊纪念馆。每年清明节，水南村都会举行隆重的祭祀活动。

爱国名相赵鼎 赵鼎（1085—1147），字元镇，号得全居士，宋解州闻喜（今山西省运城市闻喜县）人，南宋初年政治家。崇宁五年（1106）登进士第，任河南洛阳令。建炎三年（1129），拜御史中丞。绍兴年间（1131—1162）几度为相。后因反对和议，遭秦桧构陷，被罢相，出知泉州，旋即谪居兴化军，移漳州、潮州安置。绍兴十四年（1144）十月，再移置吉阳军。绍兴十五年（1145）二月，赵鼎只身自雷州渡海抵达贬所，当得知赵鼎被移置吉阳军后，裴闻义敬仰忠臣，侠义济困，将赵鼎迎接到水南村裴宅居住。

赵鼎在吉阳3年，隐居深处，门下故吏都不敢问讯，只有广西主将张宗元派人送些醪米。秦桧知道后，命本军每月开其存亡申报。赵鼎派人告诉他的儿子赵汾，秦桧一定要杀他。他死了，家人才会没有忧患。他之前患病，自撰墓中石，记载故里及任职年月。接而制作旗幡，自书铭旌“身骑箕尾归天上，气作山河壮本朝”，挑挂在寓所卧室床前。绍兴十七年（1147）八月十二日，赵鼎在水南村裴宅绝食身亡，终年63岁。

赵鼎逝世后，崖城士民为他举行祭奠。裴闻义为慰英灵再行义举，将赵鼎灵柩护送

赵鼎雕像（天涯海角景区）（2019年） 游必生 摄

到他任职的昌化军治所苗山（今昌江黎族自治县旧县村）安葬。绍兴十八年（1148）二月，宋高宗旨允赵鼎归葬，其子赵汾渡海将赵鼎灵柩归葬浙江常山石门山。宋孝宗即位后，追赠赵鼎太傅，赐谥号“忠简”，追封丰国公。

成语“气壮山河”典出自赵鼎的事迹。崖城因之成为凭吊忠烈之地。自明代始，崇尚忠义的崖城士民建景贤祠，将赵鼎与李德裕、胡铨、王仕熙、王倬并祀“崖州五贤”。清代移祀府城五公祠，尊为“海南五公”之一。赵鼎的浩然正气和爱国情操，受到琼崖人民的崇敬与景仰。

抗金名臣胡铨 胡铨（1102—1180），字邦衡，号澹庵，南宋吉州庐陵（今江西省吉安市庐陵区）人，与李纲、赵鼎、李光并称“南宋四名臣”。建炎二年（1128），胡铨登进士第。初授抚州军事判官。绍兴八年（1138），秦桧主和，胡铨抗疏力斥，乞斩秦桧与参政孙近、使臣王伦，声振朝野。遭除名，编管昭州，后谪移吉阳军。绍兴十八年（1148）十一月，胡铨携妻刘氏及胡泳、胡澥二子渡琼，获崖城裴氏接入水南村裴宅安置。

崖州学宫肇建于北宋庆历年间，胡铨见殿宇卑陋，堂室荒芜，便出俸百千，两作《吉阳军劝谕修学疏》，劝谕各宜勉力，重修学宫。合州士民响应胡铨的倡议，共襄义举，对学宫进行重建。

胡铨雕像（海口五公祠） 阿良 摄

胡铨在崖城8年间，聚徒授业，传训经书。不仅崖州学子执经从学，岛内外诸多生员慕名前来拜师，黎酋纷纷遣子入学。胡铨招收黎族子弟读书教化，成为古代在海南实施黎族教育的先师。贬相李光亲临见闻后有感而发“吉阳之居，公之不幸，而一时士类之幸也”。胡铨在崖城得意门生符昌言，连续五年进京会试，获诏为“特奏名进士”，表彰为“远方学者楷模”。胡铨获赦后，仍然关心海南教育，奏请皇帝推恩，使琼崖学子有更多科举登榜的机会。

崖州自古就是黎汉民族聚居之地，但民族关系调理不顺，时有冲突。胡铨主张民族和解，消除结怨，首倡在宁远河畔筑一座亭，取杜甫“净洗甲兵常不用”之意，题匾名“洗兵亭”。胡铨平生爱竹，在宁远河畔修一座竹园，取名“逸贤峒”，作为文人学士交往游览之处。胡铨赋诗云：“好竹平生志颇坚，谁知岛上有淇园……从来到处安身地，肯认山家作本源。”以竹贵有节且正直坚韧比喻，流露出他久居他乡成故乡的情思。绍兴二十五年（1155）十月，秦桧病死，胡铨获赦，内移衡州。胡铨在崖城谪居8年，北归前，他取“君子盛德”之意，为裴宅主人题写“盛德堂”及楹联留赠，表达对裴氏家人的感谢。之后，来往琼崖的名贤墨客纷纷为盛德堂赋诗撰联，赞扬裴氏的义举德行，盛德堂因此成为象征崖城人民崇德尚义的精神名片。

宋孝宗即位后，胡铨复任奉议郎，知饶州。历国史院编修官、兵部侍郎，晚年以资政殿学士致仕。淳熙七年（1180），胡铨去世，追赠通议大夫，谥号“忠简”。著有《澹庵集》等传世。

明代崖州士民将胡铨敬拜为景贤祠名贤，清代胡公入府城五公祠奉祀。今崖城盛德堂为三亚市文物保护单位、爱国主义教育基地。

衣被天下黄道婆　黄道婆（约1245—1320），中国历史上杰出的棉纺织革新家。南宋末年，从上海松江府乌泥泾出走，辗转漂泊到海南崖州地区，在生活中学习棉纺织技术。元元贞年间（1295—1297），她重返松江，革新创造了一套先进的棉纺织机具，传承和发展崖州地区传统纺织工艺，并应用于棉织品的花色品种创新，促使“松江布，名天下”，对上海乃至中国广大地区迅速推广棉花种植、百姓民众普遍受惠于衣被御寒和棉业产销，产生深远的影响。

元代学者陶宗仪在《辍耕录》中最早记载黄道婆的事迹。元至正二十二年（1362），同在松江府生活的诗人王逢应知县张守中之邀，为迁建黄道婆祠著序赋诗。明万历年间（1573—1620），张之象在《黄道婆祠》中写道：“道婆者，始黄氏，本镇人也。元初沦落崖州，元贞间附海舶归。躬纺木棉花，织崖州被自给。”

黄道婆对捍（搅车）、弹（弹弓）、纺（纺车）、织（织机）4 种机具都进行了革新改造。搅车装置应用机械原理，工利数倍；弹棉花的线弦竹弧小弓改制成 4 尺多长的绳弦大弓，变手拨为槌击弹振式，效率有所提高；将原来的手摇纺车改造成能同时纺 3 根棉纱的脚踏纺车，这是一项重大的发明创新。织布机在丝麻织机制式基础上改造为棉纺织，体现了黄道婆与合作工匠的智慧。

黄道婆学习借鉴黎锦和琼布的纺织工艺，广传于乡亲民众，推动当地纺织业迅速发展，各地商贾竞相经营松江布，畅销十余省，被誉为“衣被天下”。明代科学家徐光启推崇黄道婆造福松江一带居民达300年之久。明清时期，上海各地相继建立黄道婆祠庙，百姓尊崇黄道婆为“织女星”“先棉神”。2006 年，上海市徐汇区将乌泥泾（黄道婆）手工棉纺织技艺申报为第一批国家级非物质文化遗产项目。

黄道婆塑像（天涯海角景区）（2019 年） 游必生 摄

元代参政王仕熙 王仕熙（约1292—1343），字继学，号陌庵，元代山东东平（今山东省东平县）人。出身仕宦世家，官至中书参政（副宰相）。元致和元年（1328）八月，元室发生史称“二帝争立”的“大都政变”，王仕熙恪守儒家节操，不从新主，被捕入狱，随后被流放到吉阳军安置。

天历二年（1329）末，王仕熙历经险阻，抵达吉阳军治所崖城。知军杜亮同情王仕熙遭遇，预先为他营建一间敞亮的寓所，王仕熙不肯入住。随后，他在城西陋地搭建茅屋为宅，自匾“水北新居”。

王仕熙在贬所，谨言慎行，乐与平民百姓交往，诗书相授。吉阳知军有边陲莅政之虑，他循循善诱：崖州虽偏远，只要勤政惠民，重视教化，就能履职尽责，政通人和。

绍兴年间（1131—1162），水南村裴氏不惧株连坐罪，先后将赵鼎、胡铨迎接到裴宅安置。此后，裴氏不事张扬，守素如初，以致这一盛德善举历200年几近湮没。王仕熙到崖城后，慕名寻访水南村，有感于裴氏家族的忠义善举，赋诗《赠盛德堂》二首，赞扬裴氏家族诗书传承、厚德载物的家风。

王仕熙在河岸搭建一间茅亭，题名“江亭”，方便跟士民朋友赏景怡情，提笔写下脍炙人口的《云山辞》。后来，他将诗集命名为《江亭集》，并将《云山辞》列为开篇之作，表达对崖城的思念。

王仕熙善诗、工曲、擅画，喜爱崖州的山海田畴、城郭村闾，精选出“崖州八景”并题名赋诗：鳌山白云、鲸海西风、边城斜照、水南暮雨、稻陇眠鸥、竹篱啼鸟、南山秋蟾、牧原芳草。王仕熙以诗情画意描写崖州的风景名胜，开创海南“八景诗”之先河。《崖州八景诗》提升了崖城的知名度和美誉度，成为琼崖古代诗歌的代表作。

元至顺三年（1332），文宗亡，新皇帝即位3年后，王仕熙得旨北归，重新在朝廷任职。明代，崖州士民将王仕熙尊为名贤，列景贤祠奉祀。

变法志士林缵统 林缵统（1852—1922），字承先，号天民，崖城官塘村人。清光绪十年（1884），法国侵扰安南，琼州海防应急，时为童生的林缵统大义请缨，协办海防团练，以殊功获雷琼道王之春保举叙赏“八品顶戴”，初露峥嵘。光绪十一年（1885），广东学政汪鸣銮督学至崖州，林缵统上《崖州利弊书》，深得器重，破格录为秀才。

光绪十三年（1887），随冯子材入琼抚黎的刘保林署理崖州，擅增粮银派征，百姓不堪重负。林缵统秉持正义，上书两广总督张之洞，力诉滥征伤民之弊，税赋终得减复，民困纾解。光绪十七年（1891），崖州知州陈虞书一上任便横征暴敛，甚至以生员

“案首”为由索贿，胆大妄为。林缵统不畏官军拘拿，毅然上书广东藩臬司，揭露陈虞书的腐败劣行，经广东布政使李瀚章特奏参革折，光绪帝旨准以“暴戾贪酷，任性妄为”罪，将陈虞书革职。

林缵统雕像

光绪十九年（1893），广东督学使徐琪赴琼招生，林缵统考列一等生员，录送张之洞在广东创办的广雅书院入读。之后，林缵统慕名转入康有为开设的万木草堂，成为追随康有为变法维新的仁人志士。

光绪二十年（1894），林缵统在广东乡试中中举。二十一年（1895）春，会同梁启超、麦孟华等康门弟子，随康有为进京会试。其间，清廷战败签订《马关条约》，将台湾拱手割让给日本，举国震惊。在京各省举人义愤填膺，纷纷上书反对清廷和约。其中，上书最早、影响最大的是林缵统与梁启超领衔广东 81 名举人联名上书光绪帝的《公呈》。在以广东举人为代表的上书鼓动下，朝野上下掀起了一场反卖国、反签约、反割台斗争。与此同时，康有为乘势组织一场更大规模的“公车上书”。林缵统与梁启超、麦孟华发动在京十八行省会试举人集会“松筠庵”，在康有为草拟的“上皇帝书”签名。会试发榜，林缵统落第，获“拣选知县、委任教谕”，不愿出仕，南归。

光绪二十二年（1896）八月，崖州营讯把总何秉钺纵容讯兵勒诈黎酋，诱发了诸黎峒反抗。知州李怀清应对失误，遂酿成祸及黎汉百姓的“州西大乱”。危急之际，林缵统率众乡绅冲入崖州衙署，呼吁出兵。知州以“纠众哄署”为由拘捕林缵统，民众闻讯赶来救援。之后，林缵统率众生员赴郡城，写血书上告，迫使广东雷琼道发兵崖州平乱。林缵统仍不罢休，连连上书，力陈地方罪过，一时惊动朝廷。光绪皇帝为此谕旨军机部从严惩处，何秉钺被处以极刑，知州李怀清就地革职。

光绪二十四年（1898），林缵统与广东康门弟子又赴京会试，投入“戊戌变法”运动。是年三月，林缵统率先签名加入康有为发起成立的维新派政治团体保国会，获推举为“条陈时事”奏议的领衔人。保国会成立之始，即发生德国军队入侵胶州湾，捣毁即墨城孔子圣像事件。林缵统与麦孟华、梁启超等以保国会成员联署，率先发出《公呈》，得到各省在京举人响应，联名上书都察院，请旨严惩犯事德兵。四月二十三日，光绪皇帝下《明定国是诏》，实行变法新政，史称“戊戌变法”“百日维新”。林缵统遂成为“康梁”维新派骨干，拥护光绪帝推行新政，参与对广东地方庸官的弹劾，被守旧派列为“康梁党人”，受到“斥革举人”诬奏。变法失败后，林缵统先赴香港书院教书，后返回崖城。

壮志未酬的林缵统虽身负“控罪”，在崖城遭受晚清保守派的贬侮，但心系乡社，赈灾济民。光绪年间，琼崖多地连遭水旱风灾，林缵统禀请督抚发给赈灾银一万五千元，发动商贾股户捐筹三万九千六百元，亲自主理购买米粮，赴各地赈济灾民。

清末，林缵统率先提出将榆林港建设为开发西沙群岛基地的议案，得到政府的首肯。两广总督张人浚拟定筹办计划后，林缵统即向琼崖各界及海外华侨发出倡议，到处串联游说，募资招商，筹划造船，赴西沙群岛考察。

民国初期，军阀龙济光蹂躏崖县，知事汤保芬无恶不作，激起全县公愤。林缵统的儿子林作霖带头抗争，被知县诱捕杀害。林缵统联络琼崖民兵攻克崖城，惩毙为非作歹的汤保芬。崖县清末举人郑绍材被推举为崖县知事后，林缵统与绅耆鼎力相助，顺应民意，废除地方陋规积弊，在各区立崖县公署示禁碑，减免苛捐杂税，纾解民生之困。1914 年，郑绍材筹划出版《崖州志》书稿，林缵统出任监修。辛亥革命后，林缵统被任命为崖县文庙奉祀官。

岭海巨儒钟芳

生平事迹 钟芳（1476—1544），字仲实、中实，号筠溪。明洪武年间（1368—1398），曾祖钟惠移居崖州，隶军籍。明成化十二年（1476）二月二十二日，钟芳生于崖城高山所（今水南村）。原名黄芳，缘其“祖曾育于外亲，冒黄姓”，后由时任兵部尚书王宪代为上奏，获准复钟姓。

明正德三年（1508）春闱放榜，钟芳获殿试赐二甲进士第二名，选翰林庶吉士，名动京师，传扬岭南。时人誉他为“南溟奇才”，后人尊称“钟进士”“钟崖州”。时年33岁。

钟芳雕像（2016年） 郑海 摄

钟芳性资纯笃，才识通明，博学谦厚，精通理学；济世安邦，清正廉明，勤政爱民，官声斐然；忠孝仁义，情系琼崖，德高望重，世泽流芳。嘉靖二十三年（1544）病逝，享年69岁。朝廷追赠他为都察院右都御史，赐祭葬琼山府城西十里苍原村（今海口市琼山区）。明廷《追赠钟芳禄位诰命》及《御祭文》表彰钟芳“政绩允彰”“声华丕茂”“两朝扬历，推美誉于士林；十载休闲，挺高风于晚节”。《广东通志》称他为“上接文庄（丘濬），下启忠介（海瑞）之岭海巨儒”。

钟芳在明正德三年（1508）考中进士后走上仕途，为官27年，政绩显著。

推官明断案（安徽宁国府） 正德五年（1510），钟芳出任宁国府推官，不畏惧豪强势力，精通司法，致力于清理陈年积案，公正廉明，百姓口碑甚佳。

同知有作为（福建漳州） 正德七年（1512），钟芳任漳州府同知，稍后代理知府。在平定漳州寇乱、整肃吏治、惩戒恶霸诸方面敢有担当。正德九年（1514），升为南京户部员外郎，署理吏部郎中，后转为考功司郎中，执掌官吏考核工作。

督学兴改革（浙江） 正德十六年（1521），钟芳升任浙江提学副使，革除科考制弊端，以敦行力学考录生员，整饬学规后，生员斐然向学。

参政官声隆（广西） 嘉靖二年（1523），钟芳升任广西布政司参政，及时消除虎患，老百姓为他立碑志。对广西戡乱问题主张“防患宜严，抚夷宜宽”。嘉靖三年（1524），智平洛容叛乱，说服跟随罗朝堕叛乱民众1000多人前来归附。四年（1525），

钟芳读书雕像（2017 年） 陈行飞 摄

邀请王阳明到梧山书院讲学。征召数十艘小客船，解决当地因“断藤峡”阻隔的交通问题。七年（1528），田州起义，朝廷令王守仁（王阳明）领兵征剿，钟芳献“分置土官、流官土俗、改土归流”之策，平息纷争。因广西的政绩获得皇帝的两赐金帛。

布政勤巡视（江西） 嘉靖七年（1528），钟芳升任江西右布政使，风尘仆仆，沿驿道抱病巡查各州府，提出兼顾藩王、地方政府和农民之间的利益关系政策，有利于当地经济社会的稳定和发展。

兵部饬船备（南京） 嘉靖十一年（1532）五月，钟芳任兵部左侍郎，与上司王廷相同心协力，严肃军队纪律，防止各闸军索贿受贿，严惩太监私占正军名额以收取钱财，妥善处理马快船问题，治军有方。

太常掌祭祀（南京） 嘉靖九年（1530），钟芳任南京太常寺卿，研究《大明集礼》，考证历代礼仪祭典，上《慎重祀典疏》，规范留都南京的祭祀礼仪。

户部治漕政（北京） 嘉靖十二年（1533）三月，钟芳改任户部右侍郎，兢兢业业为国理财，成效显著。后奉敕总督太仓，革新漕政，奏请朝廷赈灾济民。

钟芳一生为官清廉，勤政爱民，公正自律，品德高尚。入仕 27 年，始授翰林院编修，下放从宁国府推官做起，历任司法、治吏、督学、平乱、巡视、理财、治军等职务，层级历练，尽职尽责。钟芳主张统治者要仁政惠民，要藏富于民。强调要减轻徭役，精兵简政。要谨慎用刑。在处理官府与少数民族的关系时，钟芳主张宜用怀柔政策，重视在少数民族地区通贸易、兴文教、习书仪。

理学思想 钟芳聪明力学，精通经史，其理学思想主要体现在学术著作及读书笔记之中。光绪《崖州志》“书目”中记载，钟芳的著作有《学易疑义》十二卷、《春秋集要》十二卷、《钟筠溪家藏集》三十卷、《小学广义》、《续古今纪要》十卷、《养生举要》五卷、《崖志略》四卷。内容涉及史学、理学、经济、文化、医学、诗赋等门类。其中，《春秋集要》和《钟筠溪家藏集》被收入《四库全书存目》。

钟芳治学严谨，晚年研读《易经》，将疑惑难解之处特别标注，对《易经》的要旨见解独到。《春秋》是钟芳最为推崇的一部书，他认为《春秋》是一部“人道之大经，圣王之大法”。钟芳读书融会贯通，为学博极而精，著文“雄浑精深，气随理昌”。他在国子监讲学，“胄子莫不感动”。钟芳编纂的《崖州志略》（四卷）是最早的崖州地方志，但这部志书已佚。

钟芳论学以程朱理学为宗，他与明代哲学家王阳明过从甚密。朱熹和陆九渊提出“先知后行”，王阳明认为“知行合一”，钟芳则主张“知以利行，行以践知”“知行本合一”“学无大小，以行为本”，更加强调实践的意义。从《钟筠溪集》可见，钟芳与著名理学家王阳明、黄绾、吕柟、罗钦顺、王廷相等人对当时的理学热点问题多有书简来往，深入探讨学问。罗钦顺对钟芳尤为敬重，他的理学专著《困知记》邀钟芳写序。王廷相的《慎言》一书和诗集请钟芳作序。钟芳的理学观点在与同时代思想家的交流中得以互补相成，说明他的学术观点在当时理学界享有较高的知名度。

钟芳主张行道之本源“主于诚”。他认为《中庸》是要使人懂得“上达”的道理，追求崇高的学问;《大学》主要是讲日常做事，教人要明白“下学”的要求;《中庸》以日常人伦为例，重视伦理道德的行为规范。钟芳提出“道问学与尊德性相统一”的观点至今仍然有现实意义。

钟芳在《乐论》中认为“乐贵中和”，认为前人阐释声律愈加烦琐，有悖于圣人制律的初衷。追求“中和”之美是他论乐的主要观点。他在《存养》中提倡“内外交养，动静结合，心虚气和”“存养兼动静”，养生要因时制宜。

钟芳终生笔耕不辍，致仕归隐之后深居简出，虽然染疾患病，依然读书治学著述。他在《读书札记》中写道：“予自少读经史，每苦钝拙，然世故更涉已久，晚年抚卷，意味自别。”清代崖州举人吉大文《访钟仲实先生故居有感》有诗：“岭南道学千秋论，海内文章四库书；三百年间气运开，海前丘后论人才。”钟芳和丘濬同为明代琼崖文坛南北双星，才华出众，名垂后世。《钟筠溪先生家藏集》收录的钟芳著作有序记、碑志、论说、书简17卷，札记、经世图续5卷，诗6卷。

琼崖留芳 钟芳先祖为三国魏太傅钟繇，传至唐中书侍郎钟绍京始迁赣州，至高祖钟铠“沦落海峤”，迁琼徙万州（今万宁市）。明洪武年间（1368—1398），曾祖钟惠移居崖州，隶军籍。明成化十二年（1476）二月二十二日，钟芳生于崖城，幼年时在宁远河畔的高山所生活读书。民间至今流传着钟芳“八岁作马契”“放纸鸢”“对鹅诗”的故事。钟芳少年时进东崖书舍读书，得到同出身于卫所的恩师纪正纲教授提携，留下尊师崇教的佳话。弘治十八（1505）恩师逝世，钟芳撰写祭文，表达对老师无尽的感激与悼念之情。

钟芳考进州学，刻苦用功，品学兼优，给当时的督学提学留下良好的印象。当时有位提学名叫宋端仪，福建莆田人。有人问宋端仪，解元何在？宋提学慧眼识才，脱口说：“崖州钟芳，琼山张世衡。”后来，两位学生果然考中，且分列榜上第一、二名。时任海南道员的江西名进士、广东宪副陈英到琼州府学巡视时看到钟芳的文章，大为赞叹：“童子有这样的才思，真乃丘文庄公（丘濬）再生！”

钟芳在崖城度过而立之年，先后任职江南北国，升迁各地官府衙门，他关心崖城农民的田园生计。正德十三年（1518）初，钟芳乞假回崖城探亲，与知州陈尧恩合议，开沟筑渠，将河水引入灌溉农田。南沟流经水南村，延袤15里，北沟流经马丹村，延袤5里。沟渠竣工，民得尽力播耨生息。后历任州守相继疏浚拓扩，成为惠泽黎汉百姓的水利工程。官沟遗址2009年被列为海南省文物保护单位。

钟芳长子允谦科考高中进士，父子同为进士，经世济民，官声斐然。士民百姓引以为荣，尊崇钟芳父子为楷模。清道光年间，知州牟鹤龄在崖城学宫前修建“少司徒世科坊”，纪念钟芳父子功业。

悯黎敦睦 钟芳青少年时期生活在崖城，与黎族人民有较多交往，理解并尊重黎族人民的风俗习惯。他在《悯群黎文》《琼崖各论》中提出，其时岛内黎乱不止的原因主要是：“逋逃诱之，诓骗激之，科扰成之，土人左使之。”他在《平黎记》中反思：“予昔忝参广西政，每憾多杀不能已乱，徒以长乱。”认为惩办首恶更要安抚群众。主张治理黎区应“兴文教”“习书仪”。嘉靖十九年（1540）八月三日，钟芳给参戎程雪压写信说：“海南黎可化为吾民，彼诚有见”“若能如马伏波故事，剿定之后，所过开沟渠、治诚邑、推强抚顺、禁外人诱骗军民骚扰，以吾民一体视之，讼与之断，怨与之伸，数年之后，必将可观”。

钟芳出身崖城军籍的家庭背景使他对明代加强沿海卫所建设，稳固边疆等有非常深的感悟。他联系青少年时在崖城军营卫所生活的经历，深感族群和睦相处，社会才能安定，文教得以进步。

琼岛情怀 钟芳自嘉靖八年（1529）起，连年4次向皇上“乞休”，嘉靖十三年（1534）七月初八，明世宗批准钟芳致仕。

钟芳先辈属卫所戍籍，解甲归田后不善农耕营商，故崖城老家财产人丁不兴，加上崖州路远，交通不便，他退休返琼选择在府城附近置屋定居。

钟芳在海南享有很高的声望，地方官员对他尊重有加，归隐后曾有人登门造访求谋私利，均遭拒绝。后来有人私通钟芳的家仆，利用钟芳的名声在外招摇办事，钟芳知晓后严查事端，谴责仆人。钟芳清廉自律，对地方官场风气产生正面的影响。

钟芳在京时，每每见到来自琼州的官员格外亲近，他写道：“予去家三年，伤多易感，有来自琼者，虽疏远，皆亲如故人。”当他们离京时，钟芳依依送行。在《送慕容廷荐还乡序》中，联想乡贤长途跋涉乘船跨海的情景，恋乡情结倾诉于字里行间。

钟芳对来琼岛任职的官员总是怀有一份深挚的感情，他们无论是荣升官职，还是致仕离任，钟芳都乐意为他们赠诗写序，记述他们不顾炎暑瘴疠、克服各种困难、勤勉施政所取得的业绩官声。吕中山离任崖州升任淮扬运副，钟芳在《送运副中山吕君序》中高度评价吕中山在崖州施政的业绩。

钟芳在《筠溪文集》中记述海南名贤唐胄、陈实、吴会期、俞宗梁、唐鹏翼等人的家世事迹。钟芳还特别关心读书求学的青年学子，为他们释疑、解惑、指路。钟芳慈孝善良，视继母如亲母，赡养厚待。次子允直不幸早逝，他写下情真意切的祭文。他在自己住宅的西边开筑一井，为城内外来汲水的居民提供便利，民众称这口井为“司徒井”。

嘉靖二十三年（1544）十一月十七，钟芳病逝家中。朝廷听到报告，下旨追封他为都察院右都御史，赐祭葬，派广东布政司右参议万民悦谕祭文。《追赠钟芳禄位诰命》称：“两朝扬历，推美誉于士林；十载休闲，挺高风于晚节。”

钟芳故居在琼山府城西门外达士巷，宅屋原名“对斋”。清顺治九年（1652），被总兵改建为马皇庙。钟氏祠堂坐北朝南，有二进庙堂、厢房、庭院。民国时期，在祠中设海南艺术专科学校。祠堂东西巷口曾建有少司徒坊和文宗坊各一座，大西门内还有一座少司马坊，为明代士民为钟芳建立。

钟芳墓流传着一个传奇故事。《琼州府志》载：明隆庆六年（1572）二月，海贼盗掘钟芳坟墓，忽然轰雷掣电，暴雨如注。盗墓贼心惊胆落，下跪拜叩后逃走。海瑞罢官回乡时拜谒钟芳墓，闻其事有感而发，写诗《倭犯钟司徒墓雷震遁去》：“既归三尺乐斯堂，况有金函玉匣藏。谁谓盖棺占定事，犹遗赫怒庇重冈。丹忱贯古茔俱古，赤电明心山亦苍。千载智愚都幻化，到来贤哲自洋洋。”

诗赋书法 钟芳一生留下的诗歌有600多首，他写作的咏史怀古诗，如《黄家渡》《兰亭遗迹》《诸葛亭》《滕王阁》等，引经据典，描写时代变迁、人生际遇，抒发作者的思想感悟，其中也不乏豪迈之作。

钟芳认为诗歌重要的是个人性情的自然流露。诗歌抒发他的真实感情及人生阶段思想的变化。钟芳一生交游甚广，留下的交游诗约有200首。通过他的交游诗可以了解明代不同地域的风土民俗及文人墨客之间的交往唱和。

钟芳书法传世孤本《可泉序》是为朋友胡缵宗而写。文章开头以“可泉”立意为文，引喻义理，赞扬胡缵宗的道德文章，以立身处世之道相勉，主张君子之为人，应格物致知，淡泊宁静，志行高洁，像清泉一样，乐在其中。《可泉序》现藏香港中文大学。《可泉序》为毛笔小楷，共360字。落款署“琼崖黄芳”，留“仲实、考功大夫、戊辰进士”三方朱印。《可泉序》笔酣墨饱，得颜柳真髓，收放有度，平和畅达，乃钟芳传世书法佳作。

钟芳写下不少歌咏海南的诗篇，其中《珠崖杂咏》《鳌山》等是抒写崖城故乡的诗歌。如诗中记述“异种三生谷，殊言五等人。淳风传古昔，力作自相亲”的风土人情，赞美“山下小园收吉贝，屋边深处叫拘辀。千村并育方隅静，四季长春草木知”的田园风光；有“绕城箫鼓闹，同乐际清时”的乡愁回忆，描绘鳌山“华夏封疆分徼外，牛斗光焰直天中”的壮观景象。

革命烈士英名录

从土地革命时期起，崖城地区到广州等地读书求学的青年学生，互相传阅进步书刊，接受革命思想教育，陈英才、黎茂瑄、麦宏恩等先后加入中国共产党，而后回到崖城地区创建党的基层组织，宣传中国共产党的纲领，组织发动农民运动，开展武装斗争。在民族危亡的关头，依靠人民群众建立抗日根据地，不怕流血牺牲，反抗日本侵略者。他们参加琼崖纵队，勇敢战斗，为了解放海南岛，配合解放军渡海作战，英勇献身。在数十年革命斗争中，光荣牺牲、经县级以上人民政府追认为革命烈士的有124人。谨以革命烈士生前的家乡（村、街）为单位，载录革命烈士的英名，永志纪念。

崖城地区革命烈士一览表

表8

村名	姓名
遵道村	陈英才　黎茂瑄　陈秋夫　郑联云　黎秀基　王风流　李润福　容　麟　陈鸿翔　徐日光
西关村	苏活民　陈芬傅　陈英秀
臭油街	冯可用　林兴良
城东村	林庆湖
起元村	黄润琰　麦家瑞　陈运辉　钟世梅　吴锡安　李月白　吴乾光
镇北村	林福兴　林家达
拱北村	林增麟
起晨村	苏定贤
抱古村	黄亚讨
水南村	黎道统　容达茂　黎足安　容显骏　肖起秀　冯　流　谢香明

续表 8

村名	姓名
保平村	麦宏恩 何绍尧 麦鸿魁 麦德兴 尹龙华 王明钦 陈学衍 何绍伊 陈志坚 陈师铁 周祥有 陈师育 张六妹 陈学金 张树干 周凤瑞 周祥康 周祥善 何绍典 张远超 蔡西林 唐道敏
临高村	罗家仁 邢三弟
港门村	苏宣兴 陈成尧 王毓儒 陈生赖 王生吉 王乃义 王德义
盐灶村	林元嘉
长山村	苏木贵 陈上其 秦法君 罗昌焕 陈志华 赵帝保 李廷秀 黄文摸 周德兴 黄文孝 周亚旺 吴家佑 陈家奎 李正统 韦吉跃 蔡魁生 陈文月 陈鸿基 罗绍护
梅东村	孙毓雄 孙维青 蔡大元 孙有华 孙家本 孙亚九 陈作霖 黄其金 周国贞 蒋德维 孙家何 孙家孝 孙有义 黄帝积 孙毓贤 邢福利 孙家佩 孙有养 林陈吉 周国堂 吴 西 孙毓高 王荣贵 孙家令 孙家永 孙家遵 孙家祯 孙有珍
梅西村	孙有麟 邵天佑 孙令生 黄其光 赵光连 何庆光
梅联村	陈治芬 林上卓 孙亚成 陈关南

艺文

崖城民众历来崇尚“耕读传家久，诗书济世长”。自从北宋宰相卢多逊的《水南村》题诗成为开篇之作，崖城诗坛文苑，星光闪亮，文脉延亘。千百年来，文人学者笔耕不辍，诗词文章传世流芳，启迪民智，润泽民心。诸多书画美术作品入选国家级、省市级美展并获奖，或结集出版。人民群众在生产生活中创作的优秀民歌童谣，口头传唱，或手抄笔录，雅俗共赏，历久弥新。

谨选录部分诗词、散文、序、记、美术、书法、民歌、民间传说等，以供赏阅。限于篇幅，所辑录作品的题材以描写崖城历史文化和地方风土人情的题材为主，包括历代文人墨客和崖城学者乡贤的精品佳作。

诗词

水南村·为黎伯淳题

〔北宋〕卢多逊

珠崖风景水南村，山下人家林下门。
鹦鹉巢时椰结子，鹧鸪啼处竹生孙。
鱼盐家给无墟市，禾黍年登有酒樽。
远客杖藜来往熟，却疑身世在桃源。

一簇晴岚接海霞，水南风景最堪夸。
上篱薯蓣春添蔓，绕屋槟榔夏放花。
狞犬入山多豕鹿，小舟横港足鱼虾。
谁知绝岛穷荒地，犹有幽人学士家。

哭赵公鼎

〔南宋〕胡铨

以身去国故求死，抗疏犯颜今独难。
阁下特书三姓在，海南惟见两翁还。
一丘孤冢留穷岛，千古高名屹太山。
天地只因悭一老，中原何日复三关。

崖州八景诗（选二首）

〔元〕王仕熙

鳌山白云

青山宛在海之东，赑屃浮云逐晓风。
直上有如香吐兽，横围还似带垂虹。
寻仙武帝身难到，断足娲皇迹已空。
绕谷穿岩飞不定，沧波无际雨濛濛。

水南暮雨

千树槟榔养素封，城南篱落暮云重。
稻田流水鸦濡翅，石峒浮烟鹿养茸。
明日买山添薯蓣，早春荷锸剪芙蓉。
客来蛋浦寻蓑笠，黄篾穿鱼酒正浓。

道婆祠有序

〔元〕王逢

黄道婆，松之乌泥泾人。少沦落崖州。元贞间，始遇海泊以归。躬纺木棉花、织崖州被自给。教他姓妇，不少倦。末几，更被乌泾名天下，仰食者千余家。及卒，乡长赵如珪为立祠香火；庵后兵毁，至正壬寅，张君守中，迁祠于其祖都水公神道南隙地，俾复祀享。且征逢（诗）传将来，辞曰：

前闻黄四娘，后称宋五嫂。
道婆异流辈，不肯崖州老。
崖州布被五色缫，组雾纠云粲花草。
片帆鲸海得风归，千轴乌泾夺天造。
天孙漫司巧，仅能制牛衣。
邹母真乃贤，训儿喻断机。
道婆遗爱在桑梓，道婆有志覆赤子。
荒哉唐玄万乘君，终腼长衾共昆弟。

赵翁立祠兵久毁，张君慨然继绝祀。
我歌落叶秋声里，薄功厚享当愧死。

访盛德堂

〔明〕丘濬

盛德堂巍海南边，门阑四序蔼祥烟。
先朝宰相多勋望，后代儿孙总俊贤。
赵鼎谪居心似铁，胡铨题匾笔如椽。
来游济济皆儒彦，为文春容几大篇。

还崖稿

〔明〕钟芳

地尽东南是故庐，感情风物在乘除。
道旁尚忆莱公竹，陇上多增白氏渠。
旧日主人今在少，同时僚友别来疏。
到家童稚迎相笑，仍是天涯一腐儒。

重建五贤祠

〔清〕宋锦

得得西郊谒五贤，荆榛满目转怆然。
蛮烟瘴雾埋威凤，夜月春风泣杜鹃。
胜迹依稀思往昔，英灵仿佛在当前。
经营半载成堂奥，偕我同人荐豆笾。

到崖

〔清〕谢仲沅

南天抵尽一州雄，突兀孤城峙碧空。
海底倒长三丈日，岭头回暖四时风。
面椰屑作银丝白，酒树开成蜡炬红。
何处簪冠来隐者，相逢能说祝鸡翁。

和唐镜沅题壁诗原韵（选二首）

〔清〕何秉礼

（一）

一官宜雅更宜风，《洄酌》遥追玉局翁。
柱屹中流撑力苦，亭开春日赏心同。
号寒忍听来斑白，涤秽先教洗落红。
个里阴阳塵燮理，催科甘拙此专工。

（二）

环亭风叶战潇潇，浴罢骚人韵语娇。
面铁也知寒易却，心冰惟有暖难销。
早该离坎先天蕴，默应东南翰海潮。
静鉴须眉仍故我，清修肯或染漓浇？

崖州新八景诗（选二首）

〔清〕钟元棣

鳌山叠翠

一山横海镇中流，翡翠屏开护此州。
破晓烟痕飞岭岫，入秋岚影罩城楼。
云堆螺髻千层耸，雨洗娥眉半壁收。
如此佳名如此景，问谁拾级到峰头？

抱郭双流

五指源长两道横，天然回抱吉阳城。
地灵借得双龙护，水秀分来百雉迎。
夹岸常移楼塔影，流波时绕管弦声。
珠崖从此金汤固，洗尽干戈不用兵。

访仲实先生故居有感

〔清〕吉大文

白云深处有人居，怅望高山迹已墟。
太守尚传贤子弟，司徒无复旧门闾。
岭南道学千秋论，海外文章四库书。
老去东坡归思少，蜀西田宅近何如？

三百年间气运开，海前丘后论人才。
生留宦迹驱豺虎，死抱英魂格雨雷。
累代科名劳改姓，诸家术数负兼才。
典型未远乡先辈，继起谁堪赋溯洄？

拣香螺

〔清〕林缵统

谁家妙龄拣香螺，腰折头低顺水摸。
未向月中瞻玉兔，却从水底弄嫦娥。
倒移素影光芦荻，轻步浅流动芰荷。
筐满方知银镜正，归来一路唱清歌。

散文家书

海山奇观

徐日霖

孔子云：知者乐水，仁者乐山。享有“琼崖八百年山水名胜”的南山大小洞天，以其海山奇观荟萃山水名胜的美学要素，展现一幅幅美轮美奂的画卷。

南山“一山横海镇中流”，恰似承天奠地的神鳌，横空屹海。毛奎在八百年前咏叹：“吉阳，形势甲乎海外，南山盘踞，气象雄伟。”明代张习视学到崖城，对仙逸雄秀的南山，极尽礼赞：“鄱阳匡埠未敢并，盍宗泰岳侪昆仑”“俨然巨鳌昂首支地轴，突立赑屃骞鹏鹍”“明擎珠光照皓月，丽吐霞彩迎朝暾”“洪涛撞激兀不动，元气凝结由乾坤”。

南山无处不奇观，有“钓来六鳌堆成山”的鳌山，有“峰头试剑夜冲星”的试剑峰，有“千古仙航元不朽”的石船，有“若使严陵曾住此，桐江云水未称奇”的钓台，有“直上有如香吐兽，横围还似带垂虹”的祥云，有“中藏蛟蜃虚无市，时露神仙飘渺台”的大小洞天，有“鹏味高骞吸晓虹，却怜孤绝自为宗”的万仞泉，有“谁掣长鲸碧海中，蒲牢奔岸吼西风”的崖州湾，还有不老松、五彩石。山海如此奇美，令文人游客流连忘返：“兹游奇绝平生冠，缥缈楼台咫尺通”，“行当寄语蓬莱客，胜景而今逊岭南”。

南山险境莫测，清代孙元度进山探险，樵夫告诉他：南山之上，“层叠如累棋，亭亭立立，可望而不可上”。孙元度抱憾，在《鳌山探胜记》留下寄语：“以余今之所游，仅陟其半，已足豁人心目。异日穷探周览，造于其巅，灵迹奇观，当必有出见闻之外者。”试剑峰自南山半腰斜出，如椎似柱，三面悬绝，唯有一条古道可登，谓之“仙梯”。仙梯有古蹬百余级，绕峰八盘，缓登而上，如踏龙脊鱼背，惊心动魄：“梯转危蹬滑，洞转断崖偏”。峰回路转，登高望远，倏见青云霁日，豁然中开，宛若进入天界。在试剑峰上俯瞰，但见“海光常潋滟，山色更清妍”，“海阔澄波静，林深翠霭穿”，令人一饱眼福，心旷神怡。

毛奎经营南山洞天时，留下摩崖石刻：“海色涵山，天光照水，烟霞异状，风月无边……恍若身在五云而到三岛之上也。”元代著名诗人王仕熙谪居崖城，推崇南山胜概为“崖州八景”之首，引来数百年唱和诗篇：“海上金鳌谁出头，戴来山色到南溟”“飞扬秀气迎奎阁，色泽珠崖是此山”“参天古树当窗碧，接海层峦入槛青”。南溟奇甸孕育之山海奇观，美美其美，美不胜收。

南山洞天，既有“左青龙、右白虎，前朱雀、后玄武”环抱幽藏之势，更显海上神山缥缈蜃光之幻，系道家梦寐以求之仙界。毛奎独具慧眼，结缘山海，将“大小洞天”冠于南山道门胜概，成为荟萃道教文化之福地，引人入胜。南山海角生态原始，漫山遍布数千株称作“不老松”的龙血树，寿龄逾千载，生机盎然，应合“寿比南山不老松”

之祈愿，让你顿悟返璞归真、智乐仁寿的人生真谛。

美兮，南山洞天；妙哉，海山奇观！

故乡的酸梅树

何家贤

我的故乡到处生长着酸梅树，一年四季枝繁叶茂，生机盎然，如同黛绿色的巨伞撑开在田坡地头、沙滩堤岸，为日出而作、耕海归航的农人渔夫遮阳挡雨。又像一位长者伫立在村口老宅，默默地等候着外出的子孙回家团聚。早年故乡因树得名,《崖州志》记称“酸梅铺”，故梅山乡亲被城坊乡里叫做“酸梅辅人”。

外出的游子，一提起酸梅树，有诉不尽的乡愁，说不完的故事。

孩童年代，酸梅树成了小伙伴玩耍时念念不忘的零食店。大地回春，当树枝开始长出新芽，小伙伴已来到树下张望。叶芽细嫩青涩，摘下一把用盐揉搓，塞进嘴里，啧啧品尝，清爽可口。夏日炎炎，酸梅树的枝条上不知不觉长满了淡黄色的花朵，一簇簇似花环悬挂，一朵朵如兰花绽放。酸梅树花不但悦目赏心，而且酸酸甜甜，芳香可食，烹调鱼虾海鲜时搭配下汤，去腥提鲜，满口留香。不期而遇的台风暴雨过后，满树繁花飘落了一地，举头看大树，一串串弯弯的小青果挂满了随风摇曳的枝条，密密匝匝，嘻嘻哈哈。秋天来临，酸梅树的果实在老天爷的眷顾下日渐成熟，向人们传递收获的期许。成熟的梅子如同园栽的豌豆挂在树丫枝条，剥开褐色外壳即见黄澄澄的果肉，喂进嘴里，酸甜相宜，蘸上自备的配料，天然绝配，妙不可言。小伙伴们常常三五结伴，用辣椒熟盐虾酱，包在豆叶装到裤兜里，爬上树，采摘酸梅豆后，即时倚靠在枝丫上分享，一直吃到口水收敛、牙酸胃滞才肯下树。大人们则采摘回家加工成酸梅酱，用来煮鱼焖肉，制作美味菜肴。崖州酸粉配方讲究，精工细作，这碗风味美食如果没有酸梅熬汁做底料，那舌尖上的家乡味道即失去正宗的滋味。岁月如歌，一碗缘于酸梅豆的崖州酸粉，给崖州儿女留下终生惦念的乡情。

酸梅树出身贫寒，但生命力强盛，不管是沙滩荒坡、石坑山崖，或是村头路边、庭前屋后，随便埋下果仁，不久即萌芽生根，三五年又见绿树成荫，花繁果熟。酸梅树高大、壮实、坚强，面对每年几次呼啸而来的台风暴雨，临危不惧，自强不息。我曾亲眼见过路边的一棵百年古树被狂风刮倒之后，挣扎着挺立起来，昂然重生，令人惊叹其生命力之顽强。酸梅树枝条耐力柔韧，只要你抓住一条拇指般的树梢，即可承受整个人的拉拽爬上树。有些小孩摘酸豆时不慎失足，幸被这些树枝横条接住而保住了性命，大人便拉着小孩前来烧香叩头，感激救命之恩，并拜认为保佑孩子一生平安的神树。

三亚市名贵树种何其多，花梨檀香，被金银染指，登基于高堂豪宅，至今遭砍伐殆尽。然而酸梅树历尽沧桑，甘于平凡，扎根于农村黎寨，荫蔽旅客行人，陪伴平民百姓的日常生活，始终热爱崖州大地，执着地绿化美丽三亚。我想，这不就是故乡的酸梅树脱颖而出，当选为三亚市树的获选感言么！

鳌山红豆

游师良

我家乡物象不凡，物种不俗。就说珍珠吧，也有两样。一样是海珍珠，名贵天下，为历朝贡品，人说慈禧梓宫中用于铺补棺材底的七斗珍珠，便是当年州官从我家乡百姓家中强刮去的。还有一样是山珍珠，山珍珠即红豆。红豆并非全红，而是红黑两色，珍珠般大小。我家乡地处海南岛最南端，阳气酷烈，有“炎州火地”之称，而红豆多生阴处，故红多黑少又不失其红，极为奇观。

红豆本是相思物。

少时，每读唐人王维“红豆生南国，春来发几枝”的名句，便想象诗翁千里骑驴下岭南、过海峡，在我家乡的荒野上躬身采豆、兴会微吟的情景，自喜这一异物竟能牵动诗翁的千古灵性。殊不知王维的红豆是木红豆，豆子全红，而我家乡的红豆则是草红豆。有友人自广东肇庆给我捎回几颗木红豆，一看，形状、色泽、韵采迥然不同，而又各得其佳妙。然我以为最撩人思意、动人情衷的莫过于我家乡的红豆了。

我家乡正南有座方圆百里的大山，形如巨鳌，叫鳌山。据说道教南宗五祖白玉蟾曾在此修道。鳌山雄踞海陬，秀色千寻，素有“南天小岱”之谓。其峰顶云三重，雾三重，晴天在雨中，四时风月，变幻无穷。秋冬之际，此山灵气自峰顶向天宇间升腾。有灵气必生异物，龟、猴、鹿、蛇、鸟，形神皆有别于他山，山上的沉香、伽南乃香中极品，取之片木于炉中慢燃，清淑之气三日不绝。山下七十二条岭坪，便遍生这离离红豆。红豆一年一茬，若过了发季，根萎叶枯，藤焦豆落，采豆只待来年。早春二月，那凝丹结黛、晶亮玲珑的小豆破荚而出，山梁上、山坡下、溪流畔、岩崖间、一蓬蓬一串串的，如万点小花闪缀在丛林草木间，露几分欢欣，藏几分羞涩，掩含着花之烂漫和草之芳菲，无尘无俗，意态天成。折三枝五枝，摘十颗八颗，便引惹得眼乱心忙，莫名其妙地珍之惜之怜之——珍之物美惜之物稀怜之物小。

这就是“相思”么?

岁岁清明,我必回家一趟,也总少不得到鳌山踏青。时值初豆未老,晚豆正秾,一采就是一大束。红豆最盛处,要算鳌山主峰下的金银坡。这坡上的豆子发得多,发得大,也发得艳。采豆每到金银坡,我便记起了一个古老的传说:鳌山脚下的海滩边住着一对恩爱的小夫妻,金哥和银妹。小夫妻以下海采蚌取珠为生计。珍珠子采得多了,远近扬名,日有带秤的客商来行骗,夜有带刀的歹徒来骚扰。好在小夫妻平日里度量大,经常周济乡亲四邻,因此遇事有人帮忙。一日,有几船番号不明的海盗在海上杀人越货之后蹿到海岸,强占半壁鳌山为营。当海盗们发现小夫妻草屋里那藤篓盛满闪闪发光的珍珠时,使以刀枪相逼。小夫妻不依,浴血拼杀了一场,终于被追上了鳌山之巅。小夫妻宁死不屈,将藤篓里的珍珠撒向四野,然后抱成一团跳下了高高的山崖。九里十八村的乡亲们闻讯,以牛角为号,以熊甲为誓,以竹矛为戈,围歼了这伙犯疆的海盗。乡亲们来到金哥银妹殉身的地方,只见满坡散落着星星点点带色的珍珠——红豆。这生长着红豆的山坡,乡亲们叫它“金银坡”。从那年那月起,金银坡上的红豆便播满鳌山,播满我家乡的山山野野。

我的书案前,无论春夏秋冬,总置放着我从鳌山上采来的红豆,或连豆带荚的在竹筒里斜插几枝,或红花花的在椰壳里堆上百十颗,时时品赏。闲来拈几颗放在掌心上细细搓摩,本原,自然,朴真,纯净,俏丽,一切不可名状的灵言妙语都隐化在这小小珠子里。玛瑙诱生华贵,琥珀浮想久长,而能触发悠悠怀思与绵绵深情的,只有红豆。

我曾有缘久居鳌山。公务之暇,常带上几个同伴到山中探奇寻幽,搜神访仙,还特意到金银坡采摘红豆,一岁一春一回,积攒得三升五斗。原想将采来的豆子作为精美的礼品分赠贵客,或自辟小园栽种半亩以怡情养心。不知何故,我忽又意念一转,不可,我是不能亵渎红豆的。物异其类,盖生乎其地;人钟其物,盖出乎其意。我爱红豆,尤其极爱鳌山红豆。红豆是我心中的圣物,而鳌山又予我与生俱来的情怀。鳌山生我,养我,教我,化我,洗我,净我,智我,慧我。我在鳌山心里,鳌山在我魂里。些许年来,我的足迹几乎遍及天下名山,泰山之伟、黄山之奇、巴山之险、昆仑之莽、富士山之秀、阿尔卑斯山之旷远……但无论我走到哪里,鳌山总在我面前横亘,在我梦中驰荡。我不是名人,然我之于鳌山红豆,一如苏轼之于东坡之石,郑板桥之于北山之竹,曹雪芹之于西山之红叶。于是,在一个秋雨空蒙的黄昏,我登上高高的鳌山之巅,把经年珍存的几斗红豆撒归鳌山,撒归金银坡。来年早春,我到坡上一望,红豆比往年发得更旺，坡前坡后，红豆挂满了千树万树，映红了沟沟壑壑。这时，我觉得，我，红豆，鳌山，已经物我一体，丹黛与共，风雨相随，生死相依。

长相思，相思在鳌山……

麦宏恩烈士遗书

双亲老大人膝下：

敬禀者男自陷狱以来，本欲函禀知，陈说情衷，但每欲握管，感怀万端，忧从中来，情不能禁而愁搁笔者，曷止百次。致使大人倚闾切望，罪莫大焉。然当此生死别离之间，不得不用强制之力，抑压愁情，挥泪上禀。明知不能解慰大人之忧郁，亦略可表白男一生之抱负也。男自受命读书二十余年，由小学而中学以及大学，挥不少大人血汗之金钱，累不少全家之劳苦。而大人情欲节省用，食苦含辛，以供男消费者，欲造男成一器具也。然男徒耗金钱，学无一得，致失大人之希望。抚心自问，罪不可逭。但男时得大人训以大义，师长诲以节操，读古今中外列传，未尝不拜服忠义烈士之行为，而心窃慕。故男矢志救人类于自由，国家于平等，尽为人之道，不至与草木同污。何图志虽立，行不果，身已受刑，负生平之抱负，遗大人之后忧，痛矣夫！人生必有一死，死有重于泰山，生有轻于鸿毛，即死何憾！杀身成仁，舍生取义，古人已有明训。虽云男一死，唤起世界人类共争自由，以革命之血，换得自由之花，死得其所矣！可惜者，国家危亡旦夕，人民陷于汤火。男毫无一点有益于国家，利人民之事，实死有余憾。尤以大人白发苍苍，无人奉养，抚育之恩不能报其万一，死不能瞑目也！然男素知大人深明大义，只恐男以不死，必责男曰："宏恩，男儿死则死也，不可为不义屈。"故男意大人听男死耗，亦必笑逐颜开，无所忧虑也。男死期在即，但男气极壮，志极坚，勿以为念。男再有言者，吾家□□□□□□死后无人侍奉左右，大人再图后嗣。或者，天地可怜，祖宗积德，必能令大人得悦乐天年。居妹如何，甚念。如果债务还清，家有出息，祈多分给她。宏旺弟略有聪明能读书，祈提携就学。秀妹能侍奉与否，随其自□，如去，祈将她存积给她，得为她日后生活。兄弟亲戚不能与团聚也。男死矣，祈大人善保玉体，强饭加餐，则男死不多虑也。特此敬上。

男宏恩敬禀

夏六月廿四日被难

记 序 文选

大小洞天记

〔南宋〕毛奎

吉阳形势甲乎海外。南山盘踞，气象雄伟。意其中必有深崖幽洞之奇，而屡加访问，未获也。一日，属权尉黎民志搜寻，始于周使君石船磨崖后山巅，得一石室，前瞰大海，后环曲巷，峭壁在南，小洞附北，实为海山之奇观也。继而僧善庆又于山麓石峰之阴，近石船，得一岩，由西北透迤数十丈以通后洞。岩之外临海，有平石可钓，因为“钓台”。对岩之前，有石奇怪，其下可坐十客。仰望八景，皆在目中。以其与岩相望，名以“岩瞻”。是皆大小洞天之佳致也。昔周使君以淳熙来观石船，磨崖刻石，今予亦以淳祐丁未经营此胜概，适与石船同一处，遂成八景。由今视昔，似或胜之。岂非天实有以相之耶？因叙其本末，以识洞天之奇观。吉阳知军富川毛奎为之记。

崖州学记

〔明〕丘濬

昔者圣人述经，于《诗》则惩荆舒，于《春秋》则外吴楚。所以惩之外之者，盖以先王之道不行于其地故尔。抑孰知圣人百世之后，而其道又越荆楚舒吴而南数千里之远，以至于百越之墟、大海之外乎？孔子曰：“道不行，乘桴浮于海。”其言盖至是验矣。凡天下郡国，皆居海内。惟琼一郡，颛颛居海之外。而崖在前代，再涉鲸波，非舟楫之利涉不可以通。今而释奠之宫、弦诵之所，与中州等。岂非圣人之道行于海之验欤？崖有学，肇于宋淳祐中，知军毛奎始创于城西。元泰定中徙城东，至正中又复其阳。入国朝来，虽屡更修葺，然皆苟焉而已。成化六年，丰城涂君伯望，以廉宪副使者之节，专镇兹郡。按部至崖，慨学宫之卑陋，悯学校之废弛，乃命知州事诸暨君琦，拓其址而前之，视旧少西。凡学宫规制所当有者，咸一新之。其费一出于公，民弗与知。规模宏敞，藻绘绚耀，州人父老，过者惊叹，以为昔所未有。徐守谓崖学创于宋，历元至今，未有文学之士为之记者。以书来征予文记其事。惟昔圣人兴浮海行道之叹，而继以从我其由之语。夫当圣人振铎之时，必欲其道之行于远，尚有赖于贤哲之士，相与佐佑之。矧去圣人数千年，微言绝、异端起之后尚远乎？吾知圣人在天之灵，固不能不望于后世贤哲之士，相与佐佑而作兴之也。崖自入职方，千二百余年于兹。立为学校，又四百年于兹。圣道之行于兹上也，不为不久矣。然而风俗未至于纯美，人才未至于大振，夫岂无其故欤？意者佐佑而振作之者，未得贤哲之士如仲由者欤？今崖学幸得宪副君作兴之于上，而又得徐守协力以怂恿之。自今而后，诵说有其地，休息有其所。而崖之士民，于此犹不知所以奋发勉励，以求渐进乎圣人之道，使风俗纯美，而人才大振焉，追原其咎，必当有任之者。因书以谂焉。且以示夫后之人。

重修崖州学宫碑记

〔清〕张岳崧

圣人之道大矣。其于政也，循之则治，悖之则乱。其于人也，尊而信之者为贤人君子、名公卿大夫，亵而弃之者不免为庸愚祷昧，而罔以自振。是故自古至今、自中国以暨乎遐陬僻壤，未有不尊崇圣道，而可以昌教化、启文明者也。崖州处琼郡极南，去京师万余里。群山罗列，环以巨浸。人士朴愿，殆胜中土。州故有孔子庙，或濒湫隘，杂阛阓，迁徙靡常，弗安厥居。乃卜吉城中，居高居阳，据有形胜。盖旧武弁廨，岁久圮。州牧率绅士白上官得之。庀材鸠役，经营惟新。华而不侈，质而有文。高敞深邃，咸式于制。斯岂惟夸壮丽、肃瞻视而已哉？将所为尊圣道而振文教者，皆是赖焉。且夫圣人之道，广大中正，非犹夫后世报应诡异之云也。其感于人也，动于心之不容已，非犹夫计功谋利，有为而为之者也。往闻俗称创修文庙，每兆科名。然则圣人将自小以诲奢，而入或籍是以图私。此与于废坠之甚者也，其奚以称焉？曰亦本于其心而已。其心知尊圣，则必知所以为人、知所以为学。知所以为人，则纲常伦纪之修明、礼义廉耻之检束。知所以为学，则只服圣言，遵守经训，作为文章，发挥义蕴，羽翼微言，而不徒藻缋雕饰之尚。大如是，则贤流接踵，善俗日兴。学业勋名，辉映往哲。盖尊圣之心，其效若此，而不啻圣人之启牖而默佑之也。今崖州僻远，民俗质悫，相安于耕桑诵读，而尊崇庙制。期所以妥圣灵而肃祀典者，聚情鼓舞，不约而同。将嗣兹以往，州之人士，必于所以为人、所以为学之理，俯焉孜孜，求其庶几。是故文行忠信，习圣人之教；诗书执礼，佩圣人之言。父兄子弟，以此为陶成。庠序师儒，以此为董劝。然则风俗之兴、人才之盛、科名勋业之美，不于是而可券欤？兹举也，州绅士孙子麟、孙宗哲、陈昶、陈毓秀、孙绳武、陈中兴，实司其事。经始于道光三年四月，以五年七月落成。州人属为记，谨记之。

盛德堂记

〔清〕冯炜

盛德堂者，崖州裴氏之所居，宋侍郎澹庵胡公之所名也。裴氏系出唐晋国公度，世居河东之闻喜县。度十四代孙瑑，仕宋为雷州守，再迁吉阳，即今崖州也，中原道梗，因家焉，崖之裴自瑑始。其子闻义，历官知昌化军，即今儋州也，父子善政。宋之南，丞相赵公鼎以事谪于崖常馆于义室。已而，胡公铨继至，复馆于其所，因题其居曰盛德。盖高山景仰晋国，而喜其有后也。若曰唐有天下，至于宪宗，文武恬熙，藩镇跋扈，几于不振，幸得度以成淮蔡之举，乃底于宁。自是出将入相，身系国家之安危者，四十年，而威望所及，夷狄慕之，岂非盛德者哉？宋状如至中叶，胡虏暴横，二帝蒙尘，中原板荡，力非不足也，使得度以任焉，则国耻可雪，大驾可迎。奈何忘父子之亲，弃君臣之义，图任奸回，甘心和议，竟使公之忠言谠论不白于时，而且罹摈斥之祸，此有识者之所扼腕悼惜而不能已也，公于是宁无望于晋公乎？此堂之所名也。嗟乎！古今天下国家治乱安危之迹，固亦多术矣，然其切要者，未尝不以得人而理，失人而乱。唐惟得度以成中兴之功，宋用一桧而忠良窜逐，驯至于亡，而后继之者，犹或蹈其覆辙而不知变，夫岂安其危而利其灾欤？亦在已昧取舍之几，所谓贤非其贤，人非其人也，此君子所以贵居敬穷理，而不使邪佞得以闲之，则贤俊登庸，幽远毕达，而太平之治，可几矣？予来琼，遇裴之后人乡进士崇礼，为予道其事，且曰：胡公所题，手墨尚存。愿有以记之，于是乎书。

景泰丙子年（1456年）四月既望乡进士出身琼州府教授慈溪　冯炜

《崖州历史文化展览图文集》序

林葆玉

崖城，有着悠久的历史、厚重的文化积淀、独特的地域文化内涵和人文品质，是三亚历史的根。自西汉元封元年（前110年）汉武大帝开琼置临振县至今，崖城已有二千一百一十八年的开镇历史。

崖城，是三亚历史的年轮。自古代海南岛纳入中华版图后，汉代的临振县、隋代的临振郡、唐代的振州、宋代的崖州（吉阳军）、元代的吉阳军（朱崖军）、明清两代的崖州（崖州直隶州）、民国至新中国成立之初的崖县，崖城一直是上述历史时期州、郡、军、县的治所。崖城承载了三亚历史沿革行政建制治所的全部历史，因之成为延续两千多年的三亚历史主城区，也成为古代海南岛南部政治、经济、文化、军事中心。

崖城是三亚历史的记忆。这里留下中国历史的千古佳话——隋朝将临振县赐作冼夫人的“汤沐邑”，促进了海南归属中华及其文明开发；唐代高僧鉴真与日本国使者荣叡、普照第五次东渡海难，在崖城化险为夷，传播佛教文化；元代棉纺织革新家黄道婆，将崖州棉纺技艺在江南传承，衣被天下，惠泽百姓。

崖城，彰显独特的地域历史人文轨迹。唐宋两代，被朝廷降黜或贬嫡到崖城的宰相名贤相有李德裕、韩瑗、丁谓、卢多逊、赵鼎、胡铨、王士熙、李灵夔等。此外，走进崖城这一方天涯古镇的还有众多开疆将帅、朝廷钦差、文武官吏、名儒雅士。凡此种种，彰显了崖城独特的地域历史人文轨迹。

崖城，孕育着深厚的地方历史人文品质。古代崖城，“贤流接踵，善俗日兴；学业勋名，辉映往哲”。被誉为“海外邹鲁”“南溟奇甸”。自宋至清代，崖城儒学盛兴，人才辈出，其中不乏佼佼者。明代崖城钟芳父子进士，传为海南科举佳话。钟芳官至南京兵部右侍郎、户部右侍郎，被誉为“上接文庄（丘濬），下启忠介（海瑞）之岭海巨儒”。清代崖城举人林缵统，从崖城走进“万木草堂”，追随康有为变法维新，成为名噪一时的天涯“戊戌君子”。曾经遍布崖城的名胜古迹，都突出了古代崖城文明尚礼、仁义诚信、修身爱国的人文品质。

2003年至2006年，通过主持申报崖城历史文化名镇和重修崖城学宫工作，得以近距离触摸三亚历史文脉，深感责任重大。于是，“崖州历史文化展览”由创意变成了重修崖城学宫的文化建设项目付诸实施。重修后的崖城学宫开放展出后，得到普遍的好评。

崖城被评选命名为中国历史文化名镇，为崖城镇的建设和发展提出了新的命题，提供了新的机遇。要珍惜这一来之不易的荣誉，全面科学规划，借鉴成功经验，引入创新机制，处理好保护与开发、继承与利用的关系，把历史文化遗产保护与社会主义新农村建设、古镇旅游开发等有机结合起来，不断增添古镇的现代活力。同时，通过保护建设崖城历史文化名镇，留住三亚历史的根，留下三亚历史文化中的这块瑰宝。我们相信，随着崖城历史文化遗产保护工作和历史文化名镇建设的不断推进，崖城将成为三亚传承地域文化、弘扬爱国主义精神、培养地方人文品质的历史文化圣地。

《黄怀兴书法作品集》序

蔡明康

黄怀兴先生专攻地方史志之余，对书法艺术也有极大的雅兴，常常是青灯读帖，拂晓临池。我过去也只知道黄先生的毛笔字写得很好，却不曾真正领略其笔底功力、纸上风韵。十年前有幸读他写给崖州孔庙的楹联、匾额（隶书）和罗马“天后宫”（篆书），最近推出的《黄怀兴书法作品集》，使这位自号“鳌山”的琼南书协副主席得以一展书法艺术风采。

黄怀兴先生得益于著名书法家秦咢生的真传，悉心临摹《张迁》《鲜于璜》《石门颂》《乙瑛》《礼器》等诸汉碑。上追商秦，广涉古今，长于隶书，兼攻各体。因此，黄先生的书法，特别是隶体书风，以汉为极，古朴丰厚，气势雄健，意趣盎然。他已经做到书界一般人难于达到的骨肉匀适和疏秀高浑的境界。他所写的隶书，从起笔到收锋，从力度到深度，也不难看出作者仿古的出神入化和心慕手追的灵气。所以不用翻读《隶释》和考释汉魏石刻文字，都可以知道黄先生得力于古人那坚实方棱和兼备四体的风格；学《张迁》得它那方直寓圆和异趣横生的神韵；学《鲜于璜》得它那丰茂严整和气势雄健的风骨；学《乙瑛》得它那庄端匀实和方正有度的笔意；学《石门颂》更得其雄健舒畅，劲挺有姿的风神。

《黄兴书法作品集》，沉着痛快，墨气淋漓，透出作者的文化修养与书法技艺，使人深深地为其艺术上的魅力所陶醉。先生的隶书，一般时人也能接受。因为他的隶书特点是美观、方正、刚劲、端庄，人们容易识别。所以各地园馆亭堂都能见到黄先生那雍容典雅与朴拙天真的手迹刻石。

黄怀兴先生在书坛早负盛名，且先生又能触类旁通，秀出班行，更勤于书艺的探讨。但愿先生百尺竿头更进一步，创作更多好作品，流芳琼崖，嘉惠书林。

郑绍材乡试朱卷木刻版记

何擎国

1987 年底，阔别故乡五十多年的郑联达教授回乡省亲，我特地到郑府拜访。当谈及崖州文物时，郑教授将先父的乡试朱卷《规矩方员（通“圆”）之至也》抄本送给我。回京后，又特地给我寄来两张朱卷木刻版拓印件。

木刻版长 0.25 米、宽 0.17 米，两面皆阳刻宋版反面字。从拓片上看，版面四周由文武边阑（即四周双边）饰边。中间版口只刻单鱼尾。花口上方刻有“广东乡试朱卷”。单鱼尾下方花口刻有“光绪庚子辛丑”“恩正并科”和“十一”“十二”等文字。文首有“规矩方圆之至也”和“郑绍材”等字。文末有四十三字的“镜沅又注”。余为正文，每行二十五字，满半页为九行，总共七百零九字。

这篇题为《规矩方员之至也》的文章，是郑绍材于清光绪二十七年（1901 年）参加广东乡试第三场考试的试卷（称“第三制艺”）。题目出自《荀子·赋篇》。郑绍材参加广东举行的乡试，其真卷称“广东乡试朱卷”。明清时代常将科考试中的朱卷编刻成书，供生员学子参考。从拓片版页码看，郑绍材乡试朱卷系被当局编刻成书后之选录。拓片文末的“镜沅又注”，以三十九字的评语，高度评价郑绍材的三篇文章和试帖诗。唐镜沅评注云：“水流花放，一片神行。第三艺有如此灵活，不特可后劲，且足增首艺之色。诗亦浑切。中，自在意中也。”

首句八字为概评，指出其文笔流畅，文理自然，有如行云流水，妙笔生花。接着特别指出：第三艺（即《规矩方员之至也》）尤为突出，灵活生动，为前两篇文章增色加分。试帖诗《赋得水关红叶秋》亦写得意满情切。评语最后感叹说：“考中当然是意料之中的事情。”唐镜沅于清光绪十四年（1888 年）出任崖州知州，政绩官声俱佳，任满荣升。他上调省城后依然关注崖州中举人才，可见他对崖州教育文化的发展寄予厚望。

清光绪三年（1877 年），郑绍材二十岁时以州试第一、府试第二进入府学。光绪三十一年（1905 年），郑绍材赴京栋选，授州判。其后，各省设谘议局，郑被选为议员。民国初，曾任县议会长、团练局长。1914 年初夏，筹款亲赴广州，刊印《崖州志》一百套，使这部重要的文献资料得以传世。1918 年，民众推选郑绍材理崖县知事，郑不负众望，革积弊，除陋规，为民谋利。

美术书法作品

《祭祀》　　徐鸿才　作

《进贡》　　徐鸿才　作

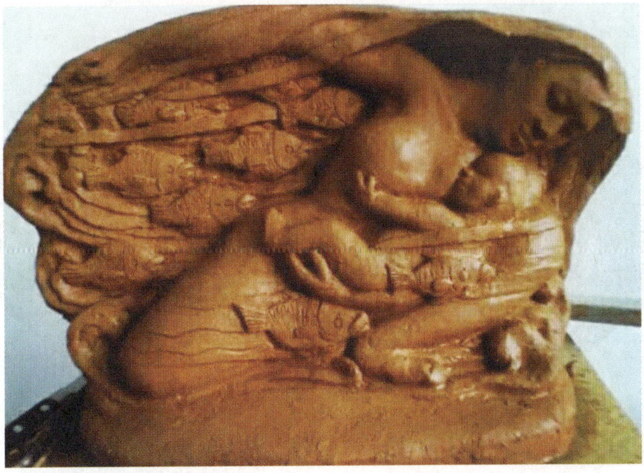

《大海的女儿》　　林尤壮　作

《归牧图》　陈在东　作

《崖城学宫》《西沙甘泉岛唐宋遗址》　黄怀兴　作

《崖州胜迹》　徐燕明　作

蔡明康《谒梅山烈士陵园》　黎元福　作

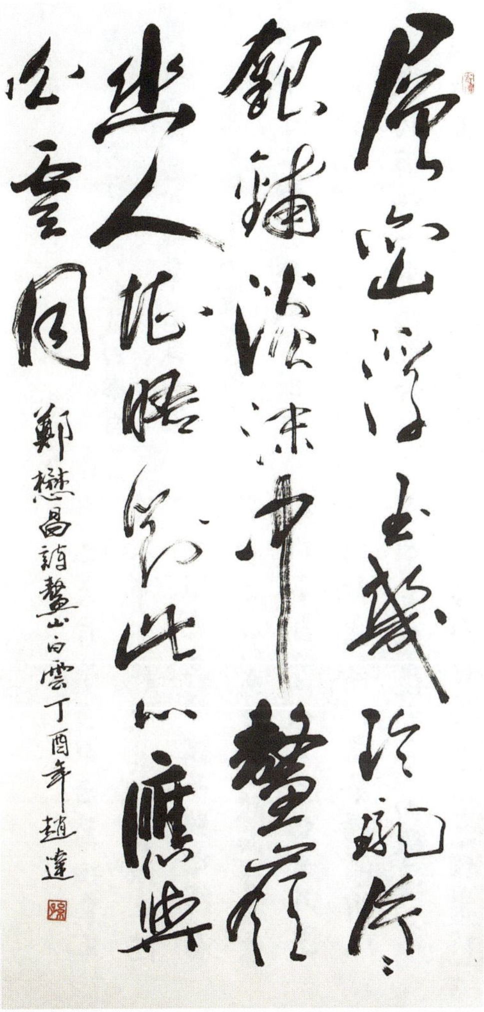

郑懋昌《鳌山白云》 孙赵达 作

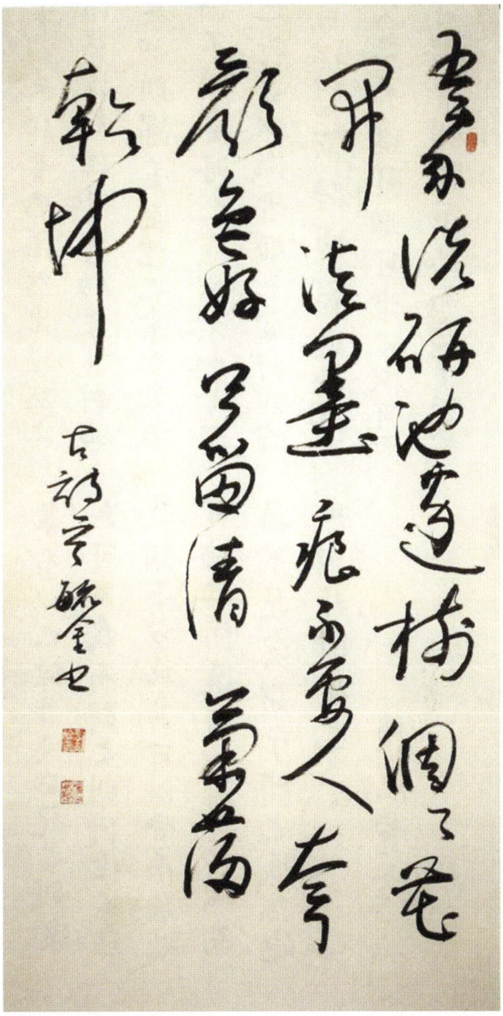

王冕《墨梅》 刘毓金 作

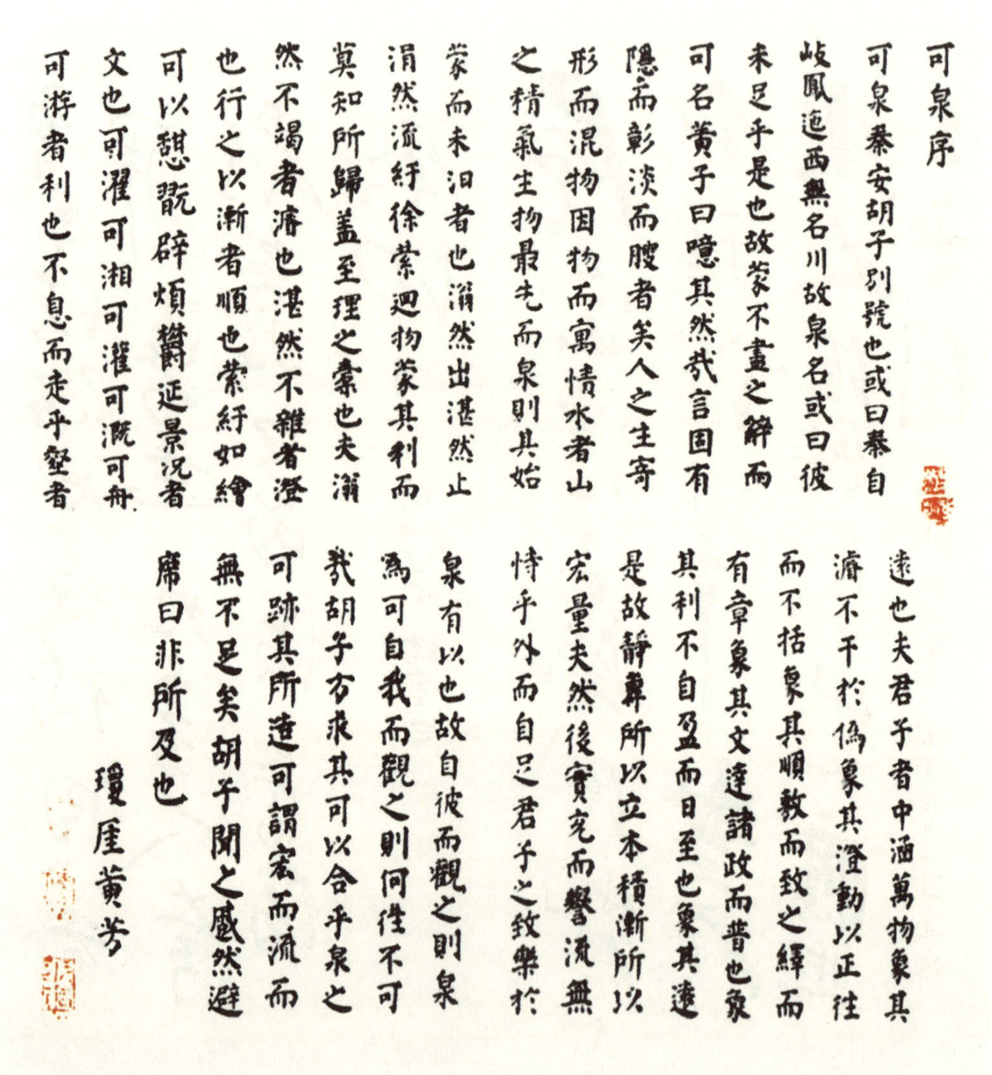
可泉序
可泉秦安胡子別號也或曰秦自
岐鳳迤西無名川故泉名或曰彼
未足乎是也故蒙不盡之辭而
可名黃子曰噫其然哉言固有
隱而彰淡而腴者矣人之生寄
形而混物因物而寓情水者山
之精氣生物最先而泉則其始
蒙而未汩者也㶑然出湛然止
涓然流紆徐縈迴物蒙其利而
莫知所歸蓋至理之橐也夫㶑
然不竭者濬也湛然不雜者澄
也行之以漸者順也縈紆如繪
可以憩歡辟煩鬱延景況者
文也可濯可湘可濯可溉可舟
可游者利也不息而走乎壑者
遠也夫君子者中涵萬物象其
濬不干於偽象其澄動以正往
而不括象其順敷而致之繹而
有章象其文達諸政而普也象
其利不自盈而日至也象其遠
是故靜彝所以立本積漸所以
宏量夫然後實充而響流無
恃乎外而自足君子之致樂於
泉有以也故自彼而觀之則泉
為可自我而觀之則何往不可
哉胡子方求其可以合乎泉之
可跡其所達可謂宏而流而
無不足矣胡子聞之慼然避
席曰非所及也
瓊厓黃芳

《可泉序》　　黄芳（钟芳）作

文明门　　（清）许梦麟　作

三姓义学楹联　　姜宗芝　作

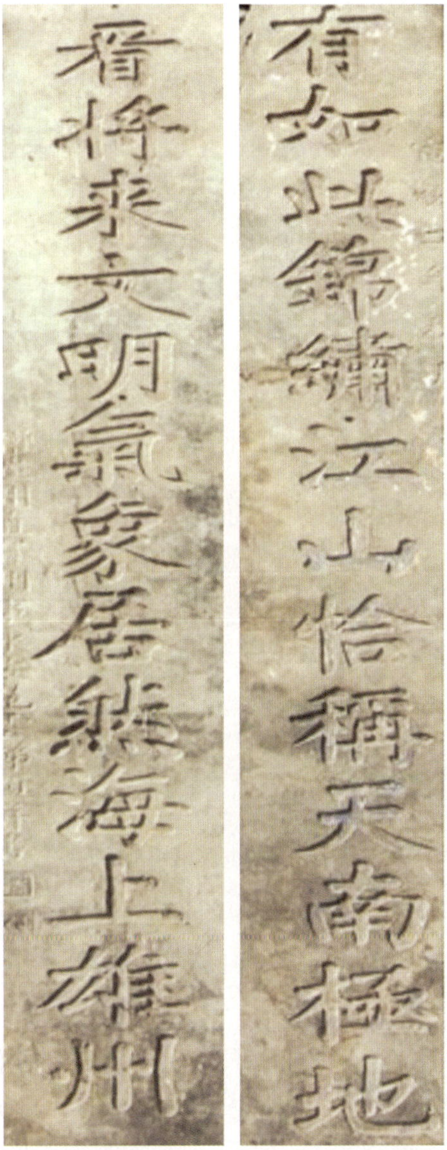

崖州衙署门联　　（清）范云梯　作

楹联

盛德堂楹联

史记威名震四夷源流有自　堂颜盛德垂千古继述无疆（胡铨撰）

世代衣冠一派儒流源有自　门庭诗礼千年道学永相承（何珍撰）

还金寮楹联

独留后世儿孙路　此是前贤义利关

杜少陵广厦虚怀何以一　厂蔽人实惠独能留下里

杨伯起辞金雅量尚待四　知克己真诚终觉逊先生

卢多逊纪念馆楹联

拓疆大臣宦海冤　沉公正来清去白

助宋元老水南蛰　伏坦诚行德播仁

孙氏宗祠楹联

寂邱族古建业祠新想列祖　卜世当年瓜瓞绵延斯大盛

玳瑁洲前芙蓉峰下溯我家　开宗此地梅花得到几时修

黄氏宗祠（江夏堂）楹联

颍川堂上春风转　江夏庭前雨露新

赵氏宗祠楹联

历代效精忠族衍珠崖仍宋室　本朝留壮气人从丹陛辅清时

张氏宗祠楹联

玉带彤流寿拥铁炉光月　文峰翠耸祥开金鉴簪缨

水南村大门楹联

古郡华堂史册至今传盛德　名庄玉叶弦歌奕世乐丰穰（周济夫撰）

崖州衙署（清）楹联

有如此锦绣江山恰称天南极地　看将来文明气象居然海上雄州

歌谣歌曲

崖州民歌

摇侬歌

摇侬啊哩，摇侬勿哭勿作声；
摇侬未睡静静躺，勿做浪劳（撒娇）给人摇。

摇侬啊哩，公屋庭前种芭蕉；
公种芭蕉侬种橘，芭蕉又甜橘又凉。

摇侬啊哩，摇侬大来学好样；
侬见好样侬就学，切勿跟人歹样行。

天公做雨勿做大，淋侬衣湿无衣换。
茅屋破漏无被盖，烘火柴湿天又寒。

乓乓乓，摇侬去拜圣贤公，先生讲文侬要通。
考试得名在榜上，州里有名府有声。

逗歌

男：我做条对给你对，乜籽又甜乜籽酸。
乜物皮青肚内白，乜物皮红肚内黄。
女：你做条对我就对，石榴又甜梅豆酸。
冬瓜皮青肚内白，金橘皮红肚内黄。
男：你知乜树无鸟住，乜岭无柴协放上（“协”，方言，置的意思）
乜咪水无鱼游玩，乜咪溪无人洗凉。
女：我知公树无鸟住，衣领无柴协放上。
椰子水无鱼游玩，影溪水无人洗凉。
男：远远看见侬担筛，侬你担的是乜筛，
谁的种竹谁去砍，谁做筛成侬担来。
女：兄你欲问侬担筛，俺侬担的是米筛，
公手种竹父手砍，夫做筛成妻担来。

情歌

不说哥愿妹也愿，哥妹似同放风筝。
哥做风筝妹做线，风筝几高线都沿。

送郎送到半路分，越送越远心越闷。
站在路边捻草尾，看风吹土填脚痕。

情歌情浓意情深，海角天涯心挂心。
落笔洞中吃口蒌，鹿回头前诉衷情。

兄想坐床是坐凳，住在外头侬挂心，
侬家是穷爹苦母，没有乜龙凤铺陈。

床味照床凳照凳，侬在里头勿挂心，
甜心刺耙上都卧，要拿乜龙凤铺陈。

流传崖州民歌

谁人肯做亡国奴

放火烧山树总死，没有一株得青鲜。
日本既占东三省，不久杀来到身圮。

大国怎受小国苦，口都不提心早枯。
各位欠知抚心想，谁肯做人亡国奴。

田蟹行横不行正

田蟹行横不行正，擎起双钳谁都惊。
霸占吃田粮不出，契上又没有它名。

认同年

久久不见久久见，久久来寻才有味。
人情交长不交短，久久要来认同年。

迈歌

红马仔呀白马仔，初一捉来初二骑。
骑马骑到城门口，先吃茶来后吃酒。
富人来到穷人屋，先吃槟榔后捧茶。
穷人来到富人家，站得脚酸手又麻。

一个槟榔破九口，九个槟榔破一升。
一口架在船头上，打鼓咚咚拉船开。
好风好浪二三日，恶风恶浪半年头。
半年不见船飘回，离花野草别路栽。
一条手帕长又长，中心包饭尾包姜。
行到半路解饭吃，吃着姜餸记着娘。
干姜不比湿姜辣，陈皮不比八角香。
河水不比井水甜，人母不比我娘亲。

一眼姜两眼呢姜，三个姐姐嫁三乡。
大姐嫁去琼州府，二姐嫁回府州城。
三姐嫁去皇帝后，第四舂米养爹娘。

舂米卖得二十钱，买个鸡仔养家边。
鸡仔发笼公与母，母留生蛋公要阉。
阉鸡阉得三五个，捉出街市去卖钱。
将钱卖个猪仔养，养猪大大得耕田。
种得田来多稻米，又得食园又食田。
筹得钱米做瓦屋，留分子孙住万年。

童谣

（用军话念唱）

月亮亮，月堂堂，广东放牛去吃秧，牛头呢，牛头挂在阴阳上；牛尾呢，牛尾写信回告娘。娘哎娘，慢慢穿衣裳，穿得衣裳眼泪漏，抹开眼泪拜天堂。

茉莉开花十二朵，大姐过路摘一朵，二姐过路拗一丫，三姐过路扯连根，四姐滚地哭嗷嗷。

毛毛扇，不抵钱，留来扇风过今年；今年冬，明年冬，看见月婆跪月公；月公月婆，骑马过河，跌死月公，气死月婆；月婆告状，拖累和尚，和尚念经，拖累观音；观音没水，拖累水鬼，水鬼上天，拖累玉仙，玉仙开门，打崩花盆。

荔枝大大不开齿，龙眼打花到几时，橘子孖孖难剥皮，做人媳妇听鸡啼；鸡啼狗吠要拱起，头要梳，脸要洗，衣裳裤子要干净，鞋袜要整齐。

阿倪仔，捡香螺，捡到蛹蛇坡，低头踩着地，抬头问大哥：大哥哎大哥，替我买把梳；大嫂哎大嫂，替我缝条袄，穿上身，蚊虫叮，穿下地，臭虫咬阿倪。

咦哦妈哎哦妈，打鼓打锣做亲家，亲家未有板凳坐，坐泥坐地坐树丫。

日头出来几多高？三丈高，红日打叠高。什么锁？锁头锁，什么开？钥匙开。东边打鼓西边开，猴子弄过大大西门街。

长竹皮，短竹皮，哥哥打我三竹皮，我不吃哥哥的耕田饭，也不吃嫂嫂带来的，吃爷的，穿娘的，站在娘前笑眯眯。

一条线，白利利，去到州，回到县，掉下井，寻未见。冷啊冷凄凄，冷到今晚夕，今晚无米煮，去讨番薯煮，番薯在哪路，看见老鼠吃，追蹈老鼠去，看见阿爷回，拧着一笼鸡，留给阿倪炖粥吃。

（军话唱）

今天星期天，真有味，我们带伴去讨芒果仔，牛仔（迈话音）上棵树，砸下来，头壳冲地，脚架树丫，阿訇墩勤狂去，顶着他，末是砸下来，陪得几多疼。（迈话唱）熟粥未熟菜，熟未捧出来，鱼仔安在筐，是蛮蛮捧下来！

七岁开童蒙，天生我性聪；一来拜天子，一来拜圣公。

歌曲

祝福崖州

（男女声二重唱）

陈光良词
孙有涛曲

1=F $\frac{2}{4}\frac{3}{4}$ 崖州民歌风

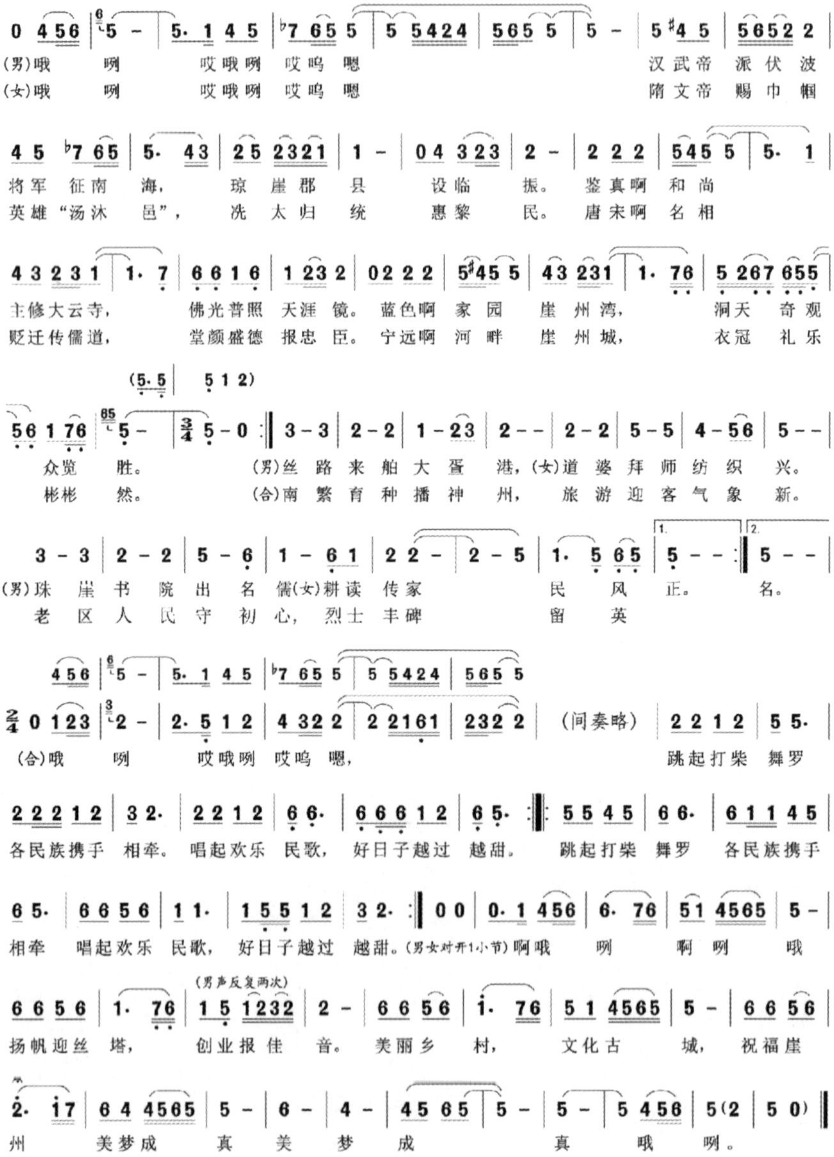

同唱崖州歌

（女声独唱）

1=F 2/4

♩=60 中速稍慢 悠扬 民族风

孙治福词

林志龙曲

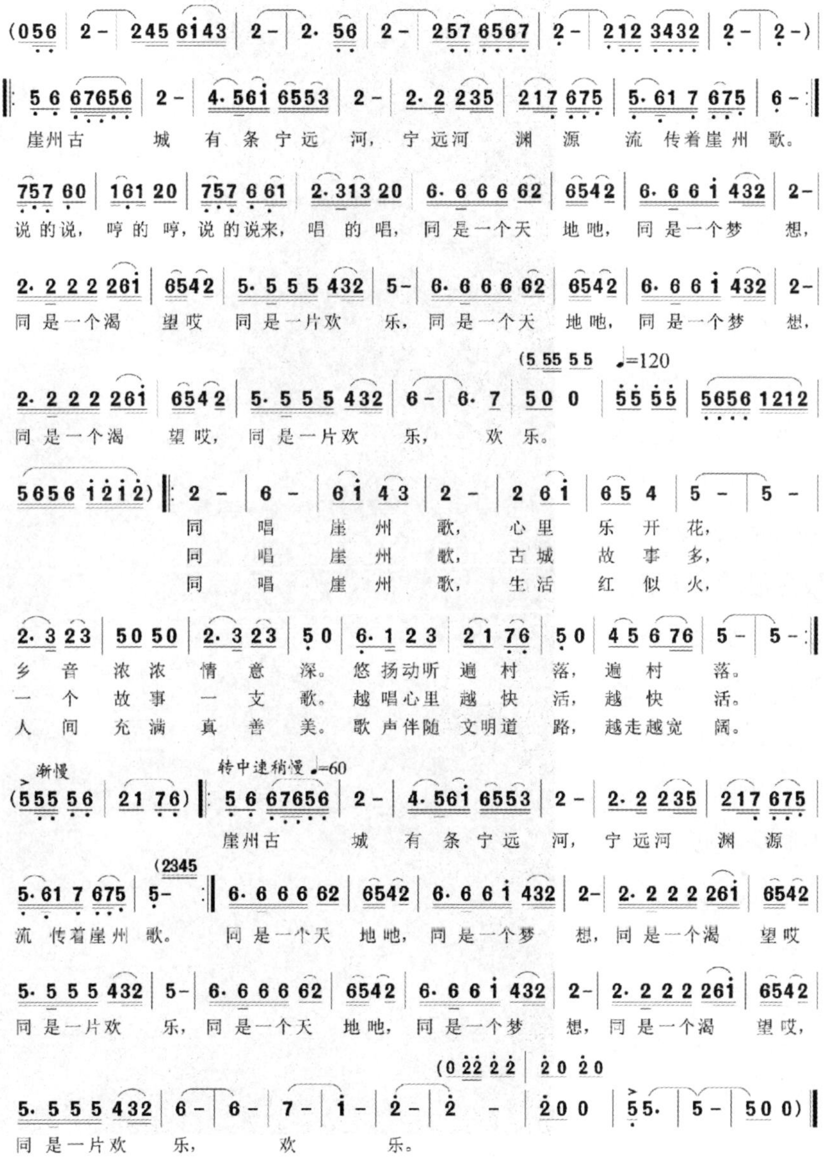

民间传说

试剑峰的传说

相传，汉代交州（交趾，即今越南北部）有两个女贼反叛朝廷，自称为王。朝廷派马伏波将军前往征讨，马伏波将军奉命率军来到崖州湾。一天晚上，马伏波将军召集将领商议军机，忽见一位身穿白袍的老人闯入军帐，手拿一根马鞭，指向南山岭道：“此山石奇水灵，请将军在那里养兵喂马三天，磨刀擦剑三天，保你兵强马壮，刀剑入石，出师大捷。”说罢，拱手退隐不见。马伏波将军猜想是仙人相助，立刻命令军队驻扎在南山脚下小洞天前。官兵按照仙人指点，人马喝饮清泉，刀剑磨石，矛枪磨岩。三天三夜之后，果然官兵个个力大无比，刀

试剑峰 黎太华 摄

剑矛枪锋利异常。将士们试剑挥砍大树，皆剑举树倒。正要收剑入鞘，突然一声巨响，浓烟滚滚，一座山峰陡然拔地而起，傲岸山海。马伏波将军飞步上前，挥剑一劈，山峰顿时被劈裂，化成突兀的石峰。此时，石峰上出现那位白袍老人，扬鞭指向大海道："将军伏波此去，定能大功告成"，说罢飘入山中。伏波将军渡海作战，所向披靡，镇压贼人，夺回交趾。后来，人们把这座石峰叫"将军试剑峰"，宋代毛奎在石峰上刻"试剑峰"三个大字。

钟芳童年诗才佳话（二则）

钟芳出生于明成化十二年（1476）二月，崖城高山所人。他自小聪明颖异，崖州民间至今仍流传着"钟芳八岁作马契"的故事。

当年崖州干旱，庄稼歉收，钟芳的祖父钟京准备将家中的一匹马卖掉。马贩子请钟京写一张卖马契，可是钟京识字不多，无法完成，于是让钟芳代笔。年少的钟芳竟然在纸上挥毫写下："立契高山钟锦堂，西里买马陈仕郎。家中早养马一匹，今年天旱马难当。聚首会面先商议，善价而沽不久长。钱马过交后不反，任君骑过罗浮山。"马贩子读后十分惊讶，感叹钟芳的才华，认定他将来一定前途无量。马贩子决定不买马了，还慷慨地把买马的钱送给钟芳，以供他读书用。

另有一则是"放纸鸢"的故事。钟芳儿时喜欢放纸鸢。有一次，纸鸢断线了，摇摇摆摆飘落下来，被两个下棋的先生捡到。他们一看纸鸢上写着"钟芳"二字，便把纸鸢藏了起来。一会儿，钟芳找到他俩，说："先生，我看到纸鸢落在你们这里，请还给我吧。"其中一位先生故意刁难他说："我们捡到了。不过，你能对出我的对子，才还给你。"钟芳歪着头说："好，出吧。"先生望着天空，一字一板地念道："天上风筝，身无翅，头无眼，口无声，怎能飞天？"钟芳指着棋盘，不假思索地对道："纸上棋盘，车无轮，马无腿，炮无烟，何以将军？"两位先生哈哈大笑，拿出纸鸢还给钟芳。

鲨鱼背负书生脱险

传说明朝的时候，水南村书生王邦相从大蛋港坐船去府城赶考，同船的还有七八个生意人。帆船驶出海湾后，遇到一条大鲨鱼，紧跟在船舷舵尾，不停地腾跃冲浪追逐。船主立刻烧香祈祷，对乘客说："可能船上有人做了伤天害理的事，海神要来报复，各人只有把自己的衣物丢下海去，看鲨鱼的反应，如果鲨鱼咬住谁的衣物，谁就要跳下海跟着鲨鱼到龙王宫去赔罪请愿，否则船覆人亡，大家同归于尽。”船主说完即令乘客把自己的衣物帽巾投到海浪之中。此时大家紧张地观察着鲨鱼的反应。忽然，海上的鲨鱼跃起张嘴衔住了王邦相抛下的帽巾，船主见状，即刻招呼伙计把他推下海去。

没想到鲨鱼一阵翻滚之后跃出海面，竟然甩动尾鳍，将正在船舷拉帆的船主扫跌掉落海中。接着，又见鲨鱼游到王邦相的身边，将他驮负在脊背上，向鳌山岸边游去。日落之后海水退潮，鲨鱼精疲力尽地瘫倒在岸边礁盘。王邦相伤心痛哭，为鲨鱼守灵六夜七日，并把鲨鱼掩埋在沙滩上。翌年忌日，他又将鲨鱼遗骸迁葬到鳌山脚下，并立了一块墓碑，上写“鲨恩公之墓”。

王邦相临终前，嘱咐家人将他归葬在鲨鱼墓旁。他的子孙后代至今戒食鲨鱼，也不用鲨鱼油点灯。每年清明节，王邦相后人都像祭奉先人一样拜祭鲨鱼墓。

港门龙王庙的传说

港门龙王庙始建于清顺治八年（1651），位于崖州区港门村港口。龙王庙祀奉的神祇是一尊五龙大王像，神像长 85 厘米，高 55 厘米，雕刻技艺精湛，惟妙惟肖，是港门村的镇村之宝。

相传清顺治年间，港门村有个姓王的渔夫，经常到南山“三足石”的海湾下网捕鱼。有一天清晨，渔夫带着他的儿子驾船出海，到达海湾时红日跃升，风平潮缓，渔夫立即招呼儿子下网。时机一到，他俩赶紧起网，却不见鱼虾踪影，只见一尊木头滚动在网兜之中。渔夫叫儿子捞出木头扔掉，再次下网，等再次起网时，网肚中依然不见鱼虾，只见原来的那尊木头。渔夫又大声招呼儿子捞出木头后扔到较远处的海边，再次下网。此时渔夫喃喃自语：“靠山食山，近海食海，这是第三网，该有收成了吧。”再三起网时，渔夫还是看到网中滚动着那尊木头。他一声叹息：“渔人的食穿世界艰难哪！”并将这尊木头捞起来搁到船头上，虔敬地说：“我是做海人，看来你是舍不得我，我请你上船来陪我做海，也是缘分吧。”然后又招呼儿子再下一网。

此时骄阳当空，海潮涌动。渔夫点燃烟吸了几口，用手刚一触动网绳，顷刻间，只见成群结队的铁甲鱼在网兜里跳跃，船舷边还有各种各样的鱼虾来回游曳，声波奇妙。王氏父子喜出望外，一网收来鱼满舱，驶船返港乐开怀。渔夫想起晌午时在海上捡得的那尊木头，顺手从船头上提起扛在肩头，回家后将木头置放在宅院的围墙照壁前。

夜幕降临，正当渔夫一家人吃晚饭时，院落里的那尊木头闪耀着一缕缕蓝色的光

龙公神像　　陈行飞　摄

晕，左邻右舍见到蓝光出现，都觉得好奇纷纷前来围观询问。渔夫讲述了当日下网捕鱼的经历，乡亲听后感到此尊木头大有来头，经大家商议，应用这个木头雕刻一尊龙公，四时祀奉，为百姓祈求风调雨顺，保佑渔人作业丰收、海船商舶出入平安。王氏父子即按照乡亲的愿望，聘请木匠将木头雕刻成一尊龙公神像，筹划建造一座龙王庙，选址为垦农田边。

修建工程进展顺利，即将升梁的前一天，工匠已给龙王庙的主梁洁身披红，以等待翌日良辰升梁大吉。不料次日拂晓，突如其来的一场大风将安置在工地上的那条主梁腾空卷走，天亮后才被人发现，主梁竟然随大风飞到宁远河岸港口边上的一棵酸梅树上。人们认为这是“飞梁择地”，是天意已定。随即在该地址上重新动工修建龙王庙。

龙王庙建成后，定于农历四月初八举行开光庆典。是日，道长为龙公开光点睛，祈求龙灵显应，庇护百姓。各地信众抬举供品，烧香点烛，敲锣打鼓，载歌载舞，前来庆贺礼拜。从此，港门龙王庙每年农历四月初八至四月初九都要举行隆重的龙王礼拜和信众巡游活动，传承至今。

大洞天观仙人下棋

陈继统，港门人。清雍正年间，他往南山岭采伐木材，把牛和拖车停放在山脚下，走进小洞天。只见两位老翁在石桌边下棋，陈继统便在一旁观看，捡他们吃的水果充饥。大约过了三个时辰，两位老翁忽然不见了。他即下山寻找牛和拖车，原来拴牛和停车的地方只见一堆牛骨头，拖车也朽坏了。回到家里时，家里人告诉他已过去三年了。他后来无病而终，享寿百岁。

毛公灵验传奇

传说南宋吉阳军知军毛奎开发大小洞天仙境，修身得道，离任时崖州士民依依相送，行到南山时，忽然风起天阑，祥云缭绕，毛奎随风而起，飘然隐入南山之中。顿时，南山云蒸霞蔚，海上风平浪静。州人相信毛奎不忍离去，羽化成仙是为了佑护崖州福地安宁。于是，在南山铺前建祠庙，塑毛公像奉祀其间，称毛公祠，历经数百年重建修葺，香火不绝。

清光绪二十二年（1896）八月至二十六年（1900）初，崖州地区发生治安事件，两任知州处理不当，情势岌岌。光绪二十六年（1900）正月，钟元棣出任崖州知州处理此事。

钟元棣考虑日久，忽有灵感：崖州之广，自有神灵。这时，衙门里有一个叫莫宾贤的老吏告诉他，鳌山有一座毛公祠，祀奉的宋知军毛公保佑地方百姓平安，非常灵。钟元棣顿悟，遂斋戒沐浴，卜择吉日，亲临毛公祠点烛供香，叩拜毛公神像，为崖州百姓请命。

当晚，钟元棣梦见一伟岸丈夫，束装单骑，扬鞭指北驰向深山。梦醒后，钟元棣心明知向，等待时机。钟元棣决定轻骑简从，前往发生动乱地区的黎村宣抚招安。

钟元棣不用武力，以和平方式谈判解决因年久积怨而酿成的动乱，衙门坊间或称他胆壮，或赞其才雄，他回应说："我作为地方官，保百姓平安，责无旁贷。并非自己有才识胆略，而是尽职尽心。"为酬报毛奎显灵保境，钟元棣亲率官军耆英前往毛公祠还愿，并举行迎神集会，演戏三日。随后，钟元棣还主持重修毛公祠，镌写楹联"南国风霜皆雨露，洞天花鸟亦神仙”。毛公的传奇故事一直在崖城坊间乡里流传。

稻谷米粒变异

清道光二十六年（1846），临高村附贡郑启书家新开大疍田种植水稻，禾苗长势良好，收获时发现有谷粒异常：形状圆而似方，中间生长两粒米。第二年又产出。道光三十年（1850），水南村南沟稻田，一粟双米。其单粒者有红痕圈过，如同缠腰。咸丰三年（1853），起晨坊小熟田水稻丰收，谷穗产双粒，一红一白。粒大，壳不能容，都从中裂开。每亩稻田有收至四十秤谷。秋季大熟，稻谷丰登，见一蒂产双穗。

保港铁炉塘四次现祥光

铁炉塘位于三亚市保港镇保平村东，俗称“铁土塘”（因塘底有铁沙而得名），有鱼常可网钓。塘水下通港口，西环临高村后，保平村前穿过双石桥经“乌岸渡”分流环港门“五龙宫”前案（水中洲诸）入海。会潮水出入，从港门沿流而溯，舟可傍石桥，运输方便。铁炉塘曾有四次发光，每次发光都引起人们的注意。

前两次发生于光绪初年。《崖州志》记载：“光绪元年七月，保平铁炉港塘水发光，宵可照读。掬之，则拿如散珠。取其水泼暗室中，亦白如银。三月不绝。越三年，再光一旬云。”

第三次发生于1935年9月，发光约半个月。这次银光非常耀眼，从塘口延及“乌岸渡”。发光期间，一到黄昏，男女老少群到塘边观看。有人携瓶盂取水返家，其水仍然闪闪发光。县官乡绅文人闻讯结伴观赏，吟诗作赋。有绅士吟七绝两首。其一为“日落西山土地黄，铁炉独涌满塘光，滑流直下三千尺，疑是银河落晚妆”。

第四次发生于1966年，水光范围百尺左右，发光四五夜，观赏的人也很多。

铁炉塘四次发光原因至今未解。

保港田洋（2016年）　　蒙明珠　摄

大事纪略

崖城素有“两千年建置史，八朝郡县治所”之称，在自然、社会、政治、经济、文化教育等方面发生了许多有重大影响的事件。透过大事纪略这个窗口，可以了解崖城的历史进程，反映社会民生的发展变化。

大事纪略以纪略的形式，选取自1912年1月崖州改称崖县，至2015年1月崖城镇撤镇、升级为三亚市崖州区的一系列大事件，通过部分大事件，展示崖城近代历史发展的脉络。

1912 年崖州直隶州改为崖县

1912 年，撤崖州直隶州，崖州改称崖县，属广东省琼崖道管辖，治所设在崖城。行政长官改称民政长，顾迪光为崖县首任民政长。

1914 年刊印清末编修的《崖州志》

1914 年春，郑绍材、孟继渊协力筹集资金，将清光绪二十六年（1900）《崖州志》誊写稿带赴广州排版刊印 100 套，分送州人，终使该志得以传世。

1922 年“西军”（桂军）攻入崖州城

1916 年，广东军阀龙济光以“两广矿务督办”名义率龙军（又称“振武军”）进驻琼崖。1917 年，崖县知事张吉鲲卸任，新任知事沈辉到职。沈辉率龙济光部 100 名振武军进驻县城真武庙。龙军进城时，任职 8 天的知县姜某被抓获枪毙。1918 年，广东的龙军被滇桂联军击败，“西军”（桂军）派沈鸿英等人率兵到海南攻击龙军。1922 年秋，西军李芳、万玉引兵入城。崖县首任民选县长孙毓斌避去，李芳安排邢公才担任县长。

其时，王鸣亚率民军驻扎妙林，李芳企图联合王鸣亚共抗龙军，先征得王鸣亚属下营长林礼洲默许，请林去找王鸣亚沟通。此时，王鸣亚因事离县，军务交其参谋王卜昌掌管，王卜昌早前已接受孙毓斌县长收复崖城之请，且军事上已布置就绪。王鸣亚不肯接受林礼洲斡旋，林礼洲未明内情，从妙林返城途中被王卜昌以保密军机为由伏兵打死。当夜，王卜昌引兵攻入城门，李军大败，残部溃逃儋县。邢公才这名“八小时县长”仓皇躲入城西甘蔗园，天一亮就被群众发现，拖出被乱棍打死。1924 年，西军指挥邓国良带兵又从港门登陆，其时，王鸣亚与龙军营长杨启明正在谈判，急报西军登陆，仓皇遁走，邓国良遂率部入城。

20 世纪 20 年代中共党组织在崖城建立

1924 年第一次国共合作后掀起大革命高潮，中国共产党和中国国民党都在崖县建立地方组织。在上海、广州读书的一部分崖县籍青年知识分子接受进步思想，积极投身于革命活动。1924 年秋，陈英才等人接受中共广东区委的派遣回崖城开展革命活动。

陈英才在崖城县立第一高等小学担任教员，他利用教师身份进行革命宣传，创办平民学校，向群众传播马克思主义。1925 年秋，在广州读书的共产党员麦宏恩、陈世训、黎茂瑄等人接受中共广东省委委派，先后回到崖城参加筹建中共地方组织活动。在第一次国共合作的背景下，陈英才、麦宏恩、陈世训、黎茂瑄等人成立共产主义小组，陈英才任组长。按照中国共产党的宗旨和任务，他们从事农运和学运，发动农民和青年学生进行反帝、反封建的斗争。1926 年秋，在崖城地区吸收郑望曾、郑绍南、郑铁奴（郑如青）、林庆墀、李大禄等 17 人加入中国共产党，接着在第一高等小学成立中共崖县东南

中共崖县东南支部旧址（崖城第一高等小学内）

支部，郑望曾任党支部书记。

1927年春，麦宏恩等人又在港门、保平、临高村发展一批党员，建立港门、保平党支部，吴秉明任港门党支部书记，何绍尧任保平党支部书记，党员有16人。

“四一二”反革命政变后，共产党人深入农村建立革命根据地，或以职业为掩护隐蔽下来。1930年春，中共琼崖特委派林克泽到崖城、港门、保平一带串联，恢复共产党组织。各支部吸收积极分子入党，组织活动逐渐展开。1935年秋，陈英才回崖城重建中共崖县东南支部，任支部书记。1936年夏天，中共琼崖特委又派刘秋菊、林茂松到琼南地区负责党组织的工作。刘秋菊、林茂松以梅山角头村为立脚点，召集陈英才、何赤、黎茂瑄、吴秉明、陈世德、何绍尧等人指导崖城、港门、保平等地发展党组织，策划成立抗日武装队伍。1938年秋，中共崖县委员会在崖城成立，叶云夫任县委书记，陈英才、黎茂瑄、肖尔炽分别担任组织部、宣传部、民运部部长。随后，中共崖一区委、崖四区委、崖五区委相继成立。

1926年创建崖县中学

崖县县立中学校门（1926年）

1921年，孙毓斌任崖县第一任民选县长，提议创办崖县中学。1922年11月，崖县议会通过筹建崖县中学议案，确定选址为城东南的高等小学堂（即原鳌山书院旧址），并计划筹款事宜，但因发生兵乱，筹建工作推迟。1925—1926年，经莫惠浓、陈宗舜、陈善三任县长先后接案筹划，诸多乡贤绅士出谋划策，由陈其庚、孙家达、尹廷举、卢功沅、黎献廷、麦上位、孙毓祺、陈如璋、陈其楠、黎毓碹等14人成立校董会，先后派员前往各乡里、盐场、渔船、黎峒收捐，还到文昌会、五都会、保平里全甲会、观音堂、水需会、北厢积修庵等，发动募款，集资用于修建教职员宿舍、课室、校门、操场、围墙及采办桌凳文具，再由县财政拨付首期开学经费，终于1926年春挂牌成立。

1926年秋，奉广东省教育厅令准定校名为崖县县立中学，设初中部，同年，招新生三班190人。1927年春季第一班62人入学，第二、三班秋季入学。1928年秋，招第四班49人。1929年秋，招第五班52人。1930年秋，招第六班78人。1930年，兼招乡村师范班。1939年，因日本军队侵占崖县，学校停办。1945年春，复办。1949年，设立高中班并招生，成为完全中学。1955年，崖县党政机关迁址三亚，高中部师生及教学设备从崖城迁三亚镇，与原崖县第二初级中学合并，定名崖县中学。初中部24班至32班3个年级留在原址，后更名为崖城中学。

1926 年瘟疫

1926 年秋，崖城地区霍乱流行，据传从海上船舶入港传染，始发于港门村。由于渔港鱼虾腥污，蚊蝇滋生，环境不洁，致疾病传播迅速。不久，附近麒麟坡、大疍、水南等地相继有村民发病，随即传染到崖城。霍乱初发时，病人腹痛，接而又吐又泻，起病急，发病几个钟头不待服药即告不治。其时，医药卫生落后，无特效成药治疗，故多不治而亡。村人循旧俗于门口挂艾叶草避邪，或日落时在门口围网纲，以防瘟疫入屋，但于事无补。此次瘟疫蔓延月余方止，死亡人数不详。

1927 年水患

1927 年 10 月初（农历九月下旬），崖城地区电闪雷鸣，台风呼啸，暴雨滂沱，接而宁远河水泛滥，洪水沿途冲垮田园村庄，崖城东关市水深 3 米，街道店铺倒塌，打铁街上段仅存二间民舍，财产损失严重。保平港受山洪海潮影响，水位剧增，漫堤冲路，两岸村庄遭受台风暴雨轮番袭击，茅屋掀顶，瓦屋开裂，树木折断，道路阻塞，洪水冲进村巷后，涌入民居宅院，水淹屋廊厅房过腰齐肩，三天三夜洪水才见消退。有港门渔民在海岸收殓数具溺亡难民尸体，乡民竞相在港湾海滩捡拾被洪水冲来的木材、牲畜，有桁料檩柱、牛羊猪禽等，五日不绝。

因是农历丁卯年，百姓将该次百年罕见的灾情称为“丁卯大水”。

1948 年攻打崖城监狱

1948 年冬，国民党当局在崖城东关市南海会馆里设监狱，关押共产党地下党员、政治犯及革命家属，中共崖县县委研究决定营救这些人员。县委书记林庆墀多次派人潜入县城侦察，绘制敌人兵力分布及地形图，并将情况向琼纵五总部队报告。部队决定由总队长陈武英和政治部主任文度带领部队，夜里赶到崖县县委驻地研究营救方案。随后，由县委书记林庆墀、县委常委陈明纲等人领路向崖城进发。三队长陈武英调派两个大队包围同善堂、真武庙守军据点，另派一个大队的兵力围攻赵氏祠堂，由支队长韩飞带领突击队和驳壳排长孙家璋带领 25 人主攻监狱。安全营救监狱中的共产党员和革命家属 100 余人。

1950 年中共崖县县委、崖县人民政府从山区迁到崖城

1950 年 4 月下旬，渡海作战的中国人民解放军第四野战军十五兵团第四十军、第四十三军在琼崖纵队的配合下南追逃敌，围歼溃退榆林、三亚集结的国民党军残部。4 月 30 日下午，在解放军的追击下，国民党军残余部队从榆林港、三亚港登舰船逃往台

湾。国民党末任崖县县长黄自强等弃城逃走，崖县全境解放。

1950 年 5 月 1 日，中共崖县县委在崖城召开群众大会，欢庆崖县和海南全岛解放，连续两晚举行文艺演出和游灯庆祝活动。5 月初，中共崖县县委、崖县人民政府机关从根据地山区温仁村（今乐东黎族自治县境内）迁到崖城。同年 10 月 25—29 日，崖县第一届人民代表会议在崖城召开。林庆墀当选崖县第一届人民代表会议常务委员会主席，文宝庆当选副主席。

20 世纪 60 年代郭沫若点校《崖州志》

1962 年 1 月，全国人大常委会副委员长郭沫若到三亚。中共崖县县委提请郭沫若点校清末纂修的《崖州志》，郭沫若阅读该志刊印版保存本后，认为该书在地方志书中尚属佳志，便答应县委的请求。

1900 年编修的光绪版《崖州志》，由时任崖州知州的钟元棣发起，张嶲、邢定纶、赵以濂主编。1914 年，郑绍材、孟继渊等人协力筹款刊印 100 套。至 20 世纪 60 年代，崖县仅存的一套《崖州志》已缺失不全。郭沫若托广州市副市长罗培元从中山大学图书馆借来一套手抄本，另从广东省立中山图书馆找到一套保存本，开始点校工作。

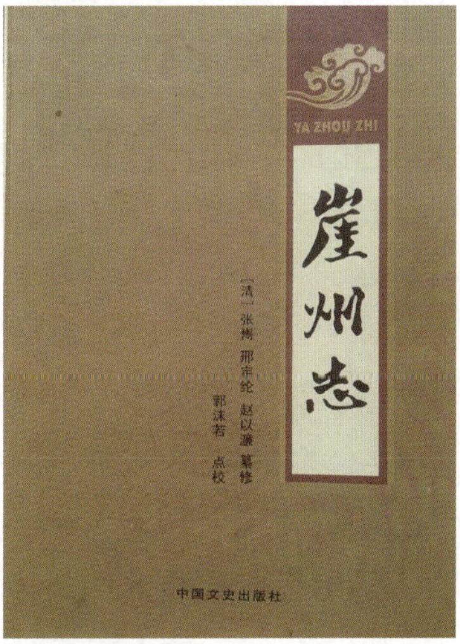

《崖州志》再版

1963 年 4 月，经中共广东省委宣传部批准，出版发行郭沫若点校的《崖州志》，为仿古线装本，繁体字。1984 年 4 月，广东人民出版社再版，改为横排简体字合订本。三亚建市后，1988 年 7 月，再次由广东人民出版社重印 5000 册发行。2010 年 8 月，中共三亚市委、市政府在中国文史出版社再版 1 万册。

1970 年火车倾陷事故抢险救援

1970 年 9 月 5 日上午 7 时 26 分，海南铁路办事处三黄线 413 次客货列车由黄流站开往三亚，8 时 30 分到达梅联海边长园段，因暴雨山洪突发冲毁路基，造成翻车事故，造成死亡 39 人，伤 36 人，报废机车 1 台，小槽车 1 辆，损坏客车厢 2 个、钢轨 8 根，中断行车 85 小时，造成直接经济损失 40 多万元。

事故发生后，海南行政区、海南黎族苗族自治州、崖县、乐东县的领导和榆林部队、民兵、医务人员赶赴现场紧急抢救。广州军区、广东省革委会派领导带医疗队到医院参加救治伤病员。参加抢险救灾的陆海军指战员和民兵千余人，各级医疗队 12 个，医护人员 200 多名。

2006 年梅山革命史馆建成

2006 年 12 月 26 日，梅山革命史馆建成开馆。梅山革命史馆先后被命名为“海南省爱国主义教育基地”“海南省廉政教育示范基地”“海军廉政文化教育基地”“三亚市爱国主义教育基地”“三亚市廉政教育基地”。

梅山革命史馆建筑面积 3500 平方米。史馆主体展厅设在一楼、二楼，三楼为廉政教育厅。同时，还开设梅山文化教育史、“双百”英雄、琼崖革命“23 年红旗不倒”图

梅山革命史馆（2006 年） 孙世庆 摄

片展厅和红色诗廊、廉政文化长廊、文物珍藏室、多功能会议厅、梅山图书馆等。史馆以馆藏文物图照，展示梅山人民在中国共产党领导下，投身土地革命斗争、抗日战争、解放战争的历程，记录在抗日战争时期梅山成立抗日根据地反抗日军侵略的事迹，介绍解放战争中琼崖纵队指战员在梅山地区打响的数次战斗，载录梅山籍 57 名革命烈士的英名，展现梅山老区人民发扬革命传统、建设美好家园的新风貌。

2007 年崖城镇入选“中国历史文化名镇”

崖城镇古迹文物众多，文化遗产丰富。自从汉武帝开琼设郡立县，社会治理日见成效，农耕稻作产业肇兴，发展成为琼南地区政治、经济、文化、教育中心和边疆防卫军事重镇。2007 年 5 月，建设部、国家文物局授予崖城镇“中国历史文化名镇”称号。2010 年 7 月，崖城镇内保平村被评为“中国历史文化名村”。三亚市政府成立名镇管理委员会，配备管理人员，聘请专家编制《崖城国家历史文化名镇保护规划》和《保平国家历史文化名村保护规划》，于 2011 年 9 月 9 日经海南省人民政府批准实施。

2007 年水南村卢多逊纪念馆建成

2002 年 6 月 20 日，在琼海市奎岭村重建海南卢氏大宗祠落成庆典大会上，卢家昭向卢氏宗亲倡议，在崖城水南村兴建卢多逊纪念馆，获得一致赞成。8 月 11 日，三亚市博物馆负责人受市领导委派前往水南村采访。8 月 18 日，崖城卢氏宗亲成立卢多逊纪念馆筹建委员会，规划馆址用地，讨论设计方案，筹集建设资金。2003 年 8 月 3 日，卢家福在水南村主持召开建馆座谈会，省内卢氏宗亲代表及三亚市文史专家、学者、乡贤参加。

2004 年 4 月 12 日，卢多逊纪念馆筹建委员会向崖城镇政府递交申请报告。4 月 14 日，镇政府批复同意并报市文体局。6 月 4 日，市文体局发文同意兴建卢多逊纪念馆。于 2006 年 1 月 20 日动工兴建，建设资金得到卢氏宗亲和社会各界人士的鼎力相助。筹建委员会及时征集相关文物，编辑出版《敦朴为天下先》专著。2007 年 6 月 5 日，卢多逊纪念馆举行开馆仪式。三亚市党政部门领导、崖城镇领导和社会知名人士出席。海南各市、县和旅居海外的卢氏宗亲及水南村群众参加开馆庆典活动。

水南村卢多逊纪念馆（2017 年） 郑海 摄

2015 年崖城镇撤镇改为崖州区

1987 年 9 月 26 日，国务院批准三亚市升格为地级市。同年 12 月 30 日，三亚地级市正式成立，挂牌办公。三亚市设河东管理区、河西管理区，辖海棠湾镇、吉阳镇、凤凰镇、崖城镇、天涯镇、育才镇 6 个镇。三亚升格为地级市之后，实行不设区县的特殊行政建制。2014 年 1 月，国务院批复同意三亚市撤六镇设四区的请示，同意撤销三亚市原来设置的 6 个镇，设立 4 个区，即海棠区、吉阳区、天涯区、崖州区。崖州区的行政区域依照原来的崖城镇。2015 年 1 月 2 日，三亚市崖州区举行揭牌仪式，中共崖州区党委、区人大、区政府正式挂牌成立。

潮起浪涌崖州湾 蔡林正 摄

附录

海南省人民政府关于三亚市崖城国家历史文化名镇保护规划的批复

三亚市人民政府：

《关于批准三亚市崖城国家历史文化名镇保护规划的请示》（三府〔2011〕92号）收悉。现批复如下：

一、原则同意《三亚市崖城国家历史文化名镇保护规划》。

二、要处理好保护和发展的关系，在保护好历史文化遗产的基础上，合理利用历史遗产资源，促进文化、经济、社会、环境协调发展。

三、要加强历史文化保护，切实保护好崖城镇的历史街巷、水系及滨水空间、空间视廊等整体生态景观格局以及文明门、城墙、崖州学宫、迎旺塔等重要古建筑。

四、要完善文化、旅游、商业等公共服务设施建设及市政道路、市政管网、垃圾转运站等市政基础设施建设，提升镇区建设水平，改善人居环境。

五、要严格按照《海南省城乡规划条例》《中华人民共和国文物保护法》和本规划依法做好历史建筑的修缮工作，逐步推进核心区内建筑的保护、整治和改造工作，控制风貌保护区建筑的性质、高度、体量和色彩。对本规划确定的核心保护区和主要保护建（构）筑物的重点保护范围内的建设项目方案，应严格按照有关管理规定进行审批。

海南省人民政府

2011年9月9日

海南省人民政府关于三亚崖州湾科技城总体规划的批复

（琼府函〔2019〕51号）

三亚市人民政府：

你市关于审批《三亚崖州湾科技城总体规划（2018—2035）》的请示（三府〔2019〕102号）收悉。经研究，现批复如下：

一、原则同意《三亚崖州湾科技城总体规划（2018—2035）》（以下简称《总体规划》）。你市要坚持以习近平新时代中国特色社会主义思想为指导，深入贯彻落实习近平总书记在庆祝海南建省办经济特区大会上的重要讲话和《中共中央 国务院关于支持海南全面深化改革开放的指导意见》（中发〔2018〕12号）精神，依托崖州湾地理区位优势，把三亚崖州湾科技城全面建成国家深海海洋产业新区，深海科技城深海创新中心、南繁科技城农业硅谷、国际种业中心、大学城产学研聚集地，按照《总体规划》要求落实崖州湾科技城的各项服务功能，完善创新型人才所需的生产、生活设施，推动产城融合、港城融合、城乡融合与农旅融合发展。

二、加强公共服务设施建设。要以符合国际标准的优质公共服务支撑崖州湾的发展，打造公平共享、便捷高效、服务便利的公共服务网络，促进区域公共服务均衡化，优先建设教育、医疗、文化、体育等公共服务设施，打造宜居宜业宜学的城市人居环境。

三、完善城市基础设施体系。要按照绿色循环低碳的理念，进一步完善公路、铁路和港口等交通基础设施建设，构建立体综合交通体系，进一步提升城市公共交通供给能力和服务水平，加强交通需求管理，鼓励绿色出行，标本兼治解决交通拥堵问题，促进城市协调发展。

四、塑造城市特色风貌。要强化城市设计，突出自然山水景观理念，突显和传承本土文化、展现科技未来，营造崖州湾科技城建设风貌。严格控制宁远河沿岸及中央公园、通海公园两侧建筑高度与建筑风貌，打造“观山望海”的城市景观系统，建设高品质和人性化的公共空间，彰显自然、传统和现代有机交融的城市特色风貌。

五、注重生态环境保护。要践行生态文明理念，尊重自然、顺应自然、保护自然，统筹山水林田湖草的系统治理，严格保护宁远河等核心生态资源。筑牢生态安全格局，严守资源利用上限、环境质量底线和生态保护红线，严格落实生态保护要求，加强生态修复与环境整治，全面提升生态环境质量。

六、加强历史文化资源保护。要严格保护崖州古城、保平村等历史文化资源，加强对历史文化和民俗文化等非物质文化遗产的研究、挖掘和保护。严控历史文化保护区周边的历史环境与整体风貌，重视新老城间的风貌协调。

七、重视规划区的综合防灾工作。要加强城市防灾设施规划建设，建立较完善的包括防洪、防潮、防风、排涝、抗震、消防、人防以及地质灾害防治等在内的城市综合防灾体系。要坚持地下优先的原则，积极有序推进地下综合管廊和海绵城市建设，提高城市抗灾防灾能力。

八、严格实施《总体规划》。《总体规划》是三亚崖州湾科技城建设和规划管理的基本依据，规划区内的各项建设活动必须符合《总体规划》要求。要抓紧编制控制性详细规划，深化有关专项规划，严格规划实施管理，确保三亚崖州湾科技城健康、有序、协调发展。

海南省人民政府

2019 年 5 月 11 日

主要参考文献

三亚市地方志编纂委员会编:《三亚市志》，中华书局，2001 年。

中国人民政治协商会议三亚市委员会编:《三亚史》，人民出版社，2015 年。

三亚市统计局编:《三亚市统计年鉴》，中国统计出版社。

三亚市史志工作办公室编:《三亚市年鉴（2005—2009 年）》，海南出版社。

三亚市史志工作办公室编:《三亚市年鉴（2010—2018 年）》，南方出版社。

〔明〕唐胄纂修：正德《琼台志》，海南出版社，2006 年。

〔清〕屈大均撰:《广东新语》，中华书局，1985 年。

〔清〕萧应植纂修：乾隆《琼州府志》，海南出版社，2006 年。

〔清〕张擢士、李如柏纂修：康熙《崖州志》，海南出版社，2006 年。

〔清〕宋锦增辑，黄德厚分修：乾隆《崖州志》，海南出版社，2006 年。

〔清〕明谊修，张岳崧纂：道光《琼州府志》，海南出版社，2006 年。

〔清〕张嶲、邢定纶、赵以濂纂修，郭沫若点校:《崖州志》，广东人民出版社，1983 年。

李建璋、王隆伟主编:《崖州史话》，海南人民出版社，1989 年。

王学萍主编:《中国黎族》，民族出版社，2004 年。

陈光良著:《海南经济史研究》，中山大学出版社，2004 年。

孙治福主编:《梅山革命史馆珍藏集》，海南出版社，2006 年。

黄怀兴著:《三亚史迹叙考》，南方出版社，2006 年。

徐口霖著:《走进古崖州》，中国文联出版社，2006 年。

黄家华著:《崖城从前》，海南出版社，2007 年。

符和积、朱寒松、范晓军主编:《中国地域文化通览（海南卷）》，中华书局，2013 年。

郑力乔、胡爱民、杨兹举著:《明代岭海巨儒钟芳》，南方出版社，2015 年。

吕青主编:《南繁小故事（一）》《南繁小故事（二）》，海南出版社，2016 年。

中共三亚市崖州区委、崖州区人民政府:《崖州深发现》，2016 年。

编后记

《中国名镇志丛书·崖城镇志》(以下简称《崖城镇志》)是“十三五”国家重点出版物出版规划项目内容之一，也是三亚市崖州区重要文化工程项目。在海南省地方志办公室、三亚市地方志办公室的指导下，由崖州区人民政府成立编纂工作领导小组组织实施。编纂工作始于2016年3月下旬，三亚市崖州区人民政府办公室印发编纂工作方案，成立《崖城镇志》编写组，安排预算经费，聘任主编，拟定编纂提纲，选录编纂人员，明确分工责任。随后，镇志编写组成员开展调研工作，广泛搜集相关文献资料，并进入分工撰写工作。至2017年10月,《崖城镇志》提交征求意见稿。

2017年12月中旬，由三亚市史志办主任谢月林、崖州区副区长林辉、海南省方志办处长陈家传共同主持召开座谈会，邀请海南省方志办原领导和资深专家李养国、符和积、邢维雄，三亚市部分原领导和文史学者陈人忠、林葆玉、孙治福、林国明、林志坚、蔡明康、罗灯光、蔡衍宗、陈一夫、林由俊、游师良、王隆伟、孟允云等参加审稿评议。会上，省市老领导和专家学者纷纷建言献策，在肯定镇志编纂工作的同时，提出了许多宝贵的修订意见和补充完善的建议。2018年4月,《崖城镇志》编写组完成第一次送审稿，呈交三亚市史志办和海南省地方志办公室。2018年11月，海南省地方志办公室又将审读意见发到三亚市史志办，编写组再次修订，完成第二次送审稿。2019年，根据海南省方志办的审稿意见，编写组先后进行五次送审稿修订，呈交海南省方志办报送中国地方志指导小组办公室初审。2020年8月初，编写组收到中国地方志指导小组办公室发来的审稿意见。根据初审意见，编写组再次调整志书的纲目内容和体例结构，修工疏漏，规范图照表及引文符号的版式格式，至9月中旬，完成第六次送审稿。11月初，海南省方志办市县指导处陈家传、符思权再次审读，提出具体的修订意见。2021年1月初，编写组按照海南省方志办市县指导处的要求完成第七次送审稿。

崖城历史悠久，地理殊胜，物产丰富，人文荟萃。崖城人民在长期的生产、生活实践中，创造了丰富的物质文明和精神文化，可书可记的历史事件和人物业绩比比皆是。斗转星移，事变时迁，资料浩繁，真伪难辨。在编纂过程中，编写组成员广泛收集并翻阅大量的文献古籍、方志年鉴、统计资料、族谱专著、总结报告等，结合田野调查、座谈采访，查证核实所记的史实、人物、文献和统计数据。重点记述崖城镇的基本镇情、特色经济、旅游开发、文化遗产、名人与名镇、风土民情等，突出崖城镇的“名”与“特”。编写组成员分工合作，集思广益，初稿拟就后，主编负责统稿，反复修改，呈送崖州区编纂委员会，再报送省、市地方志办公室审阅，听取领导和专家意见后认真修订，完成送审稿。

《崖城镇志》按照中国名镇志凡例，采用纲目体，横排门类，纵述史实，述而不论。鉴于崖城镇 2015 年 1 月撤镇改区，故本志所记述以 2014 年崖城镇行政区域为主要内容，统计数据以 2014 年 12 月为下限。延至 2015 年 1 月竣工的重点工程项目，则特别注明或在照片拍摄时间标记。崖城镇自 2015 年撤镇改区以来，经济社会发展取得重要的成就，尤以崖州湾科技城的建设日新月异，举世瞩目。本志在“附录”中加载《海南省人民政府关于三亚崖州湾科技城总体规划的批复》(琼府函〔2019〕51 号)，以备读者阅览，继往开来。

《崖城镇志》在编纂过程中，得到中国地方志指导小组办公室、海南省地方志办公室、三亚市史志工作办公室和方志出版社的大力支持和学术指导。承蒙崖州区委宣传部和三亚市博物馆提供镇志需要的图照和资料。热心为镇志提供族谱资料的乡贤有：卢成昊、孙家煖、林学勤、何绍义、陈惠钦、郑辉史、麦光时、洪定才、赵成波、裴绍平、裴茂芝等。被志书录用的摄影图片，请作者见书后与我们联系。修志期间得到众多乡贤、学者的关心、支持和帮助，值此一并表示衷心的感谢。

由于编者水平有限，虽悉心编纂，数易其稿，仍难免疏误遗漏，敬请读者指正。

编　者

2021 年 1 月

崖城古城新貌（2019 年）　　杨宁　摄

中国名镇志丛书

《周庄镇志》
《第一关镇志》
《钱清镇志》
《冶源镇志》
《角直镇志》
《同里镇志》
《三阳镇志》
《枫泾镇志》
《李庄镇志》
《天穆镇志》
《虎门镇志》
《小榄镇志》
《北庭镇志》
《青木川镇志》
《永宁镇志》
《沙家浜镇志》
《虞山镇志》
《泽国镇志》
《南翔镇志》
《千灯镇志》
《东山镇志》
《巴城镇志》
《阳澄湖镇志》
《松口镇志》
《震泽镇志》
《黎里镇志》
《浏河镇志》
《锦丰镇志》
《寨市苗族侗族乡志》
《汤池镇志》（安徽）
《湾头镇志》
《中心店镇志》
《乌镇志》
《保安镇志》
《德凤镇志》
《瑷珲镇志》
《王家坪镇志》
《穆云畲族乡志》
《北京街道志》
《王村镇志》
《八一镇志》
《双林镇志》
《棘洪滩街道志》
《凤凰镇志》
《烟店镇志》
《光福镇志》
《梅李镇志》
《高家堡镇志》
《杨岭镇志》
《金港镇志》

《云梯畲族乡志》
《马口镇志》
《杨舍镇志》
《杨店镇志》
《河图镇志》
《浔中镇志》
《孤山镇志》
《汤池镇志》（湖北）
《伍洛镇志》
《汤家汇镇志》
《陇城镇志》
《塘桥镇志》
《兴隆华侨旅游经济区志》
《胜坨镇志》
《来凤街道志》
《木渎镇志》
《锦溪镇志》
《黄龙溪镇志》
《店塔镇志》
《镇湖街道志》
《北七家镇志》
《瓜洲镇志》
《安仁镇志》
《浦口镇志》
《唐崖镇志》
《和顺镇志》
《老城镇志》
《里耶镇志》
《芙蓉镇志》
《博鳌镇志》
《唯亭街道志》
《重安镇志》
《炯炀镇志》
《张谷英镇志》
《鸦滩镇志》
《玉皇庙镇志》
《木洞镇志》
《采育镇志》
《下司镇志》
《德平镇志》
《龙池镇志》
《浦市镇志》
《黄楼街道志》
《冉庄镇志》
《金庭镇志》
《石牌镇志》
《元和街道志》
《古现街道志》
《光塔街道志》
《邵伯镇志》
《石杨镇志》
《杨柳青镇志》
《天桥街道志》
《柘皋镇志》
《西沱镇志》
《咸水沽镇志》
《茶阳镇志》
《崖城镇志》